名家简介

刘剑文

  法学博士。北京大学法学院教授,博士生导师。西南财经大学兼职博士生导师、澳门科技大学兼职博士生导师。北京大学财经法研究中心主任、中国财税法治战略研究院院长。兼任中国法学会常务理事、中国财税法学研究会会长、全国人大常委会立法专家顾问、财政部法律顾问、国家税务总局行政复议委员会委员。在《中国社会科学》《中国法学》《法学研究》等学术期刊发表论文200余篇。独著、合著学术著作、教材50部。国家社会科学基金重大项目"促进收入公平分配的财税法治创新研究"首席专家。主要研究领域:财税法、经济法、知识产权法、公共财政政策。

当代税收名家丛书

法治财税论
——治理现代化的中国进路

刘剑文 ◎ 著

中国财经出版传媒集团
中国财政经济出版社

图书在版编目（CIP）数据

法治财税论：治理现代化的中国进路／刘剑文著.—北京：中国财政经济出版社，2017.11
（当代税收名家丛书）
ISBN 978－7－5095－7528－4

Ⅰ.①法… Ⅱ.①刘… Ⅲ.①财政法－研究－中国②税法－研究－中国 Ⅳ.①D922.204

中国版本图书馆CIP数据核字（2017）第139747号

责任编辑：樊清玉　　　　　责任校对：胡永立
封面设计：王　坦　王　颖　版式设计：录文通

中国财政经济出版社 出版

URL：http://ckfz.cfeph.cn
E－mail：cfeph@cfeph.cn

（版权所有　翻印必究）

社址：北京市海淀区阜成路甲28号　邮政编码：100142
营销中心电话：88190406
天猫网店：中国财政经济出版社旗舰店
网址：https://zgczjjcbs.tmall.com
北京富生印刷厂印刷　各地新华书店经销
880×1230毫米　32开　10.25印张　239 000字
2017年11月第1版　2017年11月北京第1次印刷
定价：52.00元
ISBN 978－7－5095－7528－4
（图书出现印装问题，本社负责调换）
本社质量投诉电话：010－88190744
打击盗版举报热线：010－88190414　QQ：447268889

策划人语

税收事业与社会进步的推动者

  税收在当下的中国已经成为一门显学,这归因于社会的进步与时代的机遇。十九大后新时代中国特色社会主义思想指引税制改革与经济发展,逢此良机,我们策划出版了这套"当代税收名家丛书"。

  何谓税收名家?这里所讲的税收名家特指那些为推动税收事业和社会进步而摇旗呐喊的公共知识分子们。他们之所以被称为"名家",自然有其过人之处,正所谓"石可破也,而不可夺坚;丹可磨也,而不可夺赤"。作为公共知识分子,他们独立思考,谦卑不忘弘毅,勇于进谏政府,积极投身公共事务;作为公共知识分子,他们坚守理想,怀揣忧患意识,努力追求真理,具有现实主义批判精神。

  "铁肩担道义,妙手著文章",这是对名家们性情特征的最好注解。引经据典,追根溯源,播其声,扬其道,释其理,忘却一己之利益,弘扬社会之正气。他们将家国情怀、人文关怀融入广阔的社会经济实践。在现代法治社会的丛林里,他们有可能成为一种相对独立、具有社会正能量和影响力、代表社会良知和人类理想的社会阶层。

我们对税收名家的遴选，其实并未有一成不变的标准，但始终秉承一项原则，即入选者必须勤于学、志于道、游于艺，在税收领域有相当造诣，其观点犀利，自成一派，非人云亦云之辈。入选者，或擅长财税法制，或精通大数据治税，或融汇会计与税收，或执著于税收治理……他们关注于世界、国家、人类、民族、社会的进步，其观点闪烁着独特的伦理之魂和道德之光。

本套丛书的每一分册均具有两大结构：一是学术研究篇，二是人文情怀篇，即从这两个视角反映入选者的学术思想和人文情怀。我们期待各路神仙指点，更希望结识、聚集各方神圣。

最后，让我们为那些推进国家治理和社会进步而坚守理想、永不言弃的公共知识分子们点赞，正是他们的思想和行动辉映着时代的曦光。

"当代税收名家丛书"策划人　樊清玉

Qingyuf@sina.com

2017年10月

前 言

十八届三中全会提出"财政是国家治理的基础和重要支柱",只有"法治财税"的理论框架和制度建设,才能张扬财税制度在现代治理体系中的积极功用。

一、法治与财税

"法治财税"这一概念的提出,首先离不开对"法治"和"财税"的承认和重视。法治与财税联系紧密。在经济全球化的浪潮中,法治作为一个国家的治理方式已经逐渐得到认可。法治既具有法律保留、正当程序等形式上的要求,又强调法律的道德基础,维护秩序与安全,还有公平正义与人性尊严。财税所需要的,正是这样的法治。现代财税制度需要建立在法治的基础上,财税政策的制定和实施不仅需要有法可依,而且需要有良法善治。财税制度的宗旨是保障公民财产权,由此衍生的控权理论则需要以完善的法治佐助。

法治推进良法善治的落脚点是维护公民权利,而财税作为私人财产权与公共财产权的连接点,对法治进步的推动作用自然不可小觑。因此,建立财税制度能推进中国的法治建设,只有维护好公民的私人财产权,保护纳税人的基本权益,满足政府的合理开支需要,才能实现民富国强。从这个意义上讲,财税正是实现法治中国梦的重要"助推器"。

"法治财税"这一概念却不仅仅是"法治"与"财税"的简单拼接,其立足于"从管理到治理"的时代语境变迁,同时伴随着社会制度的结构性变化也即法治重要性的不断提升,建基于公共财产治理与社会利益平衡的基本立场上。

二、法治财税的理念飞跃

从"财税法制"到"财税法治"再到"法治财税",是观念、制度和行为方式的两次飞跃。财税法制是由财税法律法规构成的体系,从动态演进的角度出发,如果财税领域基本事项都能"法定",那么实现"财税法制"是迟早的事。然而,由"财税法制"上升到"财税法治",却不那么容易。法制既指一国的法律制度,也可以指严格依法办事的一种方式,主要指向的是具有实体性的法律制度,属于制度的范畴;而法治则主要是主张执政者应该严格守法、依法办事,是一种治国理念、原则和方法。[①]两者的主要联系则是:法治的实现,需要以健全法制为前提条件,没有健全的法律制度,则不可能产生真正的法治。财税法制强调健全基本财税事项的立法,使财税方面的事项有法可依;财税法治还强调各级政府应当在财税法律规范的框架内进行活动,体现对政府财政权力的制约。

不过,仅做到财税法制或财税法治仍然不够。前者限于法律文本的范畴,仅对"有法可依"提出要求,而对"良法善治"在所不问,这样无法有效适用于实践的法律体系又能起到什么作用?后者则更多关注制约公权力,忽略了财税领域中复杂的权力与权利关系。在现代治理语境下,"权力"并非受到"单向限制",更强调"权力"对"权利"的助推和保障。从本质上讲,

---

① 周旺生:《法理学》,北京大学出版社 2007 年版,第 520-521 页。

"财税法制"和"财税法治"都难以脱离法律工具主义之窠臼,仅仅揭示出财税事项在经济层面的规律从而制定法律,这与一般的财税制度有何区别?

有鉴于此,我们所提出的"法治财税",正是在前两者的基础之上,努力做到以下四点:第一,一切财税行为,都必须纳入法治轨道,易言之,涉及公共财产的收入、支出、管理等全过程的一切事项,都须缘法而治;第二,"法治"作为定语修饰"财税",这里的"法"是整全性概念,不限缩在狭义"财税法"视域,法律适用情事下,存在具体财税法律规范时自然直接适用该规范,相反情形下可借鉴相关法律部门的制度规范,如其他法律部门也无相关规定,则依循一般法理或基本法律原则,并据以推进相关规则建构;第三,"法治财税"突出财税的基础地位,即任何与财税相关的事项,都纳入考量范畴,不限于传统观念中的狭义财税活动;第四,这里使用"法治"而非"法制",全面涵盖静态的法律制度和动态的法律实践,而且,要求财税领域的规范生成、运作、变迁,必须既在形式上符合法治要求,又在实质上体现法治的价值理念。

三、法治财税的理论基础

"法治财税"这一概念筑基于公共财产法、私人财产课税权、财税法定等多个理论之上,这些正是我们在本书第一部分所概括的学术理论。

法治财税对财税法制化提出了更高要求,不仅要求财税事项有法可依、有法必依,还要求在治国之时将法治化的财税制度作为基本的立足点,进而在宪法中明确规定重大财税事项。在推进法治财税的过程中,首要解决的便是公民财产权与国家课税权之间的冲突,而这正在公共财产法的理论范畴内。作为财税法核心范畴的"公共财产",从形式上看,是可以货币形式表示的"公众之财";究其实质而言,"公共财产"体现了国家与纳税人的关系、中央与地方的关系、立法与行政的关系和政府与市场的关系。公共财产区别于私人财产在法律制度构建中的核心要义便是控权,而建构于公共财产权概念之上的公共财产法,是经由私人财产转化而成的公共财产的正当化及其运行规则,其核心要义也是控权。

对公共财产权力的控制,具体体现为公共财产的取得和支配应严格遵循法定主义。例如,当前财税体制改革重点推进的"营改增"、消费税、资源税改革以及研究推进的房地产税和环境保护税改革,都应纳入税收法定原则的调整范畴,逐步实现税种立法。

控权说到底还是为了保护私人财产权,而私人财产权的私法与税法的双重保护是私人财产神圣不可侵犯的宪法地位的应有之义。以私法和税法的双重保障为依托,私人财产权不仅有权对抗其他平等市场主体,更有权对抗国家征税权的非法侵夺。这恰恰是法治财税所强调的对纳税人的扶持,也恰恰体现了纳税人利益和国家利益的和谐统一——既有利于国家的稳定、社会的和谐,又保障了个人的生存和发展。

四、法治财税与国家治理

近年来,法治财税的观念和价值愈来愈得到重视,这与国家治理体系和治理能力的现代化也紧密相关。党的十八届三中全会通过的《中共中央关于全面深化改革若干重大问题的决定》中提出,"财政是国家治理的基础和重要支柱",彰显着财税体制在理财、治国、安邦中发挥着基石性和制度性作用。党的十八届四中全会审议通过的《中共中央关于全面推进依法治国若干重大问题的决定》，明确提出"建设中国特色社会主义法治体系，建设社会主义法治国家"的总目标，强调"科学立法、严格执法、公正司法、全面守法"的全过程、全覆盖，体现了从静态的、形式的和立法上的"法制"到动态的、实质的和全面的"法治"的飞跃。习近平总书记在党的十九大政治报告中进一步明确提出："中国特色社会主义进入了新时代，这是我国发展新的历史定位"；"全面依法治国是中国特色社会主义的本质要求和重要保障"。如此种种，无不显示出法治财税的重要性与必要性，也说明法治财税为时代所需，为国家治理所需。法治财税建设的机遇与挑战并存，财税法学者应充分发挥自己的学术智慧，融理论与实践为一体，为推动国家的财税问题的解决贡献力量。

"纸上得来终觉浅，绝知此事要躬行。"仅仅是概念的阐发，还不足以解决实际问题，法治财税与财税改革息息相关。财税体制改革从四个维度拉开序幕，事权与支出责任相适应，构建现代预算制度，完善税收制度，推进财税法治化进程。具体而言，《预算法》历经波折终于2014年8月完成首次修订，并于2015年1月1日起开始施行，新法在立法宗旨、预算编制、预算公开、地方债、预算法律责任等方面都有明显的完善；单行税种如房地产税、环保税、增值税、资源税等，在立法或学说上，都掀起了一股改革浪潮；税收征管法的修改则应着眼于对纳税人权利的尊重与保障，实现税收征管领域的"良法美治"……在法治视野下，我国的财税改革过程，应当同时也是税收法定的实现过程。法治作为一种规则的治理模式，能够最大限度地表达民情、反映民意、汇聚民智，最为广泛地统合分歧、赢得理解、凝聚共识，最为有效地增强改革成果的权威性、科学性与可接纳度。特别是随着改革进入攻坚期和深水区，面对思想观念的障碍与利益固化的藩篱，用法治思维指导改革进程就尤显重要。我们相信，法治框架下的财税改革,一定能够回应时代需求,构建起科学的财税体制,最终推进国家治理体系和治理能力的现代化转型。

在财税领域的各个层面,"法治财税"具有广阔的运用空间,机遇与挑战并存。法治思维在财税改革过程中至关重要,财税法学者应当结合中国发展的现有问题与实际需要,在现实基础上提出具有可行性、超前性的学术观点,使其能够为执政者和民众所接纳,通过智慧来推动法治财税理想的实现。有鉴于此,本书收录了我这几年来的相关理论学说,包括基础理论、预算制度革新、税制改革等多方面内容,以期展现法治财税研究的最新成果,助力当下和未来的法治财税建设。然而,要实现真正的"法治财税",尚有很远的路要走。在探索法治财税的进程中,我们应当融通理论与实践,为解决中国的财税法实际问题贡献力量!

刘剑文

目 录

第一部分 学术研究篇

第一章 财税法基础理论 …………………………（ 3 ）
 一、理财治国观理论 …………………………（ 4 ）
 二、领域法学理论 ……………………………（ 13 ）
 三、公共财产法理论 …………………………（ 25 ）
 四、财税法的功能理论 ………………………（ 33 ）
 五、财税法定理论 ……………………………（ 41 ）
 六、纳税人权利保障理论 ……………………（ 64 ）
 七、税收之债理论 ……………………………（ 74 ）

第二章 财税法治与财税分权 ……………………（ 78 ）
 一、财税法治建设的破局方向 ………………（ 79 ）
 二、新时期财税改革的四维取向 ……………（ 88 ）
 三、财税体制改革的路径展开 ………………（ 90 ）
 四、源头防范腐败的财税法思路 ……………（ 97 ）
 五、财税分权的法治化建构与运行 …………（109）
 六、财政均衡与转移支付的规范化 …………（122）
 七、事权划分法治化的中国路径 ……………（131）

第三章　预算治理制度革新 …（154）
一、预算治理的观念、原则和机制 …（154）
二、预算公开的内涵、功能和保障 …（163）
三、人大预算监督职能的建构 …（171）
四、地方债的法律规制路径 …（179）

第四章　税制改革重点突破 …（188）
一、税收法定主义：从文本到实践的挑战与路径 …（188）
二、税收立法民意吸纳机制的构建 …（197）
三、实质课税原则与商业创新模式 …（204）
四、房地产税改革正当性的多维建构 …（217）
五、遗产税开征的难题与思路 …（237）

第五章　税收征管改革展望 …（244）
一、税收征收管理的一般经验与整体方案 …（244）
二、税收滞纳金制度改进的立法思路 …（250）
三、纳税前置制度与复议前置制度的反思 …（255）
四、非营利组织涉税监管 …（260）
五、税务行政诉讼的证据效力 …（265）

第二部分　人文情怀篇

担学者师长责，追法治财税梦
　　——访北京大学法学院刘剑文教授 …（273）
一、学高为师，德高为范 …（273）
二、学术强国，赤子之心 …（279）
三、法治财税，利民为本 …（284）

附录　刘剑文论著一览表 …（291）
后　　记 …（297）

第一部分

学术研究篇

第一部分　学术研究篇

财税法基础理论

回顾我国财税法学发展的历史，共经历了三次理论飞跃：第一次飞跃是在1994年至1998年期间，起始于分税制改革。其主要标志是从原先的单纯税法研究转向"财税一体"研究，将纳税人、征税人和用税人三位一体的概念打通，"财政税收法"或"财税法"的概念得以确立，财税法的学科框架就此奠定；第二次飞跃是在2000年到2005年期间，特别是在2004年"修宪"写入"尊重和保障人权、保护合法的私有财产"条款。其主要标志是现代财税法学理论体系的建立，纳税人权利保护、税收债权债务理论等理论得到确立和宣传。这让财税法学科很快摆脱陈旧的计划经济思维，以崭新的面貌跻身于中国法治变革的浪潮中，并逐渐走向世界；第三次飞跃是从2008年至今，尤其是以十八届三中全会为里程碑事件。其标志是财税法作为"领域法学"

学科定位的提出,以及"理财治国观"和"公共财产法"两大核心理论的形成。经过全体财税法学人的多年努力,一套适合中国国情,上系国计、下连民生的开放性、包容性极强的财税法理论体系和财税法制度体系已经基本形成。①

如前言所述,法治财税涉及公共财产法、私人财产课税权、财税法定等多种理论学说。本章围绕公共财产法、理财治国观、领域法学、控权与纳税人权利保障、财税法定、财税法功能、税收债务关系理论这七个理论,构建财税法基础理论体系,使读者对财税法学说有最根本的认知和了解,并为后面财税法治、预算制度等实践问题的论述奠定基础。

一、理财治国观理论

自中华人民共和国成立后尤其是改革开放以来,在我国经济体制改革取得巨大成就的同时,社会矛盾和社会问题却日益凸显,公共服务和公共产品的提供水平仍显不足,收入分配不公、社会诚信缺失和官员贪腐是影响中国社会发展与和谐的三大症结。政治体制改革之后,应当从财税体制改革和财税法治寻找突破口。因此,中国要转变治国理念,树立法治视野下的"理财就是治国"的新理念。理财治国是化解我国现阶段突出社会矛盾和社会问题的"良药"。

(一)"理财"与"治国"意涵解析与内在关联

1. "理财"的多维度意蕴

"理财"本身是一个具有多重意蕴的概念,其首先是指个人

---

① 刘剑文等:《财税法总论》,北京大学出版社2016年版,第1页。

对自身及家庭财产的经营。但很多时候，我们也可以在宏观的国家财政层面使用这一概念。在现代语境下，国家层面的"理财"，至少应包括以下五个层次的内涵。

第一，财富在国家与国民之间的分配。国家在这个层次的分配上占主导地位，其具有选择采用"与民争利"还是"藏富于民"基本分配方针的（一定范围内的）自由。从历史的角度进行考察，中国在这个层次的"理财观"经历了一个由"与民争利"逐步过渡到"藏富于民"的历史进程。中国古代"与民争利"之"理财观"的产生，有其必然性：税收体系在传统社会未能有效建立，导致国家需要通过与民争利的方式来确保国库收入。而在现代社会，虽然中国的税收体制仍存在诸多问题，但其确实已初具"税收国家"雏形，在这种情形下，国家应更加妥善、合理地将财富分别配置给国家与国民。这也正是国家"理财"首先需要解决好的一个问题。

第二，财富在政府间的分配。在财富在作为整体的国家和作为整体的国民之间进行分配之后，一个重要的"理财"任务便是分别在政府间和国民间合理分配各自的财富。财富在政府间分配，主要是通过"财权分配"的形式表现出来，其分配效率如何，关系到政府能否有效履行职责、管理好社会生活以及促进经济发展。目前对"财权分配"的研究，主要是在纵向意义上展开，即考察中央与地方以及地方不同层级政府间财权分配的问题；这个意义上的国家"理财"基本原则可以表述为"财力与事权相匹配"原则，现阶段存在的"财权上收、事权下放"而导致的地方政府负债严重等现象，就是因为违反了这一基本"理财"原则。此外，我们应当对横向的政府间财权分配问题（而非仅仅对政府间横向财力不均）进行研究。具体地说，我国地域广袤，由于各地区具体情况不同，可能会采用不同的制度，财权的配置也可能出现"同级政府、不同财权"的情况。横向财权分配均衡与否,是影响"基本公共服务均等化"的重要因素,必须加以重视。

第三,财富在国民间的分配和再分配。财富在国民间的初始分配态势,取决于很多方面的因素,例如个人的努力程度等,但是我们不应忽视国家"理财"带来的影响。国家将不同数量的资源配置给不同的行业、区域,导致资源相对较少的行业、区域的国民"天然"地具有较少聚集更多财富的机会。"资源"的配置,同样可以转化为"财富"的配置。可见,国民间财富的初次分配,虽然不是主要由国家"理财"活动所决定的,但确实在很大程度上受其影响。财富在国民间的再分配直接属于国家"理财"活动的基本内容。国家内部不同民族之间的财富分配如果失衡,则是社会动荡和社会风险的诱因。因此,国家需要通过"理财"活动进行"损有余而补不足"的工作。

第四,财政收入。财政收入是国家从国民处汲取一定数量财富的过程,是财富从国民流向国家的动态过程。税收、费用、公债、国有资产收益等,是最主要的财政收入形式。财政收入规模、范围、频次等基本问题,关系到社会经济的有序发展和国民基本权利的保护,意义重大。对这些事项的决定,应当格外慎重。具体说,应当由人民代表组成的权力机关最终决定,而政府则必须公布财政信息、提高透明度,以便利人民行使决定权、监督权。本质上,这均为国家"理财"的具体体现。

第五,财政支出。财政支出是政府为履行公共服务职能而进行资金支付的行为,是一种将财富用于社会的行为。财政支出包括财政采购、财政投资、财政拨款和财政贷款等多种形式;但不管是何种具体形式,本质上都是在为社会提供公共产品和公共服务。如果认识到这里的"公共服务""公共产品"都属于"财富"的范畴,便不难得出结论:财政支出,是一个财富由国家流向社会、国民的过程。与财政收入环节相类似,财政支出环节重要事项的决定权,也应当掌握在人民代表组成的权力机关手中,并受公众的有效监督。

完整的国家"理财"活动,应该包括静态的"财富分配",以及动态的"财富流动"这两个环节。这两个环节相互间的关系紧密,而且也并非被刻意截然区分开,两者均是国家"理财"的重要组成部分。

2. "理财"与"治国"关系的解读

从语义学和逻辑学的角度进行分析,"理财"和"治国"可以作为并列的两个主谓结构,但是从本质上看,这两者间并非"平行"关系,前者是后者的基础。即只有很好地完成"理财"这个层次的任务,才能进一步追求"治国"目的之达致。

从功能论的角度而言,可以将"理财"视为一种"治国"的手段。人、财、事这三者不能分开,控制住了"财"这个环节,便控制住了"人"和"事",从而实现"天下大治"的追求。如果我们控制各级政府的财权,使其财政活动都在权力机关的控制下,且遵循客观确定之规范进行,即便有关官员"能力不够",甚至"有贪污的主观意图",那么他也不得不严格规范自身的行为。控制资金的来源,各级官员的"敛财冲动"将会大为降低;而控制资金的流向,则让希望搞"面子工程"的官员无法筹得足够资金来给自己的脸上"贴金"。因此,搞好"理财"确实是实现国家治理的一种有效(且阻力相对较小的)的手段。

从两者蕴含的精神内核看"理财"和"治国"两者是相通的。"理财"强调"理",治国强调"治",两者都是对客观对象的一种规范化的、有序的处理过程。因此,前者强调"依法理财",后者强调"依法治国",本质上是贯通的,都是"法治"的题中应有之义。也正是因为两者的精神内核相一致,将此两者并列在一起,才显得合理、自然。

(二)"理财治国"理念与法治目标的一致性

一般认为,基于现代社会发展的需要和中国的具体情况,财税法治建设应当坚持公共财政、民主政治、法治社会和现代国家的基本立场和目标指向。① 在对"理财治国"内涵作了分析之后,便能发现,其与财税法治的基本立场、观点和内涵是相一致的。

公共财政是指,财政存在的目的是为了服务公众,而非为了追求自身的私益。需要说明的是,对公共财政的理解应当是全方位的,其本身即包含了权力制约、民主、法治等方面的内涵,但由于此三者均将在下文单独讨论,因此,这里仅从市场角度观察公共财政。"公共财政"的核心在于"公共",即财政活动应当以公共需要为导向。现代社会中,国家的理财活动需要综合考虑财富在国家与国民间的分配,不可偏废。此外,"理财治国"理念强调财富在政府间合理配置,最终目的还是为了更好地提供公共物品,同时实现基本公共服务均等化。由此可见,"理财治国"理念的内涵,包括了公共财政的基本要求。

民主政治作为现代财税法的基础,要求财税活动的重大事项由人民决定。"理财治国"理念亦强调对于财政收入的规模、范围、频次等基本事项,以及财政支出的力度和方向等重要问题,

---

① 刘剑文:《重塑半壁财产法——财税法的新思维》,法律出版社2009年版,第12-15页。

控制权都应当掌握在体现人民意志的权力机关手中。

法治社会强调依据一定的规则进行治理，而"理财治国"同样强调对"财"依据一定的规则、标准进行"理"，两者在路径和思维上是统一的。意图达致"国治"目标的理财活动，只能是"依法理财"的过程；反之，无序、随意的理财活动，很可能会导致社会财富的浪费、国家运行效率的低下，很难实现"国治"的目标。

现代国家强调对政府权力运行过程的制约以及对公众权利的保护，而"理财治国"与这两个方面的基本要求都是相一致的。一方面，"理财治国"理念强调通过对"财"的控制，实现对"人"和"事"的控制。另一方面，"理财治国"理念还要求关注财富在国家与国民间以及国民内部的合理分配，这对于社会公众而言，有利于保护人权的目的实现。

综上所述，"理财治国"理念的基本内涵与法治建设的基本立场、目标都是相符合的，因此，其可以很好地指引法治建设；同时，法制建设过程中的这些基本立场，对于我们更准确地把握"理财治国"也起到重要的作用。

（三）"理财治国"的核心要素与判断标准

1."理财"的规范运行

欲达致国家"理财"的规范运行，根据所处历史发展阶段的不同，需要先后经历财税法制和财税法治两个步骤。

法制和法治是两个既有区别，又有联系的概念。两者的区别主要在于：法制既指一国的法律制度，也可以指严格依法办事的一种方式，主要指向的是具有实体性的法律制度，属于制度的范畴；而法治则主要是主张执政者应该严格守法、依法办事，是一种治国理念、原则和方法。① 而两者的主要联系则是：法治的实现，需要以健全法制为前提条件，没有健全的法律制度，不可能产生真正的法治。

具体到财税法领域，财税法制强调的是应当健全基本财税事项的立法，使得财税方面的社会现象都能受到法律的规制，也就是要求政府的"理财"活动能够而且应当遵守一定的法律规范。财税法治则更侧重于强调各级政府应当在财税法律规范的框架内进行活动，本质上体现的是对政府财政权力的制约。

就我国现阶段的情形而言，无论是财政法制的要求，还是财政法治的要求，我国都没有达到。因此，中国要实现国家"理财"的规范化运行，首先需要加快推进财税立法，并对现存的大量位阶较低的规范性文件进行系统整理，废除不合时宜的内容，同时将部分经过实践检验有必要上升为法律规范的内容，适时地通过法律形式加以规定。在达到财税法制的基本要求之后，则应该以财税法治为目标，进一步强调财税法律规范的权威性，尽量减少或避免有损法律权威的行为，并要求各级政府严格依据法律规范进行财政收支活动。这样，通过依次实现财税法制、财税法治的要求，能使政府的"理财"行为更加规范、有序，从而达到"治国"的远景预期；这也和现代财税法学内含的"法治社会"之基本精神相吻合。

2. 发挥预算制度对政府权力运作的控制作用

预算对各级政府财政收入、支出的范围进行界定，是一种典型的国家"理财"行为。"理财治国"主要是通过政府的行为得以实现的。但在社会生活中，政府掌握的行政权力相对而言最为强大，行政权力天生又具有扩张的本能。在这些因素综合作用之

---

① 周旺生：《法理学》，北京大学出版社2007年版，第520－521页。

下，很容易导致"私利"对"公益"的冲击，使政府"理财治国"的目的未能有效达致。预算本质上是控制政府权力的制度，是对政府"理财"过程的规制，对于"理财治国"目的之达致，有着十分重要的作用。在理想的预算制度设计中，权力机关应当握有核心预算权力，其通过行使对预算的审批权、监督权等直接控制政府的财政运行，进而言之，体现的还是社会公众对政府行为的控制；而在新时期，通过预算公开和"参与式预算"改革的尝试，社会公众也能以预算作为平台，对政府"理财"活动实行社会控制。当然，我们也应该注意到，我国现行的预算法律制度中不完善之处较多，这制约了预算"控制政府理财行为"功能的发挥。因此，目前正在进行的对《预算法》的修改是很有必要的。在立法资源有限的情形下，2014年修改《预算法》，需要首先集中力量解决"预算公开"的问题。

3. 促进税制的不断优化

税收作为"财富分割的利器"，其在财富分配和再分配上的重要作用是不言而喻的。因此，为了更好地实现"理财治国"的追求，就需要一国对其税制进行不断地优化。国家在现阶段的"理财"活动中，应格外注意"藏富于民"，切忌"与民争利"。具体到税制设计而言，就是可以考虑进行"结构性减税"，同时尽量克服目前在部分行业存在的"重复征税"问题。国家的"理财"也要求财富在国民内部的配置是合理的，应满足"税收公平"的要求。

以上三个方面是国家"理财治国"的核心要素，但这不意味着仅仅完成这三方面的制度建设，便能达致"理财治国"的目的。

（四）"理财治国"新理念的重要意义及其实现路径

1. "理财治国"理念的社会意义

第一，有利于完善财税法制建设，提升财税法治水平。第二，有利于促进社会资源配置的优化和高效，推动社会整体发展。第三，有利于实现国家基本公共服务体系的均衡化，加强民生建设。第四，有利于提高人权意识，保障公民权利的实现。第五，有利于社会主义法律体系及和谐社会的建设，完成国家治理方式的转型。

2. "理财治国"理念的可行路径

在"理财治国"理念的实现过程中，应当重视上层的法律规范以及配套制度的制定与实施，从而带动国家治理方式的转型。

第一，主要完善立法。加强立法，以促进财税领域以及相关领域法律规范的完整性和体系化。落实到"财税治国"理念的实现过程中，首先应当增补相关法律的规范内容，充实并理顺法律体系的内部结构。因此，在我国目前尚未制定相应法律规范的财政领域，尤其是关涉到国家财政运作的重要领域，应当尽快立法，以填补法律规范的空白和缺漏。其次应当结合社会发展的新形势，对已有立法进行修订。最后应当对当前存在的诸多行政法规、部门规章和规范性文件进行整理和清理。通过推动立法，从而建立一个组成部门齐备、层次清晰、结构良好、相互协调的法律体系，为实现"理财治国"提供基本的框架支撑和规则约束。

第二，提升位阶。提升财税领域法律规范的效力位阶，贯彻财政法定主义原则。我国当前财税法律体系的效力层级低下，诸多领域仍然仅由国务院制定的行政法规、财政部门或者税务部门制定的部门规章甚至税收通告进行规制，这是一个不容回避也不应被忽视的事实。因此，不仅应将现有的且仍然具有规范效力的非法律文件上升为法律，而且对于那些存在立法空白的领域，也应在条件成熟的情况下促进直接立法。只有通过提升法律规范的效力位阶，才能实现法律的权威性和固定性。

第三，加强监督。加强法律实施过程中的监督，促进社会公众更广泛地参与。应当保障公民基本权利的充分落实，促进政府行为的公开、透明化，为公民行使知情权、言论自由权、监督权等宪法权利提供具体的实现机制，鼓励"协商式民主"和"参与式民主"的发展。

二、领域法学理论

法学学科的独立性不在于研究对象和探讨范围的泾渭分明，而在于理论方法和研究空间的相对集中和内在特质。具体来说，经过长期的发展，民商法、刑法、行政法、经济法、诉讼法等传统部门法①，已相对成熟。从研究方法上，大体可以将实定法秩序有关的现象提炼为法律概念，进而通过解构法律概念来形成法学范畴，进行规范研究。但是，在这些新兴领域里，对法律应予规范的主体、对象等基础要素尚未达成共识，法律制度的基本框架与具体内容仍在摸索制定的过程中，学者并无成熟、完备的法律文本和法律原则可以探讨，无法借助对实定法的规范分析形成内容完整、逻辑自洽的学科体系。② 可以说，解决新兴交叉学科的认识缺位，是当今法学研究中无法回避，也不能回避的"硬

---

① 考虑到避免争议，对于宪法学、法理学、法史学等一般认为属于"理论法学"的范畴，本书暂不讨论其是否属于部门法学的问题。
② 刘剑文："作为综合性法律学科的财税法学——门新兴学科的进化与演变"，《暨南学报》（哲学社会科学版），2013年第5期。

骨头"和"攻坚战"。

尽管也借鉴吸收中华传统法律文化,但在总体上我国仍是一个以现代法律移植为主、处于法治建设过程中的大国,在继受主要大陆法系国家和地区法律体系分类标准的同时,也需要反思在新的历史时期长期适用部门法划分标准的法律传统,以及这种划分标准的合理性与妥适性。①

(一) 传统部门法研究范式之于新兴领域的局限性

客观来看,部门法学研究范式具有一定的理论和实践价值,包括有利于一国实定法的有序化、有利于正确适用法律、有利于法律设施的科学设置、有利于教学和研究工作的开展等。② 法学学者固然有必要认识部门法划分的意义,以获得对实定法体系的直观感知,但是,如果部门法学研究范式被不恰当地无限扩张、甚至遮挡了人们观察和思考法律问题的视线,那么部门法学研究范式很可能成为法学理论发展和法治实践的羁绊,影响社会经济生活中一些重大法律问题被系统、有效解决。从一定意义上说,多年来,部门法划分的刚性原则和固化标准已经对法学理论研究产生诸多困扰。

1. 传统法律部门的既有困惑

部门法这种既划分实在法体系,又划分理论研究格局的分类,在一定程度上可能造成法学概念与法律概念、理论概念与实践概念、绝对概念与相对概念等相关法学范畴的混同,不利于构建周延、自洽的学科体系、学术体系和话语体系。具体来说,经

---

① See William Twining, Social Science and Diffusion of Law, Journal of Law and Society, Vol. 32, No. 2 (jun., 2005). pp. 203 – 240.

② 叶必丰:"论部门法的划分",《法学评论》,1996年第3期,第39 – 40页。

常与部门法概念发生混用的包括但不限于以下几组概念：

第一,"法律体系"与"部门法"。全国通用教材和权威法理学著作一般从部门法的角度定义法律体系,但在实际中对法律体系有各种不同的理解。第二,"法学体系"与"部门法"。法学体系是理论体系,研究范围跨越历史与现代、域内与域外的一切法律思想与具体制度,而部门法是对一国现行法的划分。法律科学的认知规律在于：由实践提炼理论,再通过理论指导和完善具体法律制度。部门法基于对现行法体系的划分,必定会影响法学理论研究,这或许与哲学社会科学的认知规律并不符。第三,"法律制度"与"部门法"。部门法和法律制度都是按照一定的原则和标准划分的同类法律规范的总称。但一般来说,同一法律制度会同时成为多个法律部门的研究对象。因此,部门法学划分理论很可能造成人为割裂了法律制度的完整性和内在联系。第四,"行业法"与"部门法"。传统的部门法的划分不能适应金融法、会计法、房地产法、科技法、服务业法等行业法制的发展要求,成为制约法治发展的瓶颈。部门法与部门法之间存在着很多间隙、裂缝甚至断层,环境法、知识产权法、教育法、传媒法等明显具有行业规律的法律,是部门法无法进行归纳和划分的。①

当然,尽管对传统法律部门带来一定困扰,但民商法、刑法等学科的大陆法传统悠久、理论体系和规范体系复杂严整。因此,即便存在一些争议,但尚存解决空间。不过,基于新兴法律领域与传统法律部门所植根的时代背景和现实语境不尽一致,在解决新兴领域的重大实践问题时,单一的传统部门法思维往往会显得力不从心。

---

① 孙笑侠："论行业法",《中国法学》,2013年第1期。

2. 新兴领域的勃兴及其法律调整

经过改革开放三十余年的发展，我国政治经济状况、利益格局、社会结构和思想观念发生了深刻的变化。进入改革攻坚期和深水区后，经济、社会和科技等领域面临着一系列重大、新兴和复杂问题的挑战。在新兴交叉领域中，作为对社会问题的现实回应的立法构想与学理架构，往往无法在传统部门法理论框架内获得合理的解释与适用。因为这些社会问题本身包含着隶属于不同部门法体系下的法律关系，故而以其为调整对象或调整方法的法律也就必然地会横跨多个部门法，且往往具有复杂性、多元性的特征。因此，新兴交叉法律领域无法按部门法学标准将其划归任何既有的法律部门。

3. 部门划分方法的历史成因及其现实局限

部门法学理论在历史成因上有其特殊的演进过程，这使得部门法学理论在相对较长的时期内有着进步性和合理性，并深刻影响到法律制度的基本特征和法学研究的基本方法。

从历史渊源来看，我国当代法律大体移植自西方主要发达国家，但在西方现代法学研究中，对"法律体系"和"部门法"却有不同的理解和表述。只有在苏联和其他一些东欧国家的法学著作中，才将部门法体系等同于法律体系。[①] 受"社会主义必须具有不同于资本主义的法律体系的理念"支配，在以阿尔扎诺夫、勃拉图西等学者的推动下，创造性地将苏联当时

---

① 苏联时期实行与西方资本主义制度相对立的社会主义制度，在经济上实行高度集中的计划经济，在政治上推行革命专政的政治模式。单一社会主义公有制框架内不存在私权与私法的生存空间，对资本主义制度的彻底否定也使得超越主权观、民族国家观的法系概念失去逻辑前提。同时，新生的苏维埃政权与国际主流政治体制格格不入，为巩固其政治正当性，更需以国家主权观为出发点，进行法学理论与制度上的创新。

的法律体系分为了十个法律部门：国家法、行政法、劳动法、土地法、集体农庄法、财政预算法、家庭法、民法、刑法和诉讼法。①

  一方面，我国法学界自20世纪50年代起承继了苏联这一特定时期的划分标准，并沿用至今。不仅是形式划分，部门法在基础理论与制度内容上亦深受苏联的影响，土地法、刑法等实体法受到重视，经济法的概念被引进，婚姻家庭立法模式也效仿苏联。② 引进苏联部门法体系，使得我国在建立有别于西方的社会主义法律体系的同时③，也独创了一套可以满足特定时期需要的法学学科体系。可见，我国效仿苏联的学术体制，使得传统的法律部门设置成为一种法学理论、法律制度和法制思维上的偏好和惯例。也正是在此种背景下，官方认可也使得部门法学的划分具有政策语境下的相当合理性。不过，随着经济社会的快速发展，特别是人类社会近三十年来的技术进步、产业分工和领域分化，

---

  ① ［俄］B. B. 拉扎列夫：《法与国家的一般理论》，王哲等译，法律出版社1999年版，第161页。

  ② 比如，我国1950年《婚姻法》、1981年《俄罗斯联邦婚姻家庭和监护法典》，采用把婚姻家庭排除在民法之外的立法模式。孙光妍："苏联法影响中国法制发展进程之回顾"，《法学研究》，2013年第1期。

  ③ 对于中国来说，既需要获得西方国家所主宰的国际社会（比如联合国等国际组织）的承认，亦需要获得苏联支持，并在国际竞争格局中展现相对于资本主义法律体系来说更具优越性的社会主义法律体系，因此，引进苏联部门法学理论是当时最合理的选择。申言之，这在很大程度上是一个现代性问题，它与现代民族国家兴起过程中形成的全球政治支配不无关系。近代以来，西方法律观念和政治秩序观念被建构为一种"文明"的政治秩序，从而被赋予了普适主义的正当性和规范性。由于西方现代性引发的工业化国家（如英、法、美）与后发工业化国家（如德国乃至后来的日本和苏联），与发展中国家之间形成了"中心"与"边缘"政治支配关系，使得有些发展中国家在民族国家建构和现代化进程中出现"西化"趋势。强世功："中国宪法中的不成为宪法——理解中国宪法的新视角"，《开放时代》，2009年第12期。

部门法学研究方法在应对新兴问题时往往难以维持其应对传统法律问题时的高效与妥适,其"一统天下"的合理性正在逐步松动。

另一方面,法律部门是对一国或地区全部现行法律规范的划分,在此基础上进行的法学研究,暗含着一个不言而喻的思维倾向,即部门法学更多秉承以实定法秩序为研究对象的法教义学的研究方法。在具体实践中,法教义学关注法律文本,坚持以一国现行法规范为中心,致力于寻求法律作为规范体系的内部知识,主要通过法律解释维持法律秩序的稳定性与法律系统的逻辑性。与传统法律部门不同,新兴交叉法律领域往往是规制意识初醒的领域,法律风俗、习惯与传统的积淀相对薄弱,尚未形成一套适合自身发展的法律制度框架与研究范式,而现有法律的文义解释、系统解释、目的解释等解释方法可能又无法准确定位其立法宗旨与价值定位。一个基本的逻辑是,首先须有法律规范和适宜的解释方法,才涉及适用法律的解释与适用。新兴法律领域并不具备这样的规范前提,而是需要处理大量事实性、非常规的问题,需关注并回应这一领域所有相关的技术知识、政策走向与突发事件等。因此,在面对形式各异、层出不穷的公民权利保障、财税、金融、互联网、卫生、教育和环境保护等新兴法律现象和法律问题时,部门法学的研究范式愈显捉襟见肘。领域法学,正是在这样的背景下应运而生的。

(二)领域法学的概念提出与功能定位

通过对学术史的梳理,我们可以看到,其实已有很多学者通过不同的方式表达对上述问题和趋势的关切。比如"行业法学"的概念等。基于此,我们进一步提出"领域法学"的概念,以期为新兴交叉法学学科"正名"。

1. 领域法学概念的提出

领域法学（Field of Law），是以问题为导向，以特定经济社会领域全部与法律有关的现象为研究对象，融经济学、政治学和社会学等多种研究范式于一体的交叉性、开放性、应用性和整合性的新型法学学科体系、学术体系和话语体系。领域法学融合部门法学研究方法、工具和手段在内的全要素，但又在方法论上突出体现以问题意识为中心的鲜明特征，是新兴交叉领域"诸法合一"研究的有机结合，与部门法学同构而又互补。简言之，领域法学是研究"领域法"及其发展规律的法律科学。

在我国，"领域法学"的概念最早是由财税法学界提出的，它源于对近二十年来财税法研究成果的总结、提炼和推广，并将财税法学科发展的有益经验上升到一般法哲学的层面，凝练成为一种思想意识。2002年，笔者曾指出，"税法在现行法律体系中是一个特殊的领域，它不是按传统的调整对象的标准而划分出的单独部门法，而是一个综合领域"①。2005年，笔者进一步认为：财税法"是一个涉及众多法律部门的综合法律领域""是一个相对独立的法律领域，不属于现有的部门法，而是一个采用另外一种划分方法，在某种意义上与现有部门法相并列的相对独立的法律领域"②。

财税法上承宪法体制，下临具体征管情境，贯通公民之财产权与福利权，即保护私人财产权又控制公共财产权，是一个借鉴与融贯各学科与法律部门知识的相对完整的财税法规范体系，任

---

① 刘剑文、熊伟："二十年来中国税法学研究的回顾与展望"，《财税法论丛》（第1卷），法律出版社2002年版，第2页；刘剑文主编：《税法学》，人民出版社2002年版，前言；刘剑文主编：《税法学》（第2版），人民出版社2003年版，前言。

② 刘剑文："中国大陆财税法学研究视野之拓展"，《财经法学杂志》（第1期），元照出版社2005年版，第79–91页。

何一个传统法律学科单独调整和研究都容易陷入片面，无法得出全面、系统而令人信服的研究结论。因此，武断地将财税法归入任何一个既有的法律部门都是不合适的做法。

在此基础上，鉴于学界将财税法学定位为交叉学科、新型学科的共识形成，笔者于 2013 年第一次明确提出财税法学是"领域法学"的概念，认为财税法学是一个以财税为领域，法学为基本元素，融经济学、政治学和社会学于一体的应用性的"领域法学学科"[①]。这可能是"领域法学"一词被社会认知的真正开始。同时，认为"领域法学"理论应当适用于所有的交叉学科、新型学科。其后，笔者的多篇论著将财税法、环境法、互联网法等交叉学科、新型学科在理论上定位为"领域法学"。[②]

尤值一提的是，2014 年，十八届四中全会《决定》第二章第四节即提出"加强重点领域立法"，"领域"一词的使用与"领域法学"的提法不谋而合，体现了一种更加成熟、融通且开放的立法思路。据此，这能否解读为官方对"领域法学"观念的认同呢？

通过聚焦问题领域，领域法学在横向上整合传统法律部门要素，消解不同部门法规范之间的效力冲突；在纵向上消除哲学社会科学学科壁垒，通过不同研究方法来探索不同社会现象以及之间的相互交融和发生化学反应的普遍规律，形成具有针对性、内生性、协同性的立体研究空间，并与部门法学形成同构而又互补的关系。领域法学既是对部门法体系划分的突破，也是对现有法

[①] 中国财税法学研究会："关于'强化财税法基础理论研究，繁荣现代财税法'的倡议"，《财税法学动态》，2013 年第 4/5 期，第 6 页。

[②] 参见刘剑文：《理财治国观——财税法的历史担当》，法律出版社 2016 年版，第 26 页；刘剑文等著：《财税法总论》，北京大学出版社 2016 年版，第 66 - 69 页。

学研究方法的反思,两者在内容上要素互通、在结构上一体两面、在方法上并行不悖、在效果上交互影响。概言之,提炼并张扬"领域法学"的范式创新,并非试图取代"部门法学"的传统范式,而是在对后者进行反思的基础上,以一种新的、更富时代特质的研究方法,综合运用既有各部门法的知识谱系,形成新的逻辑脉络,回应并持续性地解决社会生活中不断出现的新兴问题。就此而言,"领域法学"和"部门法学"可谓"异面"构造,其本质上可视为方法论层面的更新。见图1-1。

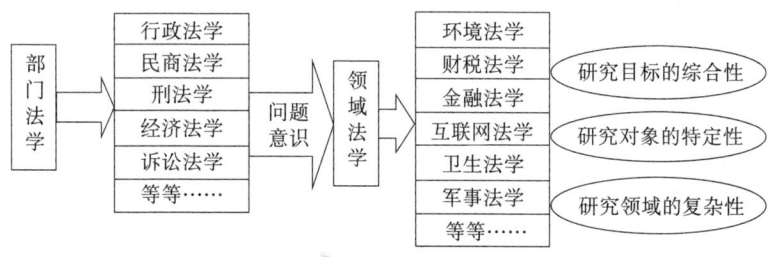

图1-1 领域法学概念的确立逻辑

2. 领域法学与部门法学的范式比较

认识领域法学的基本观点,需要建立在一个逻辑前提之上,也即,领域法学概念的提出与部门法学理论并不直接冲突,不存在非此即彼的相互否认的价值判断。领域法学和部门法学的研究范式各有其特色。部门法学理论针对的是传统的经济社会现象,涉及的是传统的法律关系;领域法学针对的是新兴的经济社会现象,涉及的是基于传统的法律关系但又与传统法律关系存在区别的新兴法律关系。

部门法学是对当前具有中国特色的社会主义法律体系的划分,划分法律部门的根本目的是提高法律系统的可理解性和法律论证的简便性。因而,总体上是一种以各部门法内部规范为中心的平面化的研究格局。而领域法学的研究格局则是立体性的，领域法学旨在解决社会生活领域中不可分割的重大问题，阐释各领域内法律现象的整体性因果关系，促进重点领域立法和改革决策相衔接，形成对法律现象具有解释力的法学理论，其具有更强的"回应性"。

具体而言，领域法学和部门法学的研究范式各有其特色，大略观之计有如下方面，见表1-1。首先，部门法学较多地主张法教义学的研究方法，领域法学则秉持问题中心主义的研究方法。其次，部门法学体系是相对封闭的，划分标准较为固定；领域法学体系是开放的，划分标准是相对的。最后，部门法学规范外在体系，领域法学统合内在体系。

表1-1　　　　领域法学与部门法学的范式比较

研究进路 \ 学科体系	领域法学	部门法学
研究格局	立体式	平面化
研究对象	领域法现象	部门法现象
研究方法	开放性	相对封闭性
研究意义	新兴学科的归宿与定位	传统法学的基础与依托

要准确理解领域法学和传统部门法学的关系，主要需廓清如下三个问题。

第一，领域法学并不排斥以调整对象和调整方法为部门划分标准的传统方法，但这只能成为划分标准之一，围绕新兴社会关系而产生的具有共性的法律现象与社会经验事实等都可以成为其划分标准。

第二，对新兴领域和新兴学科的交叉型、开放性与协同性的理解，还同时体现在其他社会科学学科对此问题的研究。领域法学所强调的"协同创新",不仅指不同部门法之间的融合,同样要求不同社会科学学科之间的贯通,从本质上讲,这是由"领域"的开放性所决定的。

第三,部门法学的划分,有学科构建的系统性,亦有其理解问题的不周延性;领域法学的划分,有其应对现实的准确性,亦有其研究边界的模糊性。领域法学主张由问题引领研究方向,决定研究方法,划定研究范围的边界。强调领域法学研究并非完全舍弃部门法学研究,而要通过问题研究来扩大和推进部门法学研究和跨部门研究的法学路径,当然,领域法学不应也没有必要给自身设定无谓的框架和边界。正是此种边界的相对模糊性,乃是领域法学异于部门法学的重要特质,也是领域法学研究能为部门法学研究产生互补、深化等作用的缘由。

简而言之,领域法学和部门法学同构而又互补,两者同属于中国特色新型现代法学研究体系。领域法学概念的提出,并不影响部门法学仍在一定时间内长期存在的相对合理性,而是在部门法学基础上进一步抽象、概括而提炼出来的一种全新视野、观念和方法论。

3. 领域法学的理论意涵与功能定位

"独立部门法属性之争",可以说是我国法学界独有的现象和问题。目前新兴学科、交叉学科在理论上仍无法摆脱部门法学的桎梏,难以建构符合自身逻辑和特点,可以指导学科发展的基础理论,在实践中无法回应新兴领域复杂、交叉的社会问题,改革和立法决策亦因受制于部门法学藩篱而无法高效协调。

"领域法学"概念的提出,阐明了法学新兴学科、交叉学科存在的客观性,证成新兴领域法学研究的正当性,解决了新兴学科、交叉学科的定位与归宿问题,现实意义重大。同时,这也是对我国传统法理学的适度突破和丰富,有助于法学研究消除学科壁垒,加强重点领域立法而逐步淡化部门立法色彩，更好地与改革决策相衔接，为领域法治的规范设计和协同建构提供重要的理论支撑。

（三）领域法学的思维方式与研究方法

1. 领域法学的思维方式：观念更新与学术融合

第一，领域法学是研究"领域"全方位的中国特色的法学理论体系。在全面深化改革的当下，领域法学强调理论与实践相结合的思维方式。在新兴法学领域中，理论与实践之间可能充满背离、矛盾与张力，过分强调普适性理论的构建将导致失去常识性的根本认识，领域法学的研究需要扎根现实。

第二，领域法学强调传统与现代、历史与现实相融合的思维方式，强调对法律问题的"主体性中国"思考。奉行以问题中心主义为导向的研究方法，意味着不仅要关注通常意义上的国家法，还要关注表现为文化现象和行为规则的习惯法、民间法。

第三，领域法学是丰富中国法学话语体系的理论创新，并有助于推动中国法治体系的制度创新。领域法学强调国内与国际相衔接的思维方式。领域法学强调国际化的思维方式，是在深入研究中国改革实践中自生问题的基础上，寻求与最新的国际规则、最前沿的理论观点的对话与博弈，以最大限度地维护我国的国家主权和合法利益。

2. 领域法学的研究方法：问题中心主义

"关于国家治理现代化和法治中国建设的理论构想，不是抽象的玄思，须以现实存在的问题为导向。"①

领域法学具有以下三个特点：一是研究领域具有复杂性，作为新兴事物发展的新兴领域具有此前社会经济生活不同的调整对

---

① 季卫东："问题导向的法治中国构思"，《法制与社会发展》，2014 年第 5 期。

象；二是研究对象具有特定性，不同的市场主体、政策需求和社会变迁使得领域法学的研究对象具有各自不同的特征；三是研究目标具有综合性，领域法学的研究紧密围绕经济社会的日常领域特别是重要领域，为全面深化改革和法治国家建设提供理论供给和智慧支持。

一方面，领域法学遵循并重视规范法学的研究方法；另一方面，领域法学在吸收规范法学研究方法基础上，倾向于各种理论方法和研究工具的综合运用。

本书初步地将领域法学特有的研究方法归纳为如下三方面：第一，以中心问题为导引，循"问题中心"的逻辑脉络确定自己的研究任务，高度张扬对社会问题的回应性；第二，以基石范畴为主线，虽然领域法学较之于部门法学的开放性、决定了其被打上深刻的"综合性"之烙印，但在研究进程中，各领域法学还是有独特的价值取向和逻辑脉络。第三，理论资源的复合性，由于领域法学和部门法学"异面性"的特质，所以在回应、解决具体问题时，各部门法的理论资源均应作为相关研究的"养分"，与此同时，现代社会问题的复杂性也使得包括经济学、社会学、政治学等在内的其他社会科学，甚至某些自然科学的研究成果，都是领域法学研究所不可忽视的重要资源。

三、公共财产法理论

（一）公共财产法的逻辑基础

随着现代经济的发展，特别是在"税收国家"，政府财政权力开始广泛介入私人财产权，这就需要财税法参与到对财产权的保护中。鉴于此，有必要将财税法定性为"公共财产法"，并使其建基于"公共财产权"理论。所谓"公共财产权"，是指政府基于其公共性特质汲取和使用公共财产的权力。监督、制约和规范公共财产权的基本要义在于，公共财产的取得、用益和处分都应严格遵循法律规定，特别是政府在行使该权力时不得侵犯公民的私人财产权；同时，对于已经取得的公共财产，应妥善保护，不得肆意处分。通过对公共财产权的法律控制，可以实现"双重保护"，即控制政府在私人财产转化为公共财产过程中的权力，并控制政府在使用公共财产过程中的权力。建构于公共财产权概念之上的公共财产法，是经由私人财产转化而成的公共财产的正当性及其运行规则，是现代财税法的核心范畴。

公共财产法理论，是以保护私人财产权，规范、控制政府公共财产权为功能取向的现代财税法理论，是在财税法治思维下对国家治理模式的新探索。作为财税法核心范畴的"公共财产"，从形式上看，是可以货币形式表示的"公众之财"；究其实质而言，"公共财产"体现了国家与纳税人的关系、中央与地方的关系、立法与行政的关系和政府与市场的关系。简言之，所谓财税法意义上的公共财产法，就是治理"公众之财"之法，控制政府公共财产权之法，规范政府财政收支行为之法，进而彰显其保护纳税人权利之法的本质。

1. 公共财产法的指向：公共财产

在传统意义上，财产权是一种防御权，属于消极性的权利，其主要目的在于防范来自他人或政府的不当侵犯。但是，随着社会经济发展和人权范围拓展，财产权从古典意义上的消极性权利向现代意义上的积极性权利扩展，并完成从公民政治权利到经济社会权利的转化。① 如果说私人财产的形成更多地仰赖于市场经济，那么公共财产的形成则来自于私人财产的让渡，而此种让渡体现了以国家强制力为基础的政治国家的基本需求，而这种让渡作为对私人财产的剥夺不仅需要合法性基础更需要妥适的合宪性基础。

公权力合法地侵犯财产权，在外观形式上主要表现为税收作为、政府性基金征收行为、收费等财政行为，在实质上则是政府借由公权力将私人财产转化为政府持有。法学学者则从财产权让渡的角度解释了财政税收的正当性。"因国家之财政需求须赖私有财产权人来分担，使国家无须自为经营财产，经税源——财产权长期得以保留在私人手中。其前提即为税法之存在，其存在使私有财产权保障得以实现。"② 从契约论的角度理解，一方面，财政的功能是"聚'众人之财'，成'众人之事'"，私人财产应接受一定的牺牲而转换成为公共财产，以此为基础实现公众利益和人民福祉；另一方面，政府取得的此种财产并非成为政府的私产，只是政府基于公共性借由公权力而代替纳税人持有的信托财产集合，③ 是集合化的"私人财产"，是"公共财产"（或称"公众之财"、"公共之财"），其支配应受到宪法、法律的严格约束。

2. 从公共财产到公共财产权力

宪法上财产权与民法上财产权的区别，不在于财产权的客

---

① 邓剑光："论财产权的基本人权属性"，《武汉大学学报》（哲学社会科学版），2008年第5期。

② 葛克昌："宪法对公私法间法秩序之指导协调功能"，翁岳生教授祝寿论文集编辑委员会：《当代公法理论——翁岳生教授六秩华诞祝寿论文集》，台湾月旦出版公司1993年版，第240页。

③ 对公共性的理解，参见李友梅、肖瑛、黄晓春："当代中国社会建设的公共性困境及其超越"，《中国社会科学》，2012年第4期。

体,也不在于财产权的主体,而在于反映在同一客体上不同主体之间的关系。① 实际上,两个层面上的财产权都指向同一种财产性权利,只是前者更多地意在突显与公权力的相对性,而后者则更多地讲求不同平等主体私权利之间的平等性。作为一种公法所控制的公权力,公共财产权力的运行涵盖公共财产取得、用益和处分的全过程。

由于公共财产权力在脱胎于行政权的财政权的基础上产生,往往以积极行使的方式运行,其行使会对私人财产权造成相当大的影响。公共财产的取得必然伴随着对个人财产的剥夺;公共财产的用益和处分目标在于实现公共财产取得和支配的经济绩效和功能效用最大化,在某种程度上关系着个人让渡财产的价值实现程度。因此,与私人财产权应受保护的立场相对,公共财产权力是一种应受控制的权力,这种控制应以最终有利于社会国家的基本要求或社会公共福祉为基本取向。

(二) 公共财产法的价值内涵

公共财产区别于私人财产在法律制度构建中的核心要义便是控权,而建构于公共财产权力概念之上的公共财产法,是经由私人财产转化而成的公共财产的正当化及其运行规则,其核心要义也是控权。

"公共财产权力"概念是对政府财政权的核心要素的提炼。财政权的关键要义是取得和支配财政资金,而公共财产权力则被进一步界定为政府基于其公共性特质转化(取得)和支配(占有、使用、收益、处分)私人财产的权力,具体对应于政府在

---

① 林来梵:"针对国家享有的财产权——从比较法角度的一个考察",《法商研究》,2003 年第 1 期。

财政收入、财政支出和财政监管上的公权力。按照宪法基本权利理论，公民的私人财产权应负有社会义务，政府通过公权力将私人财产转化为公共财产应具有正当性，但政府在行使这项权力及其在后续具体支配公共财产时，也仍应严格遵循法律规定。特别是在现代社会财政权不断扩张的趋势之下，公共财产法的提法正是意在强调对财政权的控制，符合民主法治的时代潮流。

对公共财产权力的控制，具体体现为公共财产的取得和支配应严格遵循法定主义。就公共财产的取得而言，当前财税体制改革重点推进的"营改增"、消费税改革、资源税改革以及研究推进的房地产税和环境保护税改革，都应纳入税收法定原则的调整范畴，逐步实现税种立法。就公共财产的用益而言，中央与地方地间事权和支出责任调整、中央与地方之间收入划分、财政转移支付结构优化以及地方债的有效规范，也应以宪法和基础性财政法律规范为依归。对公共财产的处分而言，预决算公开、定位清晰和分工明确的政府预算体系、中期财政规划管理以及跨年度预算平衡机制的建立，都应以《预算法》的修改作为正当性基础。在公共财产权力的控制，有效保护纳税人的权利，是公共财产法的理论核心，是贯穿公共财产取得、用益和处分全环节的关键要素。理解和掌握了公共财产权力控制理论，也就理解和掌握了公共财产法的核心范畴。

围绕公共财产权力的核心范畴，构建公共财产权力规则体系尤为必要，并在此基础上构建起公共财产法的理论框架和制度体系。对公共财产权力进行法律控制，肇因于公共财产权力与私人财产权联系甚为紧密，牵涉到宪法制度和基本权利。具体而言，公共财产权力控制的基本原则主要包括：其一，法源明确。公共财产的取得、用益和处分都应由法律规定或者由法定代议机构进行明确、具体的授权；其二，程序正当。公共财产的取得、用益和处分都经由了正当的法律程序，特别是代表了民意的代议机构的民主方式和议事规则；其三，争讼便利。财产权的争讼应最大限度地满足人民的便利性要求。无论是公共财产权的规制，还是私人财产权的保护，都应当有方便的救济渠道。在上述基本原则的指引下，公共财产法的制度设计才能顺应社会公平和分配正义的需要。①

（三）公共财产法价值引导下的财税法

1. 从宏观调控法到公共财产法

经济学理论在探索和分析财政正当性时，提出"公共物品"理论，并论证了公共物品存在对于市场环境具有效率性。但经济学未解决的问题是，公共物品的效率性并不能证成财政过程的正当性。在法学层面上，税收是私人财产向政府的让渡，其正当性应在宪法制度和公民基本权利的层面寻求答案。政府基于公权力对私人财产进行转化并借以形成公共财产，应受到法律的严格控制。法学界提出税收法定原则，即是对政府此种财产转化权的控制和制约，以寻得对公共财产的治理，与民商法一道实现对私人财产的双重保护。与此同时，政府取得的此种财产并非成为政府的财产，而仅只是政府基于"公共性"而代替纳税人持有的信托财产集合，是集合化的私人财产，是"公众之财"或者称为"公共之财"，其支配仍应受到宪法等法律的严格约束。因此，公共财产法的要旨是治理公共财产，限制或者控制政府的公共财产权力，来实现对纳税人权利的有效保护。

在法学界，有一段相当长的时间，财税法都被误解为宏观调

---

① 刘剑文、王桦宇：“公共财产权的概念及其法治逻辑”，《中国社会科学》，2014年第8期。

控法的组成部分，因而被作为经济法的一个分支。此种理解具有特定的理论语境和历史背景：一方面，经济法刚从与民法的争论中相对独立出来，需要将财税法作为国家干预经济的形式来构建经济法的基本模块；另一方面，国家干预经济的手段相对单一，财政货币政策成为宏观调控的主要手段。但随着社会经济发展和时代进步，此种情形已经发生了极大变化。两者的关系也发生了一定的改变，虽然在一些领域存在交叉与重合，如都研究如何依法保障和规范政府利用财税政策调节经济，同时还包括促进财税政策的合法化。然而两者的区别也是显著的，对此，前文已做论述，这里不再赘述。因此，就财税法的本质而言，国际国内学界共识性的观点在于：从财税法的经济功能看，其首要功能是依法组织公共财产，其次是公平分配公共财产，而宏观调控只是其次要的、非常态的和附随的功能。此外，财税法还具有政治功能、社会功能等多个维度。

2. 财税法的公共财产法属性

财税法关注财政收入的取得、管理、分配和使用，以及相关的制度安排，本身就是在关注公有财产的保护，从另一个角度看，这也是在关注纳税人的私有财产、全体国民的"钱袋子"。正是从这个意义而言，整个财税法都可归入财产法的体系，成为现代财产法所应关注和处理的对象。具体地说，财税法以环节为标准，可以划分为财政收入、财政支出、财政管理这三大阶段，在上述整个流程中，都或多或少地贯穿着财产法的理念和方法。其一，财政收入，是指政府基于公共性原则，依法将私人财产转化为"公众之财"，或者称为"公共财产"。财政收入主要有三个渠道，即税收、国有资产收益以及公债；其二，财政支出，是指政府基于民生立场，依法将公共财产合理妥适地使用；其三，财政监管，是政府依法对公共财产的收支进行技术监督和统制管理。公共财产法不仅与原先的财税法定、税收之债、纳税人权利保护、财税利益平衡、财税控权等理论一脉相承,更是这些理论的上位概念。

(四) 公共财产法价值引导下的财税法体系建构

财税法的本质属性是公共财产法,并不意味着所有公共财产法就是财税法。公共财产法可以分为财税法和非财税法两大部分,前者主要包括财政基本法、财政收入法、财政支出法和财政监管法等,后者包括自然资源法、能源法、国有资产法(依法上缴且纳入预算的国有资产经营收益属于财税法范围,此处存在交叉)、公物法和其他非财税法等(见图1-2)。财税法和非财税法之公共财产法共同组成了公共财产的基础性法律体系。因此现代财税法和公共财产法是相互交叉的概念,两者有很大一部分重合,但也不能完全将两者等同起来,因为"公共财产"本身是一个集合的概念,包括自然资源在内都属于公共财产的范畴,因此,应当对其进行类型化分析,通过税收、非税收入等集合起来的这部分公共财产,才属于财税法语境下的"公共财产"范畴。

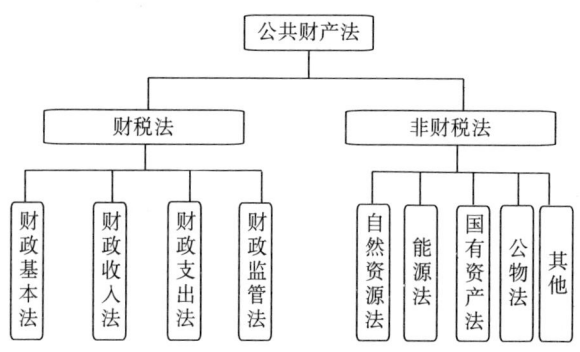

图1-2 公共财产法体系结构

就推动建立现代财政制度而言，公共财产法具有三个位阶的功能价值。首先，公共财产法是一个学说理论，引导着现代财税法的发展方向；其次，公共财产法是一个法律体系，推动着现代财政制度的规则安排；再次，公共财产法更是一个顶层设计，彰显着现代财税法的战略思维。也正是基于这样一个视角，"公共财产"是财税法的核心范畴。公共财产法不仅系统落实了"深化财税体制改革"的法治路径，而且全面回应了"将权力关进制度笼子里"的政策要求，同时前瞻阐释了"推进法治中国建设"的发展道路，能够指引财税法在推进国家治理体系和治理能力现代化的宏伟进程中作出更大的、应有的贡献。

四、财税法的功能理论

财税法的功能，是指财税法在调整财税关系过程中所表现出的一种外在功效。形象地说，就是在回答"财税法应当做什么"。在"跳出财税法看财税法"的检视下，财税法功能在范围上涵摄经济、社会、政治各方面，在立场上则由"权力本位"转向"权利本位"、从"管理"转向"法治"、从"治民之法"转向"治权之法"。具体来说，财税法具有规范理财行为、促进社会公平、保障经济发展三大功能，它们三位一体、协同发力，统一于实现国家长治久安的宏伟目标中。

（一）财税法功能的认识误区及理论廓清

追溯我国理论认识演进的历史脉络，对宏观调控作重新审视和理性考辨，有利于我们真正理解财税法功能全面拓补的历史逻辑。

1. 本土认识演进的历史脉络

中华人民共和国成立后，早期曾受苏联"货币关系论"影响，随后于20世纪50年代末确立了"国家分配论"。① 在1978年改革开放之后，财税职能的转型成为了学界的热点话题。1984年后，在经济体制改革的大潮中，经济学界提出了"公共财政"理论，并最终为国家所接纳。② 梳理中央政策文件对财税功能的表述，③ 不难看出，在经济学理论推动实现由"国家财政"到"公共财政"的转型过程中，对财税职能的认识长期以来只是从经济层面展开的，并且在近年来尤其强调其中的宏观调控职能，直到党的十八届三中全会重新发掘出了财税法对于治国安邦的基础性、支柱性功能。那么，究竟什么是宏观调控？财税法的主要功能是宏观调控吗？这些问题我们有必要从理论上加以廓清。

2. 宏观调控泛化的理论反思

我国法学界对宏观调控的认识，基本援引自经济学界④，认为宏观调控等于宏观经济调控，调控的主体是政府或国家，客体是国民经济总量，手段是宏观经济政策。⑤ 具体来说，包括"税率、利率、汇率等经济杠杆和其他财政、税收、金融、信贷、价格、工资等方面政策工具及其运用，特别是它们的综合运用。"⑥

---

① 简言之，就是认为财政是以国家为主体的分配关系。邓子基：《财政学原理》，经济科学出版社1997年版，第32页；张馨："我国财政职能观评述"，《财经问题研究》，2001年第11期。

② 高培勇："公共财政：概念界说与演变脉络——兼论中国财政改革30年的基本轨迹"，《经济研究》，2008年第12期。

③ 刘剑文："财税法功能的定位及其当代变迁"，《中国法学》，2015年第4期，第164–165页。

④ 李兴山主编：《宏观经济运行与调控》，中共中央党校出版社2002年版，第3页。

⑤ 史际春、肖竹："论分权、法治的宏观调控"，《中国法学》，2006年第4期。

⑥ 漆多俊：《经济法基础理论》，法律出版社2008年版，第252页。

结合我国的实践发展，可以大致描绘出宏观调控的演进脉络：在改革开放初期（1978－2002），宏观调控主要是用作一种应对经济过热或经济危机的应急"反周期"之举，如1979－1981年的计划式宏观调控、1985－1986年的双紧式宏观调控、1989－1990年的硬着陆式宏观调控、1993年－1995年的软着陆式宏观调控、1998－2002年的激励式宏观调控；2002年以来，宏观调控被不断强化，在促进增长的目标下，逐渐成为了经济发展的常态，其作用范围也不断扩展；2012年以来，国家对宏观调控的态度开始趋于理性，特别是在党的十八届三中全会上有了重大转变。

应当看到，宏观调控在近几年来被过度强化，并且出现了明显的"泛化"现象。一方面，宏观调控的空间被不合理地扩大。一般来说，宏观调控应该着眼于经济总量平衡，关注经济增长率、失业率、通货膨胀率、国际收支平衡等问题。但是，宏观调控的范围却被不断作"广义"理解，甚至被与"政府干预"相等同。[①] 在社会上，也形成了一种思维惯性，把宏观调控与经济干预混为一谈，只要局部地区或局部行业出现了物价波动、供求失衡等状况，就动辄呼吁政府加强宏观调控。另一方面，宏观调控的作用时间被不合理地延长，甚至长期被视为政府的首要工作。[②] 我们应当认识到，宏观调控不等于政府干预经济，它仅指政府运用财税、金融等宏观经济政策调节国民经济总量，并且它

[①] 徐澜波："规范意义的宏观调控概念与内涵辨析"，《政治与法律》，2014年第2期。

[②] 一个例证是：2003－2012年，整个十年的政府工作报告中，凡回顾上一年（或过去五年）工作必先谈宏观调控，凡部署当年工作基本都是必先提及"加强和改善宏观调控"。黄伯平："政府职能的重大转变：从宏观调控再到宏观管理"，《北京行政学院学报》，2013年第3期。

应当是一种特殊的、有针对性的举措，而非市场经济的常态。

3. 财税法功能的理性回归

在理性认识宏观调控的基础上，可以进一步探讨财税法的宏观调控功能。从理论构造上看，宏观调控其实只是财税法的非常态的、次要的和附随的功能。过去，社会上将财税仅仅视为宏观调控工具，把财税法定位为宏观调控法，因此只看到财税法的宏观调控功能，而忽视了财税法的其他功能。这不仅在学理上难以自洽，而且招致了实践中的一系列难题与困境，财税法的应有作用没有得到有效地发挥。

值得注意的是，十八届四中全会《决定》在论述"加强重点领域立法"任务时，将"财政税收"置于"加强市场法律制度建设……促进商品和要素自由流动、公平交易、平等使用"的框架中，在"依法加强和改善宏观调控、市场监管"的框架下，与"依法加强和改善宏观调控"并列。这就传达出财税法与宏观调控关系的清晰信号，体现了国家对财税法功能的准确认识。特别要注意的是，2015年3月15日，十二届全国人大三次会议通过的新《立法法》，将第八条原先规定实行法律保留的"税收基本制度"细化为"税种的设立、税率的确定和税收征收管理等税收基本制度"，且单列为一项，位次居于公民财产权保护相关事项的首位。税收法定在立法法层面的进一步明确，堪称我国税收法治乃至整个依法治国进程中的里程碑事件。这也表明，税收是事关国计民生的大事，应当依法决定，而不能过于任意。概言之，如果说1994年财税改革的目的是建立"与社会主义市场经济体制相适应"的体制框架，那么，新一轮财税体制改革就是要建立"与国家治理体系和治理能力现代化相适应"的制度基础。在"治理现代化"而非之前单纯的"经济市场化"目标导向下，我们必须告别此前过分强调经济功能尤其是宏观调控的传统思路,从国家治理的高度出发,完整地认识财税法在经济、政治、社会等诸方面中的功能。

(二) 财税法功能的视域延展与立场转换

在财税问题的研究上,经济学发轫最早,因而在相当长的时间里也都呈现出经济学"一统天下"之态势。因此,我们有必要系统地梳理经济学以及社会学、政治学等学科关于财政的研究成果,从中观察财税职能的演进与变迁,进而探索解构财税法功能的研究范式。

1. 拨疏:经济研究中的财税职能

在古典经济学派观点中,财政的职能就是建立和维持一个"廉价政府"。① 随着时间推进到 19 世纪后期,在垄断资本主义阶段,社会矛盾日益复杂,财政的职能也迅速扩大,从供养国家扩展到满足公共需求、调节收入分配等方面。20 世纪 30 年代,在经济危机的巨大阴霾下,凯恩斯(John Maynard Keynes)论证了政府干预经济的必要性,并将财政政策作为干预的主要形式,这是财政职能的又一次重要扩充。②

关于财政职能论述的集大成者,当推马斯格雷夫(R. A. Musgrave)。他提出,财政具有三项基本职能,即:资源配置、收入分配和稳定经济。③ 这一论述被我国学界普遍援引,教科书

---

① 曾康华:《古典经济学派财税理论研究》,经济科学出版社 2009 年版,第 337 页。

② [美] 保罗·萨缪尔森、威廉·诺德豪斯:《宏观经济学》(第16版),萧琛等译,华夏出版社 1999 年版,第 5 页以下。

③ See R. A. MUSGRAVE, *The Theory of Public Finance*, at 180 – 194 (McGraw - Hill, 1959)。

也多采纳此说。① 总体上看，资源配置、收入分配与稳定经济，基本上涵盖了当前经济学界对财政职能的主流观点。值得注意的是，"宏观调控"仅能对应"稳定经济"一项的要求，而财税最为基础性的职能其实是资源配置，更具体地说就是组织财政收入并进行公共开支——这是财税之所以出现的动因。

2. 超越：财税视野中的国家变迁

从起源上看，财政是人类社会发展到一定历史阶段的产物，随国家的产生而产生。② 在封建时代"所有权者国家"③的框架下，财税的功能定位也只能是"家计财政"。当西方实现了从封建国家到民主国家的历史转型，现代意义上的税法也逐渐形成，"所有权者国家"也演变为了"税收国家"。两次世界大战使得财政收支水平激增，财政权表现出明显的权力性和公共性，财政法应运而生，其功能更多地体现为如何保障和实现积极权利。此时的"税收国家"已经进一步在支出方面演化为"预算国家"。

可见，从国家变迁的历史进程中可以看出，财税法最早且始终如一的功能是组织收入，并随着经济社会的发展而逐渐将功能扩展到诸多方面。

3. 提炼：财税法功能的理论检视

在我国，由于经济学对财政的研究起步较早，而财税法学则发端较晚，故而学界长期以来只偏重研究经济层面的"财税职能"，而罕见对"财税法功能"的探讨。其后法学界对财税法的讨论仍多从国家权力出发。更加深入地看，在财税法功能演进的

---

① 如王曙光、周丽俭、李维新主编：《公共财政学》，经济科学出版社2008年版，第63页以下。

② 王曙光、周丽俭、李维新主编：《公共财政学》，经济科学出版社2008年版，第7页。

③ "所有权者国家"意指国家乃统治者之家财。

过程中,有两条线索贯穿始终:一是社会财富总量不断增加,二是私权利保护不断加强。与此同时,财税法的立场也从权力本位走向权利本位,从"管理"转向"法治",从"治民之法"转向"治权之法",从最初服务于财政权的技术工具演变为控制和规范公共财产权以保障和实现私人财产权的"理财之法"、"强国之道"。在"四个全面"的新阶段,财税法是事关国家治理体系和治理能力优劣的基础性、支撑性的重要要素。

因此,我们对财税法的功能不应只作形式上的界定,还应从实质意涵上加以发掘;不应只包括经济层面,还应涉及政治、社会等层面;不应只从国家视角论述,还应体现社会本位和权利本位的要求,从依法治国、富民强国的角度来认识财税法的功能。

(三)财税法"三位一体"功能协同发力

在"四个全面"的新阶段下,财税法的功能可以表述为:规范理财行为,促进社会公平,保障经济发展,从而实现国家长治久安。

1. 规范理财行为

作为一种公共财产法,财税法的直接功能就是理好公共之财,既要"定纷止争",又要"物尽其用"。在规范理财行为的功能上,财税法主要是以财政法定的方式来实现的,即构建覆盖财政基本体制和财政收入、支出、监管的科学法律体系,并引导和约束财政权在这一框架内运行,以理财行为的法治化来确保其规范化。应当看到,在规范理财行为的过程中,财税法实际上是在处理中央与地方、立法与行政等主体间的关系,预算审批、财政收支划分等理财问题其实都是关涉国家政治架构与运行的根本性问题。

2. 促进社会公平

财税法亦在演进过程中深刻地渗透了社会本位的思想观念，形成了促进社会公平的重要功能。一方面，这要通过优化税制结构、彰显量能课税来实现。另一方面，这也离不开优化财政支出结构、加大社会保障投入。经济社会近几十年来的变化，使得人们要求进行跨期收入再分配和防御新型收入风险，这就催生了新的公共服务需求。当然，我国必须在现有国情的基础上稳步完善社会保障，以免掉入"福利陷阱"。

3. 保障经济发展

财税法经济功能应转变为长期的、间接的"保障经济发展"。具体来说：第一，要营造稳定发展的财税法治环境。财税法保障经济发展的首要体现，就是让泛化的财税调控回归理性，转而重视完善财税法律制度，打破地区封锁和利益藩篱，维护市场统一，并为市场主体提供稳定的预期和行为指引，营造有利于大众创业、市场主体创新的财税法治环境。第二，要更有效地提供公共产品和公共服务。要引导财政的投入方向转到基础设施建设等方面上来，为市场主体提供便利，而不是单纯地继续扩大政府直接投资。第三，要稳步推进结构性减税，让企业减负"轻装上阵"。

规范理财行为、促进社会公平和保障经济发展，是财税法的三位一体功能。通过发挥经济、社会、政治功能，财税法可以理顺国家与纳税人、立法与行政、中央与地位、政府与市场等基本关系，由"理财"而"治国"。这三大功能的适配组合能够起到"整体大于部分之和"的最优化效果，在国家治理的诸要素中协同发力、综合施治，共同为实现国家长治久安提供制度保障。

五、财税法定理论

（一）财政法定的权力法治化探索

1. 财政法定的内涵解析：宪法统领的法律体系

我国关于财政法定的现有研究，多是注重某一事项上的内容法定，而缺乏整体性的范围法定思考。在体系庞大、错综复杂的财政事项中，究竟哪些应当由法律规定，哪些又可以留待行政机关自行决定？这种法定范围的界定背后，实际上是财政权在立法机关和行政机关之间的配置问题。而范围法定研究的缺乏，也就导致财政法定难以在实践中充分地发挥作用。为此，有必要转换研究范式，重新提炼财政法定的内涵。

（1）财政宪定。宪法作为基于人民同意之社会契约的载体，能够确定整个政制框架及其建制蓝图。① 易言之，宪法是一切国家权力的最高准则和根本约束，财政权自然概莫能外。因此，完整意义上的财政法定必须上升到宪法的高度，亦即"财政宪定"。②

宪法对财政权的约束，除了体现在直接宣示财政法定原则之外，一般还会体现为对一些根本性财政事项进行原则性规定。具体来说，这主要集中在四个方面：一是税收法定原则，几乎所有国家都将其写入宪法，只有极少数国家采取了纳税义务式的规

---

① ［美］路易斯·亨金：《宪政·民主·对外事务》，邓正来译，生活·读书·新知三联书店1996年版，第7页。

② 朱大旗、胡明："财政入宪的规范分析"，漆多俊主编：《经济法论丛》2013年下卷（总第25卷），法律出版社2013年版，第173页以下。

定；二是预算制度，主要是明确议会对预算的审批权；三是财政收支划分，但大部分国家偏重于对税收立法权及收益权的纵向划分；四是监督审计机构，且大多在宪法上规定其独立地位。极而言之，财政法定原则的第一层次，就是财政宪定，即以宪法中的财政条款来指明财政权的根本约束。

（2）财政体制法定。由于宪法的高度概括性与原则性，财政权的控制和规范最终需要由具体的法律来完成。因此，在宪法之下，通常还会有一系列财政法律，组成完整的制度体系。从学理上看，大致有三种法律可以被称为"宪法性财政法律"：一是财政基本法，其规定的是财政的基本原则、组织建制和运行规律，地位自无疑义；二是预算法，预算的拘束力同时及于财政收入、支出和监管，堪称财政法之"龙头法"①；三是财政收支划分法，其着眼于政府间财政关系，亦带有全局性和基础性。以上三者，共性在于规范对象均涉及财政体制全盘而非某一局部，故可合称"财政体制法"。

尽管名称和结构各异，这三类财政体制规范在各国都是普遍存在的。② 由此观之，财政法定的第二层次，就是财政体制法定，即以宪法性的财政法律来搭建财政权的制度框架。

（3）财政收入、支出及监管法定。在宪法和宪法性财政法律的统率下，绝大多数的财政事项是由财政法律来具体规定的。

---

① 需要说明的是，预算的拘束力虽然亦及于财政收入方面，但其效力主要表现在支出方面，即拘束政府支出之金额、目的及时期。在收入方面，预算的作用主要在于指明收入来源并预估其金额，不可作为税收等强制性收入的依据，但可为债务等自由性收入之授权规范。参见蔡茂寅：《预算法之原理》，元照出版公司2008年5月版，第77－82页。

② 例如，德国的财政基本法规范就分散在《财政管理法》《联邦和州预算原则法》《联邦预算法典》《联邦财政均衡法》等多部法律中。具体内容，可参见齐守印、杨敏主编：《中外财政法律制度比较研究》，法律出版社2006年版，第10页以下。

这就构成了财政法定的第三层次，在内容上包括财政收入法定、支出法定和监管法定等多维度，即以体系化的主干财政法律来设定财政权的具体要求。

鉴于财政法定的实质是财政权法治化，按照"有权必有法"的思路，我们不妨先将财政权进行类型化，再分别映射到相应的财政法律，由此或可建构起整个法定体系。同时，依据不同财政权的权力性和公共性之强弱，法律也应分别予以不同强度、各有侧重的控制。具体来说：

财政收入法定方面，涉及的财政权力类型有：征税权、费用征收权、政府性基金征收权、国有资产收益权、发债权、彩票发行权；财政支出法定方面，涉及的财政权力类型有：财政转移支付权、财政采购权、财政投资权、财政拨贷款权；财政监管法定方面，主要涉及的并不是某一项独立的财政权，而是在各项财政权力中都普遍存在的财政监督权与财政管理权。其所追求的价值，也不是在财政收入和支出方面所强调的公平，而是侧重于财政效率和财政问责。这与财政监管服务于财政收支的角色定位是相适应的。

2. 财政法定的本土路径：以做实人大为突破口

（1）现状拨梳：透视权力失范格局。客观地说，财政法定在我国起步较晚，发展过程中也常常遭到思维定势和制度惯性的强力阻击，因而目前的现实状况并不理想。不过，值得特别注意的是，根据修改后的《立法法》第八条第六项和第九项，"税种的设立、税率的确定和税收征收管理等税收基本制度"和"财政的基本制度"属于法律相对保留事项。① 此条规定相比于修改

---

① 所谓"法律相对保留事项"，是指该事项只能制定法律，但对于尚未制定法律的，全国人大及其常委会有权授权国务院对其中的部分事项先制定行政法规。

前的《立法法》，内涵得到了较大程度的清晰化和具体化，可以成为财政法定原则的法律依据。

从宪法的财政条款层面看，我国《宪法》第六十二、六十七、九十九条确立了人大的预算审批权，但并没有明确写入税收法定原则，①也没有对财政收支划分进行规定，财政法定的色彩总体上较淡。从宪法性的财政法律层面看，我国并无统领性质的《财政基本法》。修改后的《预算法》现已实施，但对于财政收支划分方面，我国尚无法律，主要依靠1994年国务院发布的《关于实行分税制财政管理体制的决定》以及陆续出台的规范性文件。②

从基本财政法律层面看，目前的法律供给严重不足。在财政收入方面，只有《个人所得税法》《企业所得税法》《车船税法》《环境保护税法》四部单行税法和《税收征收管理法》，《企业国有资产法》的部分条款涉及国有资产收益规范，③而其他的税种和非税收入则完全处于法律真空状态。在财政支出方面，仅在财政采购事项上有《政府采购法》和《招标投标法》，此外《教育法》《社会保险法》等法律中也有一些涉及预算支出的条款，④其他均付诸阙如。在财政监管方面，除《审计法》

---

① 我国宪法第五十六条规定："中华人民共和国公民有依照法律纳税的义务。"一般认为，该条款虽然可能通过学理解释出税收法定的意涵，但本身并没有完整地表达税收法定原则的要求。

② 如《国务院关于印发所得税收入分享改革方案的通知》（国发〔2001〕37号）、《国务院批转财政部关于完善省以下财政管理体制有关问题意见的通知》（国发〔2002〕26号）等。

③ 但只是非常原则性的规定，如《企业国有资产法》第五十八条："国家建立健全国有资本经营预算制度，对取得的国有资本收入及其支出实行预算管理。"实际上，仍然主要是条例、规章在发挥作用。

④ 大部分是法定支出项目条款，即规定某些支出项目的比例或增长幅度要求。如《教育法》第五十三、五十四条；《义务教育法》第四十二条；《社会保险法》第七十一条；等等。

外,《会计法》和《各级人民代表大会常务委员会监督法》也有相当部分财政条款。

总体上看,我国尚未明确确立财政法定原则,由全国人大及其常委会制定的专门性财政法律不到 10 部,距离 30—40 部的立法规模相去甚远,大量的财政行为无法可依。即使是已有的法律,许多也存在着理念过时、内容缺失、技术粗糙等问题,且法律普遍过于原则化,可操作性较弱。[①] 如此一来,财政领域中实际发挥效力的就是体系庞杂、数量繁多而层级低下的规范性文件,但它们既缺乏权威性、稳定性和系统性,又往往带有部门利益制度化色彩,无法较好地起到配置和规范权力的作用。这就使得财政权很大程度上处于行政主导下的无序、失范状态,进而引发了财政缺位、越位、错位等一系列问题。这也从反面再一次证明了落实财政法定对于我国长治久安的极端重要意义。

(2) 破局关键:强化人大主导地位。落实的关键点应当在于做实全国人大这一最高立法机关和最高权力机关的作用,使其在关键的财政领域更好地行使应有的决定权和监督权[②],推动相应的财政权力从行政主导走向立法主导,并以此为突破口,最终实现财政权整体的法治化。

目前,最为可行的是在宪法和法律上落定全国人大及其常委会的三大权力:一是财政收入决定权。这以落实税收法定原则为中心,突破口是房产税改革立法。同时,也应加快《行政收费法》《政府性基金法》等非税收入法律的制定进程;二是预算监督权。应当强化人大在预算准备、审查、执行和绩效评估各阶段

[①] 举例来说,我国的税法一般都在数千字,其规定一般都比较笼统。而美国《国内税收法典》字数达 600 余万,澳大利亚全部税法文本在 2006 年清理立法之前合计甚至超过 900 万字。

[②] 蔡定剑:《中国人民代表大会制度》,法律出版社 2003 年版,第 364 页。

的作用,重点是明确人大的预算修正权,并推行预算分项审批制;① 三是财政收支划分权。在本轮中央与地方财政体制改革中,不应再走行政主导的老路,而要通过制定《财政收支划分法》的方式推进,通过立法博弈来合理配置财政资源,实现"财事协调、权责统一"。② 以上三点,也与《中共中央关于全面深化改革若干重大问题的决定》(以下简称"三中全会《决定》")在财政改革领域提出的任务要求相互呼应。③ 因此,要特别注意形成立法和改革的良性互动,在改革中逐步建立健全财政法律体系,并在条件成熟时推动财政法定原则入宪。

当然,站在更高的层次上看,这还仅是财政法定的初步阶段,只是形式上的"财政法定",即主要关注法律在程序上的形式理性。在此基础上,还应当重视法律的正当性,走向实质上的"财政法定"。人大不光要立法,立的还应当是"良法"④,才能实现"财政法治"。同时,还应落实和强化人大在财政运行全过程中的监督权,以法治思维和法治方式指导财政权的运行,从而达致"法治财政"。为此,应进一步加强人大的财政监督权,做到"立法"和"监督"两翼齐飞。申言之,应当推动建立和完善综合性、立体化和全流程的监督模式,从行政审计监督为主的单一监督转变为立法监督为主、行政监督和社会监督等结合的综

---

① 朱大旗、李蕊:"论预算审批制度的完善——兼评我国〈预算法〉的修改",刘剑文主编:《财税法学前沿问题研究——法治视野下的预算法修改》,法律出版社2014年版,第263页。

② 即"财权与事权相匹配,事权和支出责任相适应"。

③ 《决定》在"落实税收法定原则""改进预算管理制度""加强人大预算决算审查监督""建立事权和支出责任相适应的制度"等方面均提出了要求。

④ 良法,是指对社会发展起积极或推动作用的法,也就是"真、善、美"的法。"真"要求法的内容合规律性,"善"要求法的价值合目的性,"美"要求法的形式合科学性。参见李步云、赵迅:"什么是良法",《法学研究》,2005年第6期。

合监督，从以支出监督为主的单项监督转变为财政收支管全方面的立体监督，从事后监督为主的责任监督转变为以事前预防、事中管控和事后追究相结合的全流程监督。

打铁还需自身硬，作为落实财政法定原则的主导者，人大自身也必须与时俱进。现代政治学理论认为，政治权力的有效行使需要信息、对话与强制这三大要素。① "信息"是指获取足够的决策信息，"对话"是要形成有效的交流平台，而"强制"则指向最终决定的权威性。按照这种思路，人大首先需要增强相关工作机构的组织建设及专业人员编制，并在法案起草、评估等过程中积极发挥牵头作用，以获取充分的信息资源；其次，应当坚持"开门立法、民主立法、科学立法"，搭建立法博弈的有效平台，例如应完善议事规则，充分贯彻多数决原则，不过分追求超高票数，鼓励议事过程中的发言和辩论；最后，还应当改变经验主义、实用主义导向的立法政策，从"成熟一个制定一个"转向"需要一个制定一个"，并着力增强法律的可操作性和实际效力。② 当然，只有不断进行立法和监督实践，人大的履职能力才能真正得到加强。而随着立法机关的能力提升和法律权威的逐步树立，财政法定原则才能够拥有肥沃的生存土壤。

（二）落实税收法定的深层意义

"税收法定原则"与"罪行法定原则"是人类社会法治文明的两大优秀成果，共同构成公民财产权和人身权保护的两大基石。税收法定原则的实质，就是通过民主控制和程序规范来限制

---

① See Andreas Schedler, Larry Diamond & Marc Plattner (eds.), The Self-Restraining State: Power and Accountability in New Democracies, Boulder: Lynne Rienner Publishers, 1999, pp. 14–16.

② 刘松山："当代中国处理立法与改革关系的策略"，《法学》，2014 年第 1 期。

征税权的行使空间和方式，进而保护纳税人的权利，维护人的尊严和主体性。十八届三中全会通过的《中共中央关于全面深化改革若干重大问题的决定》顺应民心和时代潮流，提出"落实税收法定原则"，为我国税收立法提供了顶层政策依据。最近《立法法》的修订，将第八条原先规定实行法律保留的"税收基本制度"进一步细化为"税种的设立、税率的确定和税收征收管理等基本制度"，并单列为第六项，位次居于公民财产权保护相关事项的首位。这使得税收法定原则在法律层面得到更为清晰、明确的确认。

落实税收法定原则不仅对规范政府征税权、保障纳税人权利至为关键，而且也涉及我国民主政治建设和依法治国方略的实现。就发展中的中国而言，税收法治的进程是与经济发展和改革开放紧密相关的。在以经济建设为中心的年代，税收事项更多的是以经济政策和财政工具的角色出现，并推动实现了较为高速的持续稳定增长。在注重法治思维和法治方式治理的当下，税收事项更多地被赋予保护私人财产权标签，通过约束征税权来保护私人财产成为社会的广泛共识，在这个历史时点，落实税收法定原则被提到了全面深化改革和全面依法治国的重要位置。

1. 在中国语境下准确理解税收法定原则

在学理意义上，税收法定原则的要义在于三个方面：一是课税要件法定，即纳税人、征税对象、计税依据、税率、税收优惠、征纳程序等基本税收要素应当由法律规定；二是课税要素明确，即上述基本税收要素在法律中的规定应当尽可能是明确、详细的，避免出现漏洞和歧义；三是征税合法，即税务机关必须严格按照法律规定的课税要件和征纳程序来征收税款，不允许随意加征、减征、停征或免征。在实践层面上，理解税收法定原则还需包括两个要点：一是税收法定是否包括人大授权立法；二是税收法定是否仅包括税种立法。对于前者，从宪法精神角度理解，税收法定的内在要求是指征税权要受到立法机关的约束，人大授权立法并不违反税收法定原则，但是此种授权不宜成为常态，只是税收法定的一种特殊形态或者补充，而且有授权就应当有监督。对于后者而言，税收法定涵盖所有的基本税收要素，税种、税率以及税收程序等基本制度，这些均应由立法机关制定法律直接规定。

在中国语境下，理解税收法定原则还需要遵从中国特定历史阶段的文化积淀、意识形态和法治环境的特殊性和发展性，特别是不能跨越特定经济社会条件来僵硬理解，但同时也要将普适性规则与中国特色相结合。其中，尤其需要注意几个方面的关系：一是形式法定与实质法定的统一。形式法定是指税收事项应当通过法律的高位阶形式规定，但该法律本身应是体现宪法精神和纳税人权利保护的法律，实现"良法善治"。二是征税法定与用税法定的统一。税收法定是指税款征收应当严格按照法律的规定执行，但税款入库成为财政资金以后，依然应当实施最严格的预算管理，实现税款的全流程监督和管理。三是立法规范与法治运行的统一。立法需要与执法、司法相配套，且良性互动，才能形成相对完整的法治实现共同体。税收法定既要依托税收立法的严格性，也要依托税收执法的妥适性，还要依托税收司法的公正性。

2. 税收法定原则关涉民主政治建设和依法治国方略的实现

在十八届三中全会的《决定》中，将"落实税收法定原则"写入到"加强社会主义民主政治制度建设"一章，其意涵也在于明确税收法定原则的承载主体是人民代表大会。三中全会《决定》在"推动人民代表大会制度与时俱进"部分，特别提出应当"发挥人民代表大会制度的根本政治制度作用"。在推动人民代表大会制度建设中，最为重要的是推动两大职能：一是预算决算审查监督权，二是税收立法同意权。两者基于用税和征税的统合立场而相互关联，一方面体现了人民代表大会对行政权和财政权的监督和控制，另一方面也实现了人民代表大会通过立法和预算审批方式对私人财产权的维护和保障。在明确了基于预算的用税权受到人民代表大会的监督的同时，通过税收立法同意权，即落实税收法定原则将设税权回归于人民代表大会，有利于强化人民代表大会的权威性和正当性，进而推动整个我国民主政治建设的进程。

十八届四中全会通过的《关于全面推进依法治国若干问题的决定》提出了建设社会主义法治国家的总目标，坚持依法治国、依法执政、依法行政共同推进，坚持法治国家、法治政府、法治社会一体建设。财政作为治国理政的基础和重要支柱，其法治化的重要性尤其突显。而税收作为财政的基础性构成，其来源、管理和用度均应受到宪法和法律的特别规制。依法治国的基础是依法理财，依法理财的前提是依法征税，在这个意义上落实税收法定就是落实了依法治国的基础性前提。在建设法治政府过程中，规范政府的征税权是"将权力关进制度的笼子里"最为关键和核心的制度安排，行政机关"有权，但不得任性"，征税权应当受到法律的特别约束，是法治国家建设的枢纽性环节。通过落实税收法定原则，既能促进法治政府形成路径的规范性，又能保证依法治国物质基础的正当性，也体现了我们党和政府对全社会民主、法治意识和要求的认同与呼应。

3. 落实税收法定原则的途径、节奏和力度

在税制改革的过程中，基于提升效率和加快创新的需要，1984年9月18日六届全国人大常委会第七次会议和1985年4月10日六届全国人大三次会议分别通过了《关于授权国务院改革工商税制和发布试行有关税收条例（草案）的决定》和《关于授权国务院在经济体制改革和对外方面可以制定暂行的规定或者

条例的决定》。2009年6月27日,十一届全国人大常委会明确废止了1984年第六届全国人大常委会的授权。但1985年的全国人大三次会议的授权并未废止,基于该授权而制定的关于税收事项的暂行条例仍为有效。在我国新阶段,应当如何理性地看待和处理税收事项上多元利益博弈的路径问题,特别是改革与立法的关系问题呢?应当讲只有立法并实现程序正义,才能更加凝聚改革共识,降低改革风险,引领和推动改革,有效化解当今中国深层次的社会矛盾、社会问题和社会风险。我国目前处于税制改革的关键时期,税制的调整和优化必须在法治的框架下循序渐进,相应地税种法律化需要适应此种全面深化改革的客观需要,在审慎抉择和细致安排的基础上,渐进实现符合我国国情的税收事项立法的法律化、法治化。

目前,我国已经有《个人所得税法》《企业所得税法》《车船税法》《环境保护税法》和《税收征收管理法》四部实体税法和一部程序税法。按照中央通过的《贯彻落实税收法定原则的实施意见》,开征新税的,应当通过全国人大及其常委会制定相应的税收法律,同时对现行15个税收暂行条例修改上升为法律或者废止的时间确定在2020年。在此过程中,尤其需要注意的是,任何税收事项的变动都应秉承最严格的法律保留精神。即便是行政机关按照现行有效的暂行条例,以规范性文件形式出台关涉广大纳税人利益的税制改革措施,也应经由民主程序、法治原则来体现改革本身的正当性,这是实现国家长治久安大局的客观需要。在形式上,人大常委会确实是授予了行政机关相应的立法权限,但在实质上,行政机关在行使立法权时仍应符合法治精神,如基本的民主立法原则,广泛征求各方面意见等。否则,即便是立意再好的改革方案,也会因为程序上的失范可能产生改革正当性的缺失,导致社会公众的疑惑和不解,引发不必要的社会矛盾和社会风险，甚至导致社会对改革的不认同，对政府的不认同。在这个意义上讲，法治政府建设的突破口需要从落实税收法定原则抓起。

（三）落实税收法定的现实路径

1. 本土问题：推动改革发展的有效突破口

（1）制度规范之拨梳。税收法定原则目前还没有在我国宪法层面得到完整确立。《宪法》中与税相关的条款仅有第五十六条："中华人民共和国公民有依照法律纳税的义务。"这一规定虽然可能从反向推导出税收法定的意涵，但毕竟不够直接和完整。从体系上看，该条款位于"公民的基本权利和义务"一章，结合上下文的条文背景，主要是对纳税义务的确认，很难将其解释为对税收立法权的配置。况且，在制定1982年《宪法》时，税收法定原则尚未传入我国，显然其并非立法者原意。因此，客观地说，第五十六条本身并没有完整体现税收法定原则的精神和要求。但是，该条文也有可能通过宪法解释等方式扩张其意涵，从而成为税收法定原则的宪法依据。[①] 在修宪较为困难的情况下，这或许是一条可行的折中之道。

在法律层面上，结合《立法法》第八条和《税收征收管理

[①] 值得借鉴的是，我国台湾地区"宪法"情况与之相当类似，涉税条文也仅有第十九条："人民有依法律纳税之义务"，但该条通过"司法院"大法官解释而被扩展为税收法定之依据。释字210号解释正式确立这一原则，指出："所谓依法律纳税，兼指纳税及免税之范围，均应依法律之明文。至主管机关订定之施行细则，仅能就实施母法有关之事项而为规定，如涉及纳税及免税之范围，乃当依法律之规定。"释字第217号解释则进一步界定了须经由法定的范围，认为："（第十九条）系指人民仅依法律所定之纳税主体、税目、税率、纳税方法及纳税期间等项而负纳税之义务。"

法》第三条①两个规定，可以认为税收法定原则基本得到了确立。《立法法》第八条规范的是税收立法，而《税收征收管理法》则在税收执法领域发挥作用，结合两者，方能形成对税收法定原则的完整确立。不过，现行法也存在一些缺憾，如《税收征管法》第三条将主体仅限于税务机关、没有为地方税收立法权预留空间等。当然，指出不足不等于否认其意义。总体上看，还是应当认为税收法定原则已经是我国法律上确立的一项原则。

（2）实践偏失之检视。虽然2000年的《立法法》和2001年的《税收征收管理法》就已对税收法定原则作了规定，但是其并未在实践中得到很好的尊重和执行。在税收法律实践中，仍然存在着较为明显的法律供给不足、操作性不强、执行不严等现象。

具体来说：第一，税收法律的供给明显不足。当前，我国税法体系中仅有5部法律，而有约30部税收行政法规、约50部税收行政规章和超过5500部税收通告，在实践中，发挥最主要作用的是这些税收通告。这主要是因为1984年和1985年两次税收授权立法之下形成的税收立法行政化体制。在改革开放刚刚起步的特殊历史背景下，授权立法是必要的，也是有益的。但时至今日，其弊端和缺陷也越来越凸显，如容易导致部门利益制度化，缺少公民的诉求表达和参与机制，因稳定性不足而影响税法权

---

① 《立法法》第八条规定："下列事项只能制定法律：……（六）税种的设立、税率的确定和税收征收管理等税收基本制度；……"《税收征收管理法》第三条规定："税收的开征、停征以及减税、免税、退税、补税，依照法律的规定执行；法律授权国务院规定的，依照国务院制定的行政法规的规定执行。任何机关、单位和个人不得违反法律、行政法规的规定，擅自做出税收开征、停征以及减税、免税、退税、补税和其他同税收法律、行政法规相抵触的决定。"

威,不利于培养纳税遵从且提高征纳成本,形成制度惯性进而阻碍税收法治进程等等。

第二,税收法律的可操作性不强。由于我国税法大多是抽象、模糊的原则性规定,既缺乏必要的定义性条款,且常常运用"有必要"、"有理由"等不确定的法律概念,甚至是直接空白授权给国务院或财税主管部门规定,因此,在社会实践中很难直接依据税法规范作为依据。同时,这也为税法行政解释提供了过大的空间。税法解释原本是为了正确适用税收法律所作的具体说明,但在实践中,这些"通告""批复"或"决定"却取代了被解释对象,成为了实际上直接发挥效力的依据,甚至有时还突破了税法规定的可能文义,相当于变相立法。

第三,税收法律的执行状况不佳。为了服务于招商引资或稽征便利等目的,税法的一些规定在现实中被任意地打折扣、搞变通。

(3)观念误区之澄清。目前,关于税收法定和税收立法,社会上和实践中仍存在一些误读和认识不到位之处,这可能为今后的具体落实乃至整个财税法治建设带来不必要的干扰与阻碍。总体上看,广义的法律界定、保守的立法策略和改革的唯效率论等三点误读,最需要加以澄清。

广义的法律界定,就是认为"税收法定"的"法"是广义的法律,包括法律、法规、规章等各类法律渊源。由此推之,落实税收法定原则就是要加快修改现有的法规、规章,或者就是要约束地方不得随意变更中央的各类规定。这种观点的背后,实质上是工具主义的法律观念和宏观调控的税收观念。由于将税收完全视为宏观调控的经济事项,进而当然地作为政府职权范围,那么税收法律的重要性也就无从显现。加之在将法律作为政府管理社会工具的思维下,法律作为公意体现的核心地位就难以彰显,税法也就被模糊化、扩大化，将行政机关制定的各类渊源都囊括其中。应当看到，制定法律还是行政法规，不仅仅是程序和位阶上的区别，本质上其实是行政主导与立法主导的根本性差异。而立法主导在税收事项上的重要性，不仅可从民主控制和程序规范等普遍经验导出，而且在中国语境下也更加凸显。这符合我国宪法尊重和保障纳税人基本权利的精神，体现了财税民主的价值观，也有利于提高税法的权威性，是建设法治国家的客观要求。进而言之，在现代国家控制和规范征税权的要求下，只有以狭义的法律来规定税收基本要素，才能使税收具有充分的形式正当性。

保守的立法策略，是指全国人大及其常委会在立法实践中形成的经验主义、实用主义导向立法政策，典型表现就是"成熟一个制定一个"。这种经验立法策略，是在20世纪80年代的改革开放探索中逐渐产生的。[①] 它是"摸着石头过河"智慧在立法上的体现，也是信息、资源不充分条件下立法者规避政治风险的理性选择。[②] 不过，随着法律体系的日渐完善，这种消极、被动的立法策略也显现出一些问题。在这种思路下，立什么法不是按照法律体系结构或现实生活需要来确定，而是按照立法经验和条件是否成熟来确定。因此，很容易形成"头痛医头、脚痛医脚"的状态，使得立法短视、滞后，还可能导致立法权的无序与冲

[①] 例如，彭真同志1985年在与地方人大常委会同志谈话时，就明确提出当前改革时期要通过实践积累经验、依靠经验立法。他指出："经过社会实践，有了经验，有多少经验，我们就立多少法。"立法"不要求全"，"能写多少写多少"。参见彭真：《论新时期的社会主义民主与法制建设》，中央文献出版社1989年版，第267－272页。

[②] 黄文艺："信息不充分条件下的立法策略——从信息约束角度对全国人大常委会立法政策的解读"，载《中国法学》，2009年第3期。

突。① 进一步看，在依赖政府实践并总结立法经验的机制下，立法权也必然向行政部门倾斜，人大将容易因之"大权旁落"。诚然，经验立法无论在过去、现在还是未来，都是一种非常重要的立法策略，但是在加快推进法治中国建设的过程中，立法机关确实需要更加积极、主动，寻求"顶层设计"与"经验主义"的平衡，从"成熟一个制定一个"转向"需要一个制定一个"，并妥善处理好立法的前瞻性与阶段性、原则性和可操作性、稳定性和变动性、巩固成果和留有余地之间的关系。②

改革的"唯效率论"，就是认为税收立法虽然很重要，但是耗时较长、缺乏效率，可能拖慢税制改革进程，从而认为税收立法可能会耽误税制改革的进程。在这种思维方式的指引下，在改革初期，以短平快的"红头文件"、行政指令推进改革确实具有相当的合理性，但在全面深化改革的今天，允许试错的限度越来越小，需要解决的问题越来越复杂，亟待处理的矛盾越来越尖锐，这种方式的不协调、不可持续性也日益显现。③ 四中全会《公报》明确指出："实现立法和改革决策相衔接，做到重大改革于法有据、立法主动适应改革和经济社会发展需要。"这表明"改革突破法律"的做法将告终结，法治将成为税收乃至整个社会生活的常态。应当看到，立法不仅是对改革成果的静态确认，而且是凝聚改革共识、规范利益博弈的动态过程。改革进入深水

---

① 陈端洪："立法的民主合法性与立法至上——中国立法批评"，《中外法学》，1998 年第 6 期。

② 刘松山："当代中国处理立法与改革关系的策略"，《法学》，2014 年第 1 期。

③ 有学者将其弊端归纳为四点：一是缺乏前瞻性，顶层设计不够；二是缺乏系统性，改革方略的整体化配套不够；三是缺乏必要的稳定性，往往朝令夕改，使人无所措其手足；四是缺少权威性，往往采取先易后难的策略，而一旦遇到难题，常常会因"硬度"不够不疾而终。参见江必新："以法治思维和方式推进法治中国建设"，《人民论坛》，2013 年 11 月特期。

区,其目的正当性及其实现手段通常难以判断,单纯依靠政治精英们的决策也无法保证一定是明智而合理的。而在立法过程中,有斗争也有合作,讲力量也讲规则,存共识也存妥协。它作为一种规则的治理模式,能够横跨政、经,超越"左""右",是统合改革分歧、最能为各界所认同的最大共识。因此,我们应当逐渐转变"立法被动地适应改革需要"的观点,特别是在税制改革的重要方面要以立法的方式来推进和引导改革,也以改革的精神来解决立法中遇到的难点和问题。

(4) 改革全局之思考。落实税收法定原则,可以廓清税收立法权的配置和归属,进而理顺立法机关与行政机关的关系。它也可以通过对纳税人和国家、征税机关之间法律关系的界定,实现纳税人依法纳税,征税机关依法征税,国家依法取得财政收入,由此理顺国家与纳税人的关系。它还可以带来诸多推进改革的"副产品",例如,加强税收立法势必会推动全国人大及其常委会扩充编制、强化能力、明确职责,而一个被"激活"的人大对于各方面改革都有着不可估量的意义。可见,财税改革绝不仅仅是经济改革,而是法治理念和框架下的法律改革,还是温和、稳妥的政治改革和社会改革。在"四个全面"的新时期,落实税收法定原则的使命不仅仅在于税收领域的法治化,更在于以此为切入点,由点及面、由面及体,逐渐延展至改革全局,成为盘活改革全局、推动法治建设的有效突破口。

2. 现实路径:"蹄疾步稳"的三步走路线图

(1) 第一步:从"无法"[①] 到"有法"。落实税收法定原则

---

① 准确地说,我国在税收领域并不是完全"无法"而是有4部税收法律的。不过,着眼于尚未立法的15个税种来说,整个税收法律的供给确实是明显不足的。此处所谓的从"无法"到"有法",即指要加快税收立法进程,填补现存的法律空白。

的第一步是实现"有法可依",即解决税收立法供给不足的问题,推动税收立法权回归全国人大。具体来说,应当由全国人大废除1985年授权立法,明确全国人大及其常委会作为税收立法主体的唯一地位。

对于《税收征收管理法》第三条的规定,应认识到,税收法定原则的本质是民主同意的控制,那么,如果人民同意或宪法、法律授权,则以地方性法规等形式规定涉税事项亦无不可。原条文将法律和法律授权下的行政法规作为征税依据,并不是税收法定原则的完整表述,故可考虑将该句修改为"税收的开征、停征以及减税、免税、退税、补税,依照法律或法律授权的规定执行。"

需要指出的是,从法理上说,作为立法依据的1985年授权被废止,并不意味着相关税收行政法规自然失效;该废止是向后发生效力,也即禁止制定新的行政法规。这也是与税法规范稳定与连续性的需要相适应的。同时,也应当允许国务院对其现行法规进行修改、解释或出台实施细则,但必须遵循不扩张权限的原则。换言之,就是不允许超出原先制定的法规的范围,不能在实体上加重纳税人负担或在程序上设置额外障碍。另外,在收回1985年授权之后,全国人大及其常委会仍然可以依照《立法法》规定进行新的税收立法授权,但这种授权应当具有明确的授权目的、范围和期限,而不能是没有任何标准制约的"空白支票"。全国人大作为授权机关和最高权力机关,还应当对授权立法进行有效的监督和审查,因为"授出权力是立法机关的职权,但是,立法机关也应当注意代理人(行政机关)是如何行使被授予的代理权的。这不但是它的权力,更是它的主要义务。"[①]

---

① [美]伯纳德·施瓦茨,徐炳译:《行政法》,群众出版社1986年版,第33页。

与此同时，全国人大及其常委会应当结合税制改革的进程，在新税种上积极行使税收立法权，并将原有税收行政法规进行逐步、逐级、逐层的清理，最终将其全部上升为法律。当然，税收法律化也需要一个循序渐进的过程。要求短时间内将所有税种都制定法律，可能并不现实。更为理性的选择是分清轻重缓急，将条件相对成熟、社会关注度最高的税种先行立法。目前，房产税改革是税制改革的重点、焦点和难点问题，且涉及扩大征收范围、增加税收负担，又是纳税人反应非常敏感的直接税，因此最需要也最适合作为落实税收法定原则的突破口。正因如此，十八届三中全会《决定》才专门提出，要"加快房地产立法并适时推进改革"。

还应看到，税收法定原则并非绝对排斥其他效力位阶的制度规范在税收事项上的效力。恰恰相反，它承认并要求税收行政法规、规章和规范性文件在宪法、法律统领下，在各自效力范围内发挥作用。也就是说，在全国人大及其常委会制定某一税种法之后，国务院仍然可以进行执行性立法，出台实施条例等行政法规，税收主管部门也可以根据法律法规来制定具体解释与执行细则。尤须强调的是，必须严肃禁止以往存在的"有法不依"现象，不允许下位法违反甚至架空上位法的规定。其他法律渊源在法律允许的范围内，可以进行法律内容的补漏，但不得超越法律进行创制性的补充。对此，十八届三中全会《决定》也在"推进法治中国建设"部分中着重强调了对法规、规章、规范性文件的审查制度，这是一个重要的信号。各种法律渊源相互配合、相互协调，才能够实现税收法律制度的形式协调，形成层次分明、结构完整、有机联系的统一整体。

（2）第二步：从"有法"到"良法"。落实税收法定原则的第二步是提高立法质量，不仅要有法律，而且还应当是"管用的良法"。实践已经证明,不是什么法都能治国,也不是什么法都能治好国;人民群众对立法的期盼,已经不是"有没有",而是"好不好""管不管用""能不能解决问题"。为此,一方面,应当按照"要素确定"的要求,增强税法的可操作性。鉴于国情的复杂性与不平衡性,我国立法机关常常倾向于在法律中仅作原则性规定,具体内容留待法规、规章甚至是司法解释去规定。① 客观地说,这种做法有一定合理性,但也加大了法律冲突、法律真空的几率,最终将会损害法律的权威。特别是对于税法而言,如果法律仅有原则性条款,就很难实质性地约束税务机关的课征行为,纳税人也难以据此形成稳定预期,税收法定原则的功用实际上就被架空了。从外国实践来看,税法都是高度细化,因此也是高度复杂的。② 当然,要素确定并不是完全排斥不确定法律概念——这实际上也是很难实现的。但是,太过于一般的、不明确的甚至是接近空白的条款,就难以依解释方法使其意义明确,而有导致公权力之肆意滥用之虞,因而与税收法定意旨相悖。一般来说,税法条文应当足够具体到能够为纳税人提供较为确定的预期。对此,张德江委员长在全国人大常委会工作报告中也已明确提出,要增强法律的可执行性、可操作性,"能具体

---

① 曾参加我国多部法律制定工作的顾昂然先生对此解释道,在社会变化太快的情况下,法律——特别是实体法规定越具体越细致,就越容易过时。而我们正处在改革的时期,许多问题需要进一步摸索、试验,因此法律就不可能定得太细。参见顾昂然:《立法札记——关于我国部分法律制定情况的介绍(1982—2004年)》,法律出版社2006年版,第11、58页。

② 例如,美国国内税收法典(Internal Revenue Code)就有11分标题(Subtitle)、61章(Chapter)、15分章(Subchapter)、近2000节(Section),每一节下还有分节(Subsection)、段(paragraph)、分段(Sub-paragraph)、条款(Clause)和分条款(Sub-clause)。其中有大量的条款是定义性和解释性规定,将近占到总条文数的1/3。参见瞿继光:《美国联邦最高法院经典税法案例评析》,立信会计出版社2009年版,第305页以下。

就尽量具体,能明确就尽量明确,努力使制定和修改的法律立得住、行得通、切实管用。"①

另一方面,应当提高税法内容的实质正当性,使之尽可能地契合税收公平等原则的要求,并更多地回应民众诉求,在不同的利益群体中寻得平衡与协调。而要提高立法质量,重要的途径就是坚持开门立法、民主立法和科学立法。具言之,要强调立法全过程的公开透明,通过座谈、听证、评估、公布法律草案等方式,保障社会公众对于立法的广泛参与和有效监督,特别是要注重通过设立税收立法咨询委员会、聘请人大代表助理等方式,发挥好专家学者的积极作用。② 在此基础上,还应进一步优化人大立法的机制,完善立法工作机制和程序,如充分贯彻多数决原则,不过分追求超高票数,而是鼓励议事过程中的发言和辩论;改革现行的立法提案制度和法案起草制度,强化全国人大及其常委会在立法过程中的主导性和相对超脱性;等等。此外,在制定不同层级的税收法律规范时,也应当建立起不同程度的民意控制机制。例如,对于重要的税收行政法规,可准用立法程序。对于涉及纳税人实质性利益的规范性文件,也应将"正当程序"的要求引入制定过程中,建立信息公开、专家审议等制度。当然,从根本上说,这需要推动人民代表大会与时俱进,不断提升其专业能力和政治地位,使其真正发挥好最高立法机关和最高权力机

---

① 此系张德江委员长 2014 年 3 月 9 日在第十二届全国人民代表大会第二次会议上作全国人大常委会工作报告时提出的重要要求。

② 发达国家的税收立法程序一般都很注重通过听证方式吸取公众意见,特别是专家意见。如美国税收立法程序开始于众议院筹款委员会(House Committee on Ways and Means)举办的议案听证会,立法提案人、经济顾问委员会主任等行政官员、社会公众代表(包括各种特殊利益群体的代表)都会出庭作证;日本税收立法程序中,首先需由税务委员会向首相递交一份有关税法修正案的报告,而该委员会成员中就有非政府官员及税收专家。

关的作用。

进一步看,在现代多元社会中,受制于信息条件或利益俘获,人民的代表在税收事项上并不总是能很好地代表人民。① 因此,税收作为深刻涉及国家与纳税人关系的根本性事项,不能仅仅被视为政治决定之产物,也不能单凭形式上的立法程序而取得正当性。换言之,税收立法权也不是完全没有限制的,它应当受到宪法价值的约束,特别是要受严格平等原则的约束,亦即依量能课税原则予以平等负担。在这个意义上,以立法控制来防范课税侵犯人民基本权利的时代已经结束,强调税收法定不得不面临寻求宪法保障之新时代。② 因此,在未来条件成熟时,应考虑在宪法中正式确立税收法定原则。值得关注的是,四中全会《决定》提出:"坚持依法治国首先要坚持依宪治国,坚持依法执政首先要坚持依宪执政。""健全宪法实施和监督制度,完善全国人大及其常委会宪法监督制度,健全宪法解释程序机制。"这或许将为税收法定入宪提供有利的契机。考虑到宪法对于税收立法的指引和规范作用,建议将该原则和量能课税一并写入;比如,可以考虑将现行《宪法》第五十六条修改为:公民、法人及其他组织有依法律按负担能力平等纳税的义务。纳税人、征税对象、计税依据、税率等税收要素应当依照法律或法律的授权规定。

(3) 第三步:从"良法"到"善治"。十八届四中全会《决定》提出"建设中国特色社会主义法治体系,建设社会主义

---

① 麦迪逊曾一针见血地指出,期待开明的政治家能够调整这些不一致的税收利益,使之有利于公共福利,这种说法是徒劳无益的,开明的政治家并不总是执掌大权。参见[美]詹姆斯·麦迪逊等:《联邦党人文集》,程逢如等译,商务印书馆1980年版,第47页。

② 葛克昌:《国家学与国家法》,月旦出版社股份有限公司1996年版,第57—58页。

法治国家"的总目标,这里的"中国特色社会主义法治体系"比过去常用的"中国特色社会主义法律体系"更进一步,强调"科学立法、严格执法、公正司法、全民守法"的全过程、全覆盖,体现了从静态的、形式的、立法上的"法制"到动态的、实质的、全方面的"法治"的飞跃。落实税收法定原则的第三步,也就是要让税法的规定在实践中得到尊重和奉行。换言之,就是要真正实现其内蕴的规范国家税权的要求,有效、完整地保护纳税人权利,经由"税之良法"实现"国之善治"。对我国而言,这一点尤为重要。由于我国的法治建设主要依赖于政府推进而非自然演进,加之较为根深蒂固的权力至上传统,法律往往不能对政府权力进行有效的约束。① 要真正实现市场主体"法无禁止即可为"、政府部门"法无授权不可为",关键在于强化监督和责任制度。同样的,落实税收法定原则,也不仅仅要求有法可依,更要求有法必依、违法必究。因此,应当建立科学、理性的激励考核机制,引导税务机关转变按照指标或任务征税的思维,以税收法律作为征税的唯一依据。同时,要建立和完善对税收执法的监督和问责机制,切实保障纳税人获得救济,特别是获得司法救济的权利。全社会应当改变追求"税务零纠纷"的维稳思维,自觉通过税务诉讼等法治方式来解决纠纷、化解矛盾,通过个案来提高整个社会的税法遵从度。当然,这就要求对《税收征收管理法》中的"两个前置"② 等不合理规定加以修改,并可以尝试设立专门的税务法院或税务法庭。在这个时候,"税收法

---

① 梁迎修:"理解法治的中国之道",《法治研究》,2012 年第 6 期。
② 我国《税收征收管理法》第八十八条规定,纳税人与税务机关在纳税上发生争议时,必须先缴纳税款或提供担保,才能提起行政复议,是为"纳税前置"。同时,规定对行政复议不服的,才可依法起诉,是为"复议前置"。"两个前置"实际上剥夺了经济条件不佳的纳税人寻求救济的机会。

定"就已经上升为了"税收法治",即实现了税收立法、执法、司法、守法整个环节的法治化。

不过,如果站在更高的层次看,只关注收入面的税收法定仍然还不是最终的完美状态。在现代财税法视野下,税收的征收和使用已经被打通为一个整体。作为一种公共财产,税收来源于纳税人,也最终服务于纳税人,其收入和支出都与纳税人的福祉紧密相关。正因如此,学界才提出了"纳税人基本权利"的主张,认为人民拥有按照符合宪法的规定来征收和使用税收的权利。[①] 只有将法定的范围从征税扩展到用税,才能实现对纳税人权利的充分保护。对此,应当将税收的具体用途及开支程序也通过法律加以规范,特别是要更好地发挥预算的作用,切实管好政府的"钱袋子"。此外,还可探索建立纳税人诉讼[②]等制度,提升纳税人在法律关系中的积极主体地位,最终实现纳税人私人财产权和国家公共财政权的平衡与协调。当然,从税收法定到财政法定,对我国来说确实是一项任重而道远的事业,也因此需要更多的耐心、更强的坚持和更大的智慧。

六、纳税人权利保障理论

(一) 私人财产课税理论的基础

作为私人财产分割的利器,税法一方面具有强烈的国家公权

[①] 北野弘久将"纳税人基本权利"界定为纳税人享有的以宪法为基础的、仅在税收的征收与使用符合宪法规定的原则的条件下,才具有承担纳税义务的权利。

[②] 纳税人诉讼,在英美法上又叫纳税人提起的禁止令请求诉讼,是指以纳税人的身份,针对不符合宪法和法律的不公平税制、不公平征税行为,特别是政府的违法使用税款等侵犯国家和社会公共利益的行为,向法院提起的诉讼。

力色彩，体现了国家汲取能力和财政权的实现；另一方面现代税法也突破了单纯强调国家与纳税人之间的权力关系，而以债权债务关系对待之。因此，对税法本质的认识，直接关系到税收活动中税权的分配、对纳税人权利的保护等一系列基本问题。站在税收本质的高度，对私人财产课税，不仅要从行政法理论角度，也要从民法理论角度，才有助于正确认识私人财产课税法治化的理论基础。同时，宪法实施层面的要求，也是课税法治化重要的理论基础。

1. 税法行政权力关系说的革新

20世纪初期的德国，在传统行政法学占绝对优势的背景下，权力关系说继承了传统行政法的理念，强调国家或地方公共团体在法律关系中相对人民的优越地位，强调税收中的命令服从，不注重纳税人的权利救济。税收债务关系理论对其的革新，体现的便是对传统行政法思想中"行政权力本位"的批判，它意图提供一种钳制行政权力的机制，更加重视对纳税人权利的保护。但我们仍需注意，即便是今天，在税收法律关系中，仍然随处可见国家行政权力。最突出的表现是，我们虽然否认整个税收法律关系的权力属性，但是在税收程序法领域，权力服从关系还是明显存在的。①

值得注意的是，行政法的发展，已从过去单纯强调"管理论"（即强调国家权力发挥作用），转向现在强调"控权论"和"平衡论"，从各种角度对国家权力的行使加以限制，这也导致税收行政权力关系说的理论应相应有所革新。

控权论主张，行政法调整行政主体和行政相对人的关系，重点是控制行政主体的权力，保护行政相对人权益免受行政主体滥

---

① 刘剑文、熊伟：《财政税收法（第五版）》，法律出版社2007年版，第147页。

用职权行为的侵害,在这个意义上,行政法的性质应当是"the law relating to the control of governmental power(控制政府权力的法律)"①。

在我国,长期的计划经济时期内,行政法思想由传统的"管理论"理念一统天下。该理论认为行政法调整重点是规范行政相对人的行为,保障行政管理的顺利进行,建立和维护有利于提高管理效率、实现管理任务的法的秩序。② 随着改革开放的深入,平衡论的理念被提出,并逐渐为多数学者所接受。

无论控权论,还是平衡论,都十分强调对行政权力的限制,对行政相对人权益的保护。这都说明,行政法的发展,早已经远离当初"传统行政法"片面追求保障行政权力运作和行政效率最优的时代了。从行政法视角看,对行政权力的运作施加限制,已是共识。这些对税法行政权力关系理论的革新提出了新的要求,即在国家行政权力明显发挥作用的课税环节,限制行政权力、保护纳税人财产权,建构利益协调机制,本身已是税法的题中之意。

2. 税收债权债务关系理论的确立

税收债务关系说本质上是债的关系,即以契约的形式来解读国家与国民之间的税收关系,它体现了国民与国家法律地位的平等,或者说本质上也是人与人之间地位平等的体现。

对于税收债务关系说丰富的理论内涵,限于篇幅,本书不详加讨论,仅详述税收债务关系中的"对价"问题。按照公共财政理论,国家在课征税款的同时,需要给纳税人提供诸如公共服

---

① See H. W. E. Wade, *Administrative Law*, Oxford: Clarendon Press, 1989, p. 4.
② 姜明安主编:《行政法与行政诉讼法》,北京大学出版社、高等教育出版社2007年版,第98页。

务、基础设施建设等对应的行为，但这些并不能归入私法意义上的"对价"范畴。对价的一个重要特征是：需要具有真实价值，虽然无须完全等价。从这个意义上，国家课征税款，并负有提供公共服务等法律义务，但对其衡量"价值"，既不具有可操作性，也无法理上的支撑，因此，税收仍然是一种无对价的给付。

但是，课税行为虽然没有民法意义上的"对价"，却并不意味着国家取得税款，不需要承担法律上的行为义务。在宪法的层次上，从保护纳税人权利、维护财政民主的角度出发，应该将税收与财政支出结合起来理解，将国家进行合乎宪法目的的财政支出，作为纳税人缴纳税收的前提条件（这也是我们认为这种法律义务近似于"对价"的原因所在）。若财政支出违反了宪法目的，破坏了税收的前提条件，纳税人得通过法律途径，甚至是政治途径予以抵制，或是要求其改正。当然，这一点的实现需要长期的努力，但这却是实施宪法的题中之意。

因此，从税收债权债务关系理论推演，国家针对私人的课税行为，并不能认为是单纯的"掠夺"行为，而应带有更多的"扶持"色彩，这是"法治"的要求。

3. 私人财产课税的宪法基础

国家与国民间的利益博弈是宪法产生和发展的基础，从本质上说，宪法重点关注的是国民权利和国家权力之间的对立与协调。宪法的要求和最终目的，在于维护个人自由，其在限制国家权力过度膨胀的同时保障国民基本权利、促进和保护人权。

具体到税法领域，私人财产权和国家征税权的对立与统一，集中体现了上述国民权利与国家权力的关系。一方面，个人通过缴纳税收的形式，将一部分原属于自己的私人财产让渡给国家，不能简单被理解为个人的"牺牲"，这既关系着国家物质力量的获得和增长、国家职能的实现，反过来也是个人实现自身生存和发展的保障。另一方面，由于经济资源的稀缺，在国家征税权和私人财产权存在冲突情形的时候，由于国家具备的强势地位，如果宪法不赋予个人基本权利和相关救济机制，就难以形成对国家权力的制衡。在税法领域，这就具体体现为对纳税人财产权的保护，即要求我们实现私人财产课税的法治化，通过法律保护的形式实现国民权利、限制国家权力。纳税人应当有权对其所缴纳的税收的使用和政府的财政支出行为进行监督，使之被合理、正当地使用。

（二）财税法治的权利扶持作用

1. 税权二元结构的塑造

按照国家和国民、公法和私法的二元分析方法，可以将法权类型化为国家的法权和国民的法权两类①。具体在税收领域，我们可以将税权区分为国家的税权和国民的税权。

从权力和权利分野的角度出发，国家的税权包括体现国家税收权力的国家征税权以及体现国家税收权利的国家税收债权，前者是税权实现的手段，后者才是税权实现的目的所在。从权力的本源看，国家征税权，作为国家权力之一种，是由国民让渡给国家行使的，需要受到国民意志的制约，而法律，便是全体国民意志的体现。国家征税权，作为国家权力之一种，须受到法律的限制，即其包含的具体权力，税收立法权、执法权和司法权均在法律限制范围内。国家的税收债权，即为国家对纳税人的税收之债的请求权，国家在行使税收之债请求权时，除了要遵守税法规定外，还需要遵守宪法的相关规定，以进行合宪目的的财政支出作为要求缴纳税款的前提条件。

---

① 刘剑文：《走向财税法治——信念与追求》，法律出版社 2009 年版，第 109 页。

国民的税权可以从宪法和法律两个层面进行区分，主要分为国民的税收权力和国民的税收权利两大方面。国民的税收权力，主要基于宪法层面讨论，可归结为国民对税收的同意权。这种"同意权"，至少包括但不限于两方面内容：一是税种的开设、调整、撤销，以及课税程序等有关税收的方方面面内容，都需要通过法律加以规定。二是国家进行合乎宪法目的的财政支出，应成为纳税人缴纳税收的前提条件，若财政支出违反了宪法目的，或是相关级次的政府根本就未提供相关的公共服务行为，就破坏了税收的前提条件，国民可以通过法律等途径"不同意"相关具体税收，尽管这一点目前尚停留在应然层面。

国民的税收权利，则主要是指纳税人享有的各项具体的基本权利，这主要体现在具体的税收债权债务关系中。国民的税收权利也可以分解为纳税人在宪法上的权利和纳税人在税法上的具体权利。前者包括依法纳税的权利、财产权、平等权、生存权、参与权、监督权、救济权等权利，后者则包括知情权、服务与帮助权、保密权、陈述与申辩权、诚实推定权、礼遇权、减免税及退税权、拒绝缴纳超过法定征收期限的税款、申请复议与提起诉讼权、损害赔偿请求权等权利。

2. 对私人财产的双重保护体系

私人财产权作为一种排他性的对世权，一般被认为不仅排除了其他平等主体的侵害，更应排除来自公权力侵害。[①] 税收是对私人财产的正当的和初次的索取，私法意义上的财产权是滞后于国家征税权的财产权，所谓私人财产权不受侵犯，首先是指私有财产不受国家征税权的非法侵犯。当税法构建起限制国家征税权

---

① 刘剑文：《私人财产权的法律保障——兼论税法与私法的承接与调整》，《河北法学》，2008年第12期。

非法侵夺的抵御体系时，私人财产权才得以在私法的规范下获得自由行使的可能。

具体而言，对纳税主体、课税对象、归属关系、课税标准等直接决定纳税义务成立的诸项要素，在税法中明确、具体地加以规定，并确定"仅于具体的经济生活事件及行为，可以被涵摄于法律的抽象构成要件前提之下时，国家征税权才可成立"，从而使纳税人在行使其私人财产权时可以预测由此可能产生的税收负担，且该负担根据税法的规定具有可预测性。征税机关必须严格在税法所规定的征税权内容、客体及范围内，进行税收的课征。

此外，税法透过对国家征税权行使步骤、方式的规定，构建私人财产权的程序法保护。征税机关只有在依照法定权限和法定程序的情况下，才能实施征收行为。通过程序所特有的时间和空间的有序性，能够最直接地制约征税权的扩张，保护私人财产权在税收课征过程中不受公权力的随意侵犯。

税收课征过程中国家征税权与私人财产权之间的冲突与矛盾必然无可避免。为此，国家应当构建税收司法体系，为受征税权侵害的私人财产权提供司法救济。通过构建独立与高效的税收司法审判机制，恢复国家受征税权侵害的私人财产权。

私人财产权的私法与税法的双重保护是私人财产神圣不可侵犯的宪法地位的应有之义。以私法和税法的双重保障为依托，私人财产权不仅有权对抗其他平等市场主体，更有权对抗国家征税权的非法侵夺。

财税法治强调的是对纳税人的扶持，体现了纳税人利益和国家利益的和谐统一。既有利于国家的稳定、社会的和谐，又保障了个人的生存和发展。要推进财税法治的实现，需要在观念上，在"国富民强"和"民富国强"之间做出正确抉择，树立"民富国强"的观念，国家能真正做到让利于民，不与民争利。我们需要注意到，民富和国强之间并不矛盾，而是内在统一的。笔者以为，从某种意义上说，国家是为了其国民服务的，国家强大本身并不是目的，只有国家强大了，从而得以使其国民拥有享受高质量生活的机会，才是国家强大所追求的目标。民富方能国强，民富和国强须有机结合、统一。

（三）纳税人权利保护机制的实现

1. 构建权利体系：聚焦纳税人之诚实推定权

在诸项纳税人权利中，诚实推定权作为保护纳税人的一项基本的程序性权利，其施行有利于约束税务机关依法征税，保障纳税人的合法权益，从而构建和谐的征税关系。但这一起源于税制发达国家的权利，在我国的立法和实践中却依然空白，不得不引起我们的关注和强调。

诚实推定权，是指纳税人享有被税务行政机关假定为依法诚实纳税的权利，具有防御性、保障性的功能，体现了税收征纳双方的平等关系，有利于约束税务行政机关依法征税，有效地减少其主观判断带来的任意执法。税务机关向纳税人征税时，必须首先假定纳税人是诚信纳税人，推定纳税人在处理纳税事宜时是诚实的，并且承认纳税人所说的情况属实以及所递交的资料是完整和准确的，没有充足证据，不能对纳税人是否依法纳税进行无端怀疑并采取相应行为。[①] 诚实推定权通过对税务机关权力的限制以达到对纳税人权利的保护，从而在强大的国家公权力和相对弱小的私权利之间实现平衡。根据诚实推定权的要求，在没有充分证据证明纳税人具有逃税、漏税等违法行为之前，税务机关应当

---

① 刘剑文："纳税人权利保护：机遇与挑战"，《涉外税务》，2010年第5期。

推定纳税人的纳税行为是诚实的，不能对纳税人采取相应的措施。具体而言，税务机关在进行税务检查中所享有的强制检查权、强制执行措施权、录音录像权等权力都应当受到诚实推定权的制约与限制；在未经调查并证实纳税人有违法情形之前，税务机关的这些权力均不得滥加使用。

在域外的立法例中，诚实推定原则在西方国家已经不再停留于法律思想阶段，而得到的立法上的确认。诚实推定权主要有两种具体体现形式：一是直接规定诚实纳税推定权；二是通过规定纳税人有获得礼貌和专业服务等的其他权利，包含了诚实纳税推定权的作用。①

但是，我国的税收法律体系尚未确立诚实推定权的法律地位，税收实践中也鲜见诚实推定权的概念的运用，诚实推定权的缺失引发了中国现行税收征收体系中的很多问题。其危害具体体现在：第一，由于我国长期以命令—服从的管理型行政模式为主，税收行政机关常以国家征税人的地位自居，依靠强行征管的方式进行税收征收，缺乏对纳税人的服务意识和诚信信赖，往往戴着有色眼镜看待整个纳税人群体。相比之下，纳税人处于弱势地位，属于被管理者，不得不服从税收征收机关的强制性命令。所以，纳税人的抗税心理比较严重，逃税、偷税的情形增多，征纳关系紧张。第二，诚实推定权的缺失导致我国税收行政机关的权力得不到有效制约。由于认定纳税人不诚实纳税而采取相应措施并不需要经过特定的法律程序，税收机关往往滥用权力，侵害纳税人的合法权益。

因此，将诚实推定纳入纳税人权利体系是大势所趋。我国要将诚实推定权纳入法律框架中，应当先从修改法律入手，从法律

---

① 张富强："纳税人诚实纳税推定权的立法完善"，《学术研究》，2011年第2期。

的高度确立诚实推定权的法律地位，保障其积极作用的充分发挥。一方面，在民主和法治的社会中，纳税人的主体地位主要通过人民主权和宪法公民权加以体现，为了增强纳税权利，更应关注宪法对纳税人权利的保护。另一方面，《税收征收管理法》是我国税收领域的三大法律之一，在税收的征收管理方面具有重要作用。在修改《税收征管法》时，应在具有统领作用的总则部分，明确赋予纳税人该项权利，从而真正实现征税机关和纳税人之间的平等关系。而在明确立法上的规定的同时，还要加强执法中的检查，保证法律条文的执行效果，并赋予纳税人充分的救济通道，此正为完善我国纳税人权利保障的重要途径，事实上，相似的思路对纳税人权利体系的整体构建也同样适用。

2. 优化纳税服务：权利保护的最佳诠释

所谓纳税服务，一般是指税务机关根据国家税收法律、法规和政策的规定，以贯彻落实国家税法，更好地为广大纳税人服务为目的，通过多种方式，帮助纳税人掌握税法、正确及时地履行纳税义务，满足纳税人的合理期望、维护纳税人合法权益的一项综合性税收工作。

我们认为，要实现纳税人权利保护机制，我国应当树立服务性政府的理念，由单纯执法者向执法服务者角色的转变，由被动服务向主动服务转变，由形象性服务向实效性服务转变。纳税服务工作具有很强的综合性，纳税服务工作体现在税收的征收、管理、稽查、行政复议等各个工作环节，其可以按发生的时间顺序，区分为税前、税中和税后三个阶段的纳税服务。税前的纳税服务主要是为纳税人提供公告咨询、辅导服务，以提高纳税人的办税能力为主要目标；税中的纳税服务则主要是为纳税人方便、快捷、准确地依法纳税创造条件的一系列措施；税后的纳税服务侧重于为纳税人监督投诉、行政复议、行政诉讼和损害赔偿提供畅通的渠道。

纳税服务的理念在税收征管中，主要体现在增强服务意识、规范服务行为，提高服务水平。从税收工作实践上看，纳税服务的工作内容主要包括：信息服务、咨询服务、办税服务、环境服务、帮助服务五大方面。从发展的角度看，服务的内容是随着社会政治经济形势发展和服务立法的发展而发展变化的，服务内容将不断丰富充实，服务体系将不断完善规范。

税收机关严格执法就是在优化纳税服务，从本质来讲，就是将纳税人权利保护落到实处。严格执法与优化服务两种行为关系着法律的尊严和纳税人权利的保护。

七、税收之债理论

（一）税收债务关系说的选择

有关税收法律关系性质的争论最早起源于德国，[①] 税收法律关系在德国传统上被定性为一种典型的权力关系，其理论代表是德国行政法学界泰斗奥托·梅耶，但是1919年《帝国税收通则》的颁布使税收法律关系的定性发生了重大的转折和改向。该法以税收债务为核心，对税收实体法和税收程序法的通则部分进行了完备的规定。对于税收法律关系的性质，学者可谓仁者见仁，智者见智。如何识别、借鉴，如何吸收、创新则是一个需要结合中国税法实践和税法基础理论创新之需求加以认真分析和考量的问题。笔者选择税收债务关系说，理由如下：

---

① 刘剑文、熊伟：《税法基础理论》，北京大学出版社2004年版，第63-65页。

首先，税收债务关系说符合宪政理念和纳税人权利保护之需要，是税收宪法性法律关系的揭示与表达。宪政国家对税收立宪的客观要求决定了税收法律关系的性质应该从纳税人与国家的宪法性关系中探寻，而纳税人与国家的宪法关系其实就是税收的本质和根据之所在。税收的本质在于为国家的公共财政提供财源以满足纳税人对公共物品的需求。国家的征税权力并不是税收法律关系的起点和核心，纳税人享受公共服务的权利才是国家征税权存在之本源。从宪政的民主理念来看，人民主权的经济表达就是纳税人主权，即纳税人权利是国家权力的来源和服务对象。从宪政的法治理念来看，纳税人依且仅依合宪性的法律承担纳税义务，而国家仅在合宪限度内享有征收和使用税款之权利。从宪政的人权保障理念来看，纳税人权利保护是人权在具有侵权性的税法领域的必要延伸。因此，宪法上的税收法律关系是一种公法之债，纳税人与国家处于平等的两端，依据宪法及合宪性的法律各自享有权利和承担义务。

其次，税收债务说有助于中国税法摆脱行政法之传统束缚，同时脱离经济法之现时影响，确立税法之独立地位。事实上，无论是经济法还是行政法，都无法包容税法所体现的国家与纳税人之间的平等的法律关系属性。征管权力的优越性是基于税收征管之必要，但是并不能改变税收法律关系公法之债的属性，以税收债权债务关系为表现形式的税收实体法才是税法的核心，体现权力服从关系的税收程序法只是税收实体法的附属和实现保障。目前在西方国家，征税机关已经转变观念，从传统的权力机关向服务机关转变，如何为纳税人依法履行税收债务提供高效、便捷的服务，成为征税机关全部工作的重心。而中国在市场经济体制改革和民主法治观念的推动下，征税机关也开始向服务性机关转变。在这个意义上，税收的权力性和强制性将会进一步淡化和淡出,而税收法律关系的平等性和债务性将会进一步凸显。

最后,税收债务说也有助于中国税法的体系化和透明化,以符合 WTO 规则之要求和税法学独立发展之需要。税收债务关系说不仅"照亮了迄今为止的法律学上的一致被忽视的'公法上的债务'这一法律领域",而且"使运用课税要件的观念就可对公法的债务——税收债务进行理论上的研究和体系化成为可能"。① 运用税收债务关系说可以有效地解决中国税法体系化和透明化的问题。宪法层面确立宪法税概念和税原则,实体法上以税收债权债务关系的发生、变更、消灭为线索构筑脉络清晰、逻辑严密的税收债法,程序法上围绕税收之债的实现和保障,理清税收征收法、税收责任法和税收救济法之关系。如此,可以以税收债权债务关系为逻辑主线,构建一个从宪法到税收实体法,直至税收程序法的完整和谐、内在统一的税法体系。此外,以税收债权债务关系为中心,不仅可以轻松解决中国税法体系化问题,而且可以开拓税法学独立发展的空间并构筑与其他学科有效交流的平台。

（二）税收法律关系的性质

税收法律关系的性质可以从以下三个层次加以论述:

第一,税收实体法和程序法的分立是现代税法的基本结构,实体法在税法中具有独立的意义,不再是依附于程序法的附庸。就此而言,税收实体法律关系的发生、变更和消灭完全以法律规定为依据。行政行为对此只具有确认的意义。因此,税收实体法律关系是一种公法上的债权债务关系,其与权力服从关系没有直

---

① ［日］金子宏:《日本税法》,战宪斌、郑林根等译,法律出版社 2004 年版,第 21 页。

接的联系。而税收程序法则更多地受到公法上的权力服从关系的支配，税务机关将对纳税人的法律地位较为优越，而纳税人对税务机关的行政行为首先必须服从，然后才能根据法律进行救济。

第二，在现实生活中，由于税务机关拥有行政执法权，而司法机关又未必能够全面妥善地进行救济。因此，虽然纳税人只需依法纳税，税务机关必须依法征税。但事实上，税务机关在执法过程中还是拥有较大的自由空间。广泛存在的税收授权立法和税务机关超出解释权限变相立法等，使得税务机关对纳税人的话语霸权始终难以根治。因此，原本应该独立于税收程序法的实体法律关系仍处处受到行政权力的掣肘。从这个意义上讲，税收法律关系事实上表现出权力服从关系的特征。

第三，从原理上看，为了推进税法学与传统行政法学的诀别，税法的研究必须以实体法为核心。为了规范行政权力，落实税收法定主义。也必须清楚地认识到，程序只是实现税收债权的法律保障，不能越俎代庖成为税法的中心。因此，应该以税收债务关系为基础，将程序权利置于实体法的制约之下。

总之，税收法律关系的性质在于其公法上的债权债务属性，其本质则是纳税人与国家在宪法层次上的平等性。税收债务说是构筑体系化和透明化的税法乃至税法学体系之核心。中国税法基础理论可以在税收债务说的基础上实现转型和创新。

财税法治与财税分权

在现代化建设的新时期,财税体制改革作为一种可操作、较为温和的改革进路,更易于得到各方的认可、接受和顺畅推行;又因其向上紧密承接国家治理、向下深刻影响百姓民生,故应成为盘活改革全局的活跃因素及带动社会发展变革的有效突破口和新的起点。要推动财税体制改革,一个符合当下时代吁求的选择自然便为加强财税法治建设。随着我国经济总量的上升和社会财富的增长,财税立法在社会主义市场经济法律体系中的重要性尤为凸显。李克强总理指出,"要用法治精神来建设现代经济、现代社会、现代政府",这一理念层面的转型奠定了法治化的改革路径。具体落实到财税领域,我国应当转变治国理政思维,加快财税立法进程,促进财税法律制度的完善,以建立一个结构良好、规范完整、体系严密,与公共财政目标相契合的社会主义市场经济法律体系。

在财税法治路径中,中央与地方的分权与均衡尤为重要,财税制度的法治化离不开对财政权配置的规范。在中央与地方之间,财政分权既便于地方发挥其信息优势,为当地居民提供合适的公共产品,激发地方的创造力和发展动力,又有助于中央保持较强的控制能力,做好全国范围内的统筹协调,促进国家的统一和强大。除了中央与地方对财政权力的合理划分外,财政转移支付制度的完善,能够对欠发达的地区施以有针对性的财力弥补,有效地实现财政均等化和区际公平性。自1994年分税制改革以来,我国的财政分权制度已经初具雏形,但仍然存在着较多需要完善的地方,不管是构建财政分权的法律框架,还是规范转移支付制度,抑或应对地方发债等新出现的问题,都需要进行法治化的讨论。

一、财税法治建设的破局方向

(一) 财税法治的难点:困境迷思

当前,我国的经济、政治和社会体制改革已进入"深水区"和攻坚阶段,各种难题呈现出盘根错节、彼此牵制之势,形成了多方面相互咬合的症结性困境。在财税立法的进程中,由于历史的和现实的、客观的和人为的诸多原因,存在着一些尚待认清和逐步破解的难点、难题。

其一,如何协调财税法律关系中各主体的利益,使民主框架下产生的财税立法无论是在实体内容上抑或是在制定程序上,都能做到既符合效率,又彰显公平,达到这一要求无疑需要找到一个中正平和的稳定点。从法理上说，任何法律都应是各方意见达成妥协时的产物，这是民主的要义，也是法治的内在要求。反观我国目前的财税立法状况，仍然缺乏一种常态化、规范化的民意吸纳机制，这意味着，财税立法的漫长过程中鲜有各种社会群体广泛、深入地参与的身影，而这些未能在法律制定时得到充分抒发的民意很可能将演变为法律制定后的怀疑、怨言或者反对之声。进一步说，这般固执、疏远民意的财税立法方式不仅失于科学、合理，而且有悖于人民主权、以人为本的宪政理念，使得财税法律难以获得民众的自觉维护和自愿遵从，也使得日益庞大的现代政府距离广大民众越来越远[1]，埋下了社会矛盾与社会风险的不稳定因素。

其二，如何设计和掌控财税立法的进度或规划，使财税法律在确保一定的稳定性和民众预期的同时，适时跟上经济发展、社会变革的大潮，达到这一要求无疑需要科学地选择明智的法律切入时间。当下，我国正处于社会主义市场经济的快速发展阶段，经济、政治、社会等领域的各项改革也在如火如荼地开展，在这一语境下，财税法律作为上层建筑的一部分，理应及时地适应经济基础的每一步转变，并可起到适当的推进作用，而不宜墨守成规、反应迟缓。

其三，如何在财税立法中处理好全国人大与国务院的关系，使财税法律良好地结合人大的民主正当性与政府的专业高效性，达到这一要求无疑需要对立法主体的权力结构、力量配置进行更多的考量。

---

[1] 实际上，为了解决现代政府与民众关系的疏远问题，需要对民主结构进行一定的改革，发扬公民权并鼓励公民在各个管理领域的参与。参见 [美] 乔纳森·卡恩：《预算民主：美国的国家建设与公民权（1890—1928）》，叶娟丽等译，格致出版社、上海人民出版社 2008 年版，第 21 页。

(二) 财税法治的重点：关键切口

1. 财税立法的性质定位要摆正

在理念方面，要坚守和善用法治思维、法治方式，将其作为处理财税问题的习惯性思路，并使财税立法突破宏观调控法的表象，回归公共财产法和纳税人权利保障法的性质定位。

回顾财税法及财税法学的发展历程，它在建立之初，很长一段时间内曾被视作行政法的一部分，继而又被视作经济法的一部分。但随着不断的壮大和成熟，人们对其的定位发生了潜移默化的转变，财税法得以日渐重塑并开始摆脱对行政法或者经济法的依赖，转而获得特别的法律品质、探求独立的法律地位、作出独特的法律贡献，成为了包容丰富而又自成一家的综合性法律体系。也即，宪政、民主、权力制衡、透明化、公众参与等现代法治理念，均从各个角度被引入了财税立法的构架中，并获得了重新的解读、运用和发扬。

从法治视角看，财税制度不仅具有调控经济、组织分配的工具性功能，更有助于借助财政收入、支出和管理等手段，让私人财产与公共财政的边界得以廓清，推动财产权利与财政权力的均衡和协调，尤其是保障处于弱势地位的私权利免受公权力的随意侵扰。在这个意义上，我们不仅需要认识和发挥财税法的宏观调控效能，还需要透视其精神实质和价值内核，展现其作为公共财产法①及权利保障法的内在特性。毕竟，财税立法已经超越了传统的宏观调控法所能容纳的视野范围，在宪政的延展空间中开辟出

---

① 将财税法定性为"公共财产法"，从而与私法领域的"私人财产法"相对应和界分，旨在更好地保护公民在公共领域的财产权利，保障国家公款的筹集、支出和管理能够妥善地进行。

一片更为广阔的天地。也正是基于此，我们所强调的法治财税、民主财税就能显示出特殊的意义，公共财政目标便呼之欲出了。

因此，我们亟须适当转变当前对财税制度的宏观调控职能进行过度使用的思路，即远远不应局限于财税立法的行政管理功能，不应将其仅视为政府管理经济的便利工具，而应当把它看作社会财富公正分配的利器、纳税人权利保护体系的一个组成部分。

2. 财税立法的主体结构要调整

在主体方面，要强化和落实全国人大的财税立法职能，且积极鼓励社会民众的立法参与，从而让开门立法、科学立法、民主立法的宗旨转化为切实的实践。

根据我国《宪法》第六十二条，全国人大行使"制定和修改刑事、民事、国家机构的和其他的基本法律"的职权；修改后的《立法法》进一步界分了法律保留与授权立法的范围，该法第八至十二条明确表示，"税种的设立、税率的确定和税收征收管理等税收基本制度"只能制定法律，对于特定事项尚未制定法律的，全国人大及其常委会可以授权国务院根据实际需要，先制定行政法规，待正式制定法律的条件成熟时，再由全国人大及其常委会及时制定法律。其实，立法主体究竟是全国人大及其常委会还是国务院，立法层级究竟是法律还是行政规范，在一定程度上反映了不同的民意代表性和综合高度。以更为透彻的财税法治为目标，我们应当着力通过多种方式来增强全国人大及其常委会的立法权力，将其真正建设为一个民意代表机关和法律工作机关[①]；即便是立法授权，也应采用明确、具体、有限制的授权

---

① 全国人大常委会委员长张德江曾特别提出人大要建成"三个机关"的概念，即各级人大及其常委会要努力建设成为名副其实的地方国家权力机关、全面担负起宪法法律赋予的各项职责的工作机关、同人民群众保持密切联系的代表机关。

方法，并在时机成熟时跟进制定相应的财税法律。

与此同时，面对着日益兴盛的公众参与图景，财税立法的进程中也需主动地引入和吸纳各方民意。通过"开门立法"，不仅有助于集思广益、博采众长地搜集各种分散的资源和信息，更好地反映民情、集中民智、汇聚民心，达成效果上的"科学立法"，而且能够升华财税立法内在的正义性和平等性，为其得到民众的信赖、认可与遵从打下了必备的基础，从而实现了过程上的"民主立法"。

3. 财税立法的双向进度要提速

在内容方面，要针对现行的财税立法状况进行查缺补漏，并加快在财税新领域制定法律的步伐，将"补财税法课"与"上财税法课"以合适的比例相衔接。

一方面，现行财税法律体系存在一系列问题，要加以清理、整治，这即为"补课"。具体地说，包括以下要求：填补法律漏洞甚至立法空白，修改滞后于经济现状的法律，调整下位法里与上位法相矛盾的规定，逐步提高现有财税法律的效力层级，等等。

另一方面，财税领域的一些事项仍处于理论研究或者有待商榷的阶段，但一旦尘埃落定后，也应贯彻财税立法理念与方针，这即为"上课"。例如，我国的环境保护税、遗产税是否开征尚不明朗，增值税、房产税在扩围完成之时也需进行重新的法律制定，这就要求我们，在准备较为充足的条件下，可以以全国人大或其常委会立法的形式对此予以确定，而不宜再走滥用授权立法的老路。否则的话，将可能再一次导致财税行政法规名为"暂行"、实却延续过长时间以至于延缓了财税法治进程的现象。

4. 财税立法与财税改革的关系要理顺

立法与改革两者间并非矛盾和对立，而是存在着相辅相成、相互促进的关联。当前的财税改革过程中,诸如"营改增"扩围、房产税扩围等财税制度变革往往均以行政政策的外形出现,这表明改革者对财税法律的重要性认识不足,亦未习惯于运用法治这种治理方式①。实际上,财税立法如果运用得当,并不会产生阻碍、干扰财税改革的影响,相反,创新的财税改革思路与民主的财税立法形式将可能产生"1+1>2"的制度结合效益。

一方面,财税立法能够确定和巩固财税改革的成果,使之更加规范化、稳定化。另一方面,财税立法能够促进和推动财税改革的成效,且在一定程度上发挥引领作用。

(三) 财税法治的路径:整体建构

1. 加强全国人大的税收同意权并规范授权立法

税收法定主义,大致包括税收要件法定原则和税务合法性原则,前者要求有关纳税主体、课税对象、归属关系、课税标准、缴纳程序等税收基本要素,应当尽可能在法律中作明确详细的规定;后者则要求税务机关严格依法征税,不允许随意减征、停征、免税或者加征。税收法定主义有利于约束征税机关的公权力、维护纳税人的基本权利,可以说是税法领域的"帝王原则"。

在我国财税法制建设的过程中,由于立法条件不成熟等原因,立法机关时常采取赋予最高行政机关有限的立法权的方式进行授权立法。20世纪80年代,在特定的政治、经济状况下,全国人大及其常委会曾两次对国务院进行授权立法,其中,1985

---

① 在历史上,我国曾长期处于封建社会,后来又经历了较长时间的计划经济时代。可见,行政命令和指令型的管理方式给我国带来了深刻的影响,造就了管理者与被管理者的法治观念薄弱状况,而且这一历史惯性至今仍未根本消退。

年的授权至今仍在生效①。这客观上推进了我国的财经体制改革，具有一定的必要性。但是，因为对授权立法使用不当，缺乏有效的制约监督机制，过度的授权立法导致了行政权力的难受制约，带来了诸多弊端。因此，很有必要依照法治精神和新《立法法》的规定，对授权立法从实体到程序加以规范，保证人大税收同意权的行使。

规范税收授权立法的建议具体包括：第一，遵循《立法法》的规定，以税收法定主义为核心，由全国人大择机废止1985年给国务院的授权决定，并将条件成熟的各种行政法规制定为法律。第二，如果确需授权立法的，应按照一事一权原则重新授权，在实体上明确授权的目的、条件、范围和期限，严禁进行笼统授权或者概括授权。其三，完善授权立法程序，促进立法公开和立法参与。这样可以在程序上保证授权立法的民主性和规范性。其四，加强授权立法监督机制，增强授权主体对授权立法的审查监督，建立健全备案制度、撤销制度等。只有通过规范和限制授权立法，才能避免行政权力的不当扩张和对立法权力的侵蚀。

同时，在财税法律草案的起草过程中，就应发挥全国人大有关部门的牵头作用，避免国务院甚至国务院下放给行政部门起草的现象。部门立法的弊端主要体现在：其一，部门立法难免会涉及到本部门的利益和立场，这将造成法律的部门利益化，且法律草案的公正性往往也会受到公众的质疑。其二，部门与部门之间缺乏有效的利益协调和统一的平台，这容易引发部门间的争执，

---

① 应予注意的是，全国人大曾于1984年、1985年两次授权国务院在税收、改革开放、经济改革等方面制定行政法规。其中，1984年的授权决定已在2009年6月十一届全国人大常委会第九次会议上被废止，但是，授权范围更为广泛的1985年授权至今仍然有效。

导致法律难以顺利、高效地通过。因此，我们建议，应当由全国人大有关部门牵头财税法律草案的起草，这样才能保证立法的独立性和公正性。当然，在全国人大发挥统率、主导作用的前提下，充分吸纳财政部、国家税务总局、海关总署等行政部门的专业人士参加法律起草工作，这有助于充分发挥相关行政部门在人才、经验等方面的资源优势；还可以由相关领域的专家学者负责或者参与草案的起草，以提高立法的科学性和专业性。

具体说，要构建科学、完善的财税法律体系，需要脚踏实地、一步一个脚印地推进财税立法工作。

一方面，促进财政法律体系的完善。面对我国在财政收入、财政支出和财政管理等领域中的诸多立法空白，应当在立法条件成熟之时陆续制定相关的法律，并逐步将已有的行政法规上升为财政法律。

另一方面，加快各税种的法律化进程。应当全面提升财税法律的效力层级，加快对各个税种的立法，将尚未制定为法律的税种立法尽快全部上升为法律，争取早日实现"一税一法"。与此同时，由于立法的人力、物力、财力有限，从客观上说，要将所有的税种都上升为法律是一项规模庞大的工程，在短期内全部完成是不现实的，所以，我国税种立法的策略应当是突出重点、先后次序应有所区分，当下，《增值税法》《资源税法》《房产税法》等税种法因其在全体税收中所占据的较大比重及在国民经济中所扮演的重要角色，理应成为抓紧、优先立法的对象。

2. 实现全国人大工作重点向预算监督的适度转移

立法权和监督权是《宪法》赋予全国人大的双重职能，只有将这两项职能相互衔接、良好配合，才能完整地履行全国人大的固有职权，也才能让全体人民满意、放心。"徒法不足以自行"，全国人大在推动完善我国的法律体系的同时，还应通过对"一府两院"的全面监督，尤其是对财政收支进行预算监督，让"条文中的法律"真正变成影响国家治理的"行动中的法律"。

从我国的实际情况看，以2011年1月中国特色社会主义法律体系形成的时间为界线，在此之前，全国人大是以立法为主，监督（包括预算监督）为辅。笔者认为，新阶段在大规模立法任务初步完成的时代背景下，法治国家之建设非但不应"裹足不前"，反而更应该"两翼齐飞"。一翼乃是在法治实践中"用法""释法"以及（必要时的）"修法"，另一翼则为强化各级人大及其常委会在预算权配置中的核心地位，通过强有力的预算审批，有效地监督、制约政府的权力运作。由于中国特色社会主义法律体系的形成，这标志着我国大规模立法任务的基本完成。因此，全国人大应积极配合党在新阶段工作的重点，不仅应当继续跟进和完善相关的法律，及时进行法律的制定或者修改；更重要的是要转变工作的重点，强化监督职能，尤其是加强对政府预算、决算的审批，并使之常态化、机制化。在我国新阶段，一个迫切的任务是做实并强化立法机关的预算权，合理分配、平衡处理立法机关与行政机关之间的预算权力关系。全国人大亟须转变观念，要充分认识到，越是加强对政府工作的监督和规范政府权力的行使，越是在激励和帮助政府依法行政，也就越是有利于巩固执政党的执政根基，这不是在给政府和执政党"添堵"，而是在"帮忙"。只有这样，才能富有成效地保证各个国家机关各司其职、各尽其能、相互制衡，保证国家的健康发展和良性运转；也唯此，才能切实地发挥《宪法》对人大的赋权，才能不辜负全国人民对人大的殷切期望。

二、新时期财税改革的四维取向

在改革进入深水区的当下,十八届三中全会为新时期的发展指明了道路。从宏观上看,全会再次强调财税体制改革的重要性,而且将财政的作用上升到一个新的高度——国家治理的基础和重要支柱。从全会的公报看,充分彰显了领导集体的改革意识和攻坚决心。就财税领域而言,下阶段至少要在四个方面做好文章。

(一) 事权和支出责任相适应

公报提出,要明确事权,建立事权和支出责任相适应的制度,并重提"要发挥中央和地方两个积极性"。应当说,这突出表现了中央对政府间财权、事权配置的改革意图和路径取向。在政府间财政关系上,尤其是自1994年税制改革以来,我国存在突出的"事权下沉、财权上收"现象,地方政府、尤其是基层政府承担了大量的支出任务,却无相应的财政收入保障。这种情况下,中央的积极性自然得到了充分发挥,地方的积极性却很难得到激发。欲破此局,要害就在于明确界定事权和财权的划分,具体来讲,目前要从四个方面入手:一是深入推进分税制改革,尤其是省以下政府间的财政分权;二是充分发挥地方政府的积极性,尤其是充实基层政府的财力,现阶段依法赋予地方政府必要的财税立法权,但财税收益可考虑适当倾斜;三是完善转移支付制度,提升一般性转移支付的比重;四是财政分权要树立法治思维,在法律层面进行,从而降低寻租空间。

公报中关于"建立事权和支出责任相适应的制度"的提法

非常新,以前都是讲"财力(权)和事权相匹配"。两相比对,公报的新提法至少有三个方面的含义:其一,强调"财政支出"的"事权"两者之间的匹配,强调"事"和"财"的统一,要干什么事就配套多少资金,凸显对公共财产的治理;其二,强调权责相适应、有权必有责的思想;其三,将事权前置,彰显对"明确事权"的强调。

(二)构建现代预算制度

公报指出,要透明预算,改进预算管理制度。结合贯穿公报的处理好政府与市场的关系等精神,其实,着力构建的现代预算制度,本质上是指处理好两对基本关系的预算制度。其一,预算权在行政机关和立法机关之间的配置,现阶段,从预算的编制、审批,到执行、决算,行政机关占据绝对主导地位,立法机关很难通过预算对政府的财政收支行为加以制约和监督,下阶段应考虑加强各级人大在预算权配置中的地位;其二,政府和社会之间的关系,预算活动不应仅是立法机关监督行政机关的重要领域,同时应该是社会公众由此监督政府活动的有力武器,法治昌明的国度,预算向全社会公开,任何个体、组织均可获取,并以此监督政府的财政行为。

(三)完善税收制度

公报中强调,要改革税制、稳定税负,完善税收制度。从公报的提法看,突出强调一个"稳"字,耐人寻味。我们看来,这是在强调税制改革"由点及面"的循序渐进,"成熟一个改一个"的路径取向。就当前而言,"营改增"从交通运输和若干现代服务业扩大到邮电通信、铁路运输等行业并推广到全国,稳步扩大房产税试点,提高资源税税率等,应当是现下着力推进的税制改革项目。此外,公报中"完善税收制度"的提法,其实还蕴含着另一层意思:无法可依的税种,要制定法律规范;不合时宜的税法制度,要优化更新。

(四) 推进财税法治化进程

公报中有关财税改革的表述,多带有"制度"字样,同时明确提出"完善立法",两相结合,彰显出中央在财税领域的一个重要动向:提升财税领域的法治化程度。今年初以来,人大代表提出"设税权"回归人大,社会各界纷纷响应,此番三中全会的公报明确提出要完善立法,相当程度上可以视为是对税收立法权回归人大呼声的积极回应。公报中还提出要建设法制中国,财税领域既关系到政府间权力划分这样的宪法性事项,又直接影响纳税人的财产权益,当然应当坚持法治思维。当然,税收立法权回归人大,步伐应该稳健一些,首先可考虑在完善税收制度时,通过人大立法形式制定新税种法,之后适时修改现行低位阶税法规范,不失时机地将之上升为法律规范。

三、财税体制改革的路径展开

党的十八届三中全会审议通过的《中共中央关于全面深化改革若干重大问题的决定》(以下简称《决定》),在财税改革方面写下了浓墨重彩的一笔。《决定》用专门的一个部分论述"深化财税体制改革",且位居各项具体经济改革之首,这在党的中央全会文件中尚属首次。同时,《决定》突破了将财政视作单纯经济问题的旧思维,创造性地将其提升到"国家治理的基础和重要支柱"的高度,体现出对财税改革的空前重视和治国理念上的重大转型。而在新一轮财税改革的全局中，构建科学的中央与地方财税体制是至关重要的一步棋。对此，《决定》提出了"事权和支出责任相适应"等新要求，清晰地勾勒出了财税体制改革的新使命、新思维与新路径。

（一）大国治理的难题破局

央地关系历来是国家治理的重要课题。而纷繁复杂的政府间关系，其实无非是"人""财""事"三大块内容。财税体制调整的正是"财"和"事"在中央与地方之间的配置，因而直接关系到国家的长治久安与社会的持续发展。"治大国如烹小鲜"，对于中国这样一个幅员辽阔、国情复杂的大国而言，财税体制中的一点微小缺失，都可能在制度运行过程中被迅速放大，进而导致治理成效上的严重偏差。因此，只有站在大国治理的高度，才能真正理解财税体制改革的使命所系。

我国现行的财税体制，是在1994年分税制改革的基础上逐步完善形成的。改革之前，我国实行的是"分灶吃饭"体制，即各个省级政府均实施"财政包干"，只向中央缴纳固定比例的财政收入。其特点是打破集体主体的"大锅饭"，中央对地方大幅度放权让利。在这一制度下，地方政府获得了较大程度的财权，积极性被极大地调动起来。但是，中央财政却日渐拮据，"财政收入占GDP的比重"及"中央财政收入占全国财政收入的比重"逐年下降，甚至连续多年出现被动性的财政赤字。分税制改革通过对中央税、地方税、中央与地方共享税的划分，彻底扭转了这一局面，使中央取得了更大的财源，也充分激发了中央与地方的活力，为我国后来的经济腾飞奠定了基础。

客观地说，分税制是当时的正确选择，在历史上功不可没。不过，随着形势的发展变化，它已经不能很好地适应当前完善国家治理的客观需要，导致了一系列的矛盾与问题。从范围上看，分税制只涉及税收收益权的划分，而没有涵盖行政事业性收费、政府性基金和国有企业利润等非税收入的划分，也没有对财政转移支付进行规范，是一次不彻底、不全面的财政分权；从内容上看，分税制只考虑了财政收入的层级配置，而没有明确界定各级政府的事权与支出范围。一旦出现事权争议，只能依靠上级政府的决定，或是在相关政府间"讨价还价"，这就容易滋生不负责任的短期行为，导致事权混乱；从性质上看，分税制属于中央政府主导的行政性财政分权，《关于实行分税制财政管理体制的决定》位阶较低且缺乏充分的稳定性与约束力。这就为上级政府随意上收财权、下放事权或下压支出责任提供了方便，致使中央与地方财政关系日益失衡。

数据显示，从1993年到2012年，地方财政收入占比从78%下降到52%，而支出占比却从72%上升到85%。这表明，我国的政府间财政关系已经面临着严重的"财政收支倒挂"局面。地方政府无力承担起必要的财政支出，又催生了"跑部钱进"、土地财政、地方债高筑等问题。特别是随着"营改增"的全面扩围，地方政府亟须获得足以代替营业税的新的主体税种，现有体制的矛盾更加凸显。要破解国家治理的这些重大难题，不能只靠小修小补，而必须全面深化改革。

（二）财事协调与权责统一

《决定》在对财税体制改革的表述中，提出了"事权和支出责任相适应"的新原则。在此之前，党的十七大正式确立了"财力与事权相匹配"的原则，学界也一直有"财权与事权相匹配"的呼吁。要准确理解这些原则，必须先弄清"财权""财力""事权"与"支出责任"等概念。从法学视角观察，财权是指各级政府筹集与获得财政资金的权力，其本质是一种权利；财力是指各级政府可支配的财政资金，即财政资源分配的最终结果；事权是指各级政府所承担的公共职能，其本质是一种义务和责任；支出责任则是指各级政府为履行职能而承担的财政支出，也被称作"事责"。形象地说，财力是"钱"，而财权是"获得钱的权利"；事权意味着负责"请客"，而支出责任则是为请客而"埋单"。

理清基本概念之后，不难看出，"事权和支出责任相适应"与"财权与事权相匹配"两大原则分处不同的维度：前者强调的是"谁请客，谁要埋单"，即承担事权的政府必须同时承担相应的财政支出责任；后者强调的是"谁请客，谁要有钱"，即承担事权的政府应当享有获取相应财政资金的权利。进一步看，要有"埋单"的能力，就必然要有相应的财力作为支撑，最终还要有财权作为保障。《决定》中没有明确提及"财权与事权相匹配"，并不意味对这一原则的否定，而只是为了避免行文重复，突出改革的新措施。"事权和支出责任相适应"的新原则也并非涵盖财税体制改革的全部方面，而仅是针对事权与支出责任划分提出的。因此，"权责统一"与"财事协调"并非取代关系，它们共同组成了财税体制改革的基本原则。

值得注意的是，《决定》的这一新提法明确透露出优先事权调整、侧重权责统一的信号，反映了下一步改革的新思维。此前，学界对于"财权与事权相匹配"的实现方法曾有两种意见，一是"以财权定事权"，即优先调整财权，再根据财权来划分中央与地方的事权；二是"以事权定财权"，即优先理清事权，再根据事权来配置中央与地方的财权。《决定》采纳了第二种进路，这也是与我国的实际需求相符合的。目前，我国各级政府的事权和支出范围划分随意性较大，标准比较模糊。许多本应由地方财政负担的支出,却由中央政府承担。而许多本应由中央财政负担的支出,却推给地方财政。例如,社会保障事项具有很强的外部性,且涉及跨区域分配的公平问题,故一般被归为中央政府的职责。然而,我国的社保支出实际上却主要由地方政府埋单。2011年,地方财政负担了超过1万亿元的社保和就业支出,而中央财政仅负担了约500亿元。特别是在上级制定政策、下级具体执行的行政体制下,地方政府往往逐级向下摊派财政支出任务,或要求下级提供配套资金,这就使得最为弱小的基层政府实际上承担着财政支出的终局责任,呈现出"上面千根线,基层一根针"的尴尬局面。而"事权和支出责任相适应"的新提法,表明改革的重点在于实现各级政府有权必有责、权责相适应。具体来说,政府在实现事权的同时,也应承担相应的支出责任。上级政府委托下级政府承担事权时,应当通过转移支付来保证下级政府能够承担支出责任,而不允许再出现"上级请客,下级埋单"的情况。

(三) 法治框架下的改革进程

根据十八届三中全会的总体部署,新一轮财税体制改革的路径已经趋于明朗。在"财事协调、权责统一"的原则指引下,改革的整体逻辑可以概括为"四部曲":第一步是理顺中央与地方的事权关系,第二步是按照事权来界定支出责任,第三步是根据支出责任来合理配置财权,第四步是落实税收法定主义,最终走向财税法治。具体来说:

一是理顺事权关系。《决定》指出要"适度加强中央事权和支出责任",并借鉴了相关学科的理论,将公共服务的层级作为划分事权的基本标准。这是一大亮点,表明政府决策的科学化水平正在不断提高。在具体的事权划分过程中,首先应当考虑政府职能转变的大背景。要使市场在资源配置中起决定性作用，应当追求的不是"小政府，大市场"，而是"有效的政府，有效的市场"。因此，必须在合理界定政府与市场边界的基础上，再考虑政府职能在中央和地方之间的划分；其次，必须树立系统思维，综合考虑国家整体利益和地方利益，以法制统一和基本公共服务均等化为指引；最后，还应当重视事权配置的效率，根据外部性、信息复杂度、利益一致性等因素来科学决策。

二是强化支出责任。对此，《决定》明确提出："中央和地方按照事权划分相应承担和分担支出责任。中央可通过安排转移支付将部分事权支出责任委托地方承担。"这是一个可喜的进步，也符合国际的普遍经验。例如，德国基本法就规定："联邦委托各州管理事务的，联邦负担相关支出。联邦法律规定发放钱款待遇并由各州执行的，可规定联邦负担全部或者部分费用支出。"而要确保政府的支出责任随事权转移，关键在于提升相关规则的法律层级，走向中央与地方关系法治化。在行政式分权体制下，谁掌握主导权，都很可能出于自身利益最大化而具有外移事权的倾向。只有中央与地方双方共同遵守"游戏规则"，依法享有权利、承担义务，才能从根本上破解这一难题。

三是合理配置财权。我们认为，中央与地方应划分"财权"，而不仅仅是"财力"。让地方政府拥有必要的财力，仅是完善财税体制的结果，而不是实现的方法。同时，主张"财力"的主要用意是强调财政转移支付，而转移支付本质上也应被理解为一种"财权"。财权主要包括财政立法权和财政收益权，前者是决定筹集财政收入的权力，如税收立法权、发债权；后者是享有财政收入的权力，分税制下的"地方税""中央税"就属于收益权的划分。《决定》提出，将"保持现有中央和地方财力格局总体稳定,进一步理顺中央和地方收入划分。"这表明,我国下一阶段的财权划分将以财政收益权为主,其重点是加快完善房产税等地方主体税种,以及建立统一、规范、透明的财政转移支付制度。

四是实现税收法定。税收法定主义起源于中世纪的英国,1215年的《大宪章》被公认为其源头。从"无代表,不纳税"的呼声开始,世界各国人民为民主、法治而斗争的历史,从一个侧面看就是税收法定确立与发展的历史。时至今日,税收法定已经成为现代法治国家的共同追求,并普遍被写入各国宪法之中。《决定》在党的文件中第一次明确提出"落实税收法定原则",并将"完善立法"放在财税体制改革总目标的首位,充分体现了中央对此的高度重视。目前,社会上对税收法定存在不少误读,如认为《决定》中的"加快房产税立法"就是指修订原有的行政法规。这种观点严重曲解了税收法定,若不加以澄清,很可能对税收法治实践带来负面影响。应当看到,"税收法定"中的"法"指的是狭义的法律,即由最高立法机关制定的法律。在我国,就是要求改变目前以行政法规、规章和税收通告为税法渊源主体的局面,由全国人大及其常委会制定法律来规定税收的基本制度。在此基础上,还应将"法定"的范围拓展至财政收入、支出、管理的全过程,并进一步提高立法的科学性与民主性,加强法律实施过程中的监督,从而实现"良法善治",最终从"财税法制"走向"财税法治"。

在法治视野下,我国的财税体制改革过程,应当同时也是税收法定的实现过程。立法不仅是改革的制度目标和结果保障,而且也是改革的优选路径。因为法治作为一种规则的治理模式,能够最大限度地表达民情、反映民意、汇聚民智,最为广泛地统合分歧、赢得理解、凝聚共识,最为有效地增强改革成果的权威性、科学性与可接纳度。特别是随着改革进入攻坚期和深水区，面对思想观念的障碍与利益固化的藩篱，用法治思维指导改革进程就尤显重要。我们也相信，法治框架下的财税改革，一定能够回应时代需求，构建起科学的财税体制，最终推进国家治理体系和治理能力的现代化转型。

应当特别强调的是，习近平总书记在十九大政治报告中指出："加快建立现代财政制度，建立权责清晰、财力协调、区域均衡的中央与地方财政关系。建立全面规范透明、标准科学、约束有力的预算制度，全面实施绩效管理。深化税收制度改革，健全地方税体系"。这是我国在全面建成小康社会决胜阶段，中国特色社会主义进入新时代的关键时期，党中央对我国财税法治建设提出的总要求。

四、源头防范腐败的财税法思路

（一）理论探析：财税制度的源头反腐机理

1. 腐败主要形式是"公财私用"

治腐如治病，须先找准病因，而后方能对症下药以求根除。关于腐败的成因，学界研究相当发达，形成了现代化和经济发展诱导论、需求未满足论、阶层结构虚弱论、拜金主义论、政府形式缺陷论、官员薪金过低论、政党活动论、选举拉拢论、立法过多论、分权过度论、程序错误论、伦理堕落论等诸多学说。[①] 其

[①] ［美］乔治·本森："关于腐败的理论"，王沪宁主编：《腐败与反腐败——当代国外腐败问题研究》，上海人民出版社1990年版，第45—80页。

中，一个颇具启发性的视角是将腐败置于现代化进程中理解。历史表明，腐败往往与现代化转型相伴生。对此，亨廷顿提出了三点解释：第一，现代化使社会基本价值观念发生变化；第二，现代化开创了财富和权力的新来源；第三，现代化在政治体系的输出端发生的变化促进了腐败，即现代化要求政治体系强化管制，而强化管制造成了腐败的机会。①

我们可以发现：对于绝大多数类型的腐败来说，其最终目的都在于满足私利，其基本方式都离不开侵吞或滥用公共财产，故而其实质可以被概括为"公财私用"，亦即"公共财产向私人财产的转移"。

2. 财税制度反腐乃源头治理

从"公财私用"的角度理解腐败，为我们提供了反腐的新思路。过去，学界一般从"腐败动机—腐败机会—腐败行为"的逻辑链条出发来研究反腐思路，而现在我们看到，还应在最前端加入"腐败对象"一环。腐败的主要对象是钱财，因此，如果能够理好财，斩断公共财产向私人财产的不正当流动渠道，无疑就能对防治腐败起到釜底抽薪之效。由学理观之，财税法作为管理国家"钱袋子"的法律，至少能够从以下两个维度推进财税制度反腐：

一方面，财税法能够充当公共财产的"看门人"，直接遏制财税领域的腐败。就我国而言，在关税、增值税专用发票、税收优惠、政府采购、"小金库"等方面，财税法治缺位导致的贪腐大案不胜枚举。特别是近年来，骇人听闻的"小官巨腐"现象频发，而涉案人员大多是通过截留、挪用、侵吞财政资金的方式

---

① ［美］萨缪尔·亨廷顿：《变化社会中的政治秩序》，王冠华等译，生活·读书·新知三联书社1998年版，第65—69页。

攫取到巨额财富。① 此类案件之所以发生，固然成因复杂，但说到底很大程度上是由于大量财政资金游离于制度监管之外，个别领导干部凭借个人的权力就可以轻易处置财政资金流向，这才给了不法者可乘之机。历史已经证明，如果财税制度缺乏刚性约束，那么就很容易被官员集团所"绑架"，甚至成为其利用权力汲取和瓜分社会财富的工具。② 作为一种公共财产法，财税法的直接功能就是理好公共之财，使之既能"定纷止争"，又得"物尽其用"。它并不是针对某一官员个人，而是着眼于公共财产的收入、支出和监管等整个流程，旨在通过对财政运行的民主控制与程序规范，减少其中的武断与恣意，从而缩减"公财私用"的生存空间，由此发挥防治腐败的功用。

另一方面，财税法还为控制公共权力提供了抓手，能够成为防治腐败全局的突破口。众所周知，控制公共权力的非规范非公共运用是反腐的关键。控制权力的核心就在于控制财权，财税法治是政府治理的依托和突破口。通过财政预算，我们可以知道政府准备做什么事情，这些事情要花多少钱，因为开支和政策是紧密相连的。这就把原本看不见的政府变成了可见、进而才可控的政府。依托财税法，可以经由规范财权而控制事权，实现"政府管理权能责的结构性优化"③；还可以进一步掌握政府干预经济的程度，更好地理清政府与市场的边界，净化腐败滋生的土壤。一言以蔽之，管住了政府的"钱"，也就管住了政府的

---

① 例如，广东中山市火炬开发区宫花村原书记郭某等人，就通过私设个人账户接收土地征用补偿款，不交、少交土地征用补偿款等方式，在1998—2011年期间侵吞国有土地补偿款共计1.27亿元。

② 这种官员集团的制度性集体腐败现象被称为"亚财政"。参见洪振快：《亚财政：制度性腐败与中国历史弈局》，中信出版社2014年版，第276页。

③ 王浦劬："论新时期深化行政体制改革的基本特点"，《中国行政管理》，2014年第2期。

"人"和"事",由此便可实现对腐败的源头治理。

(二)实践观察:反腐全局中的优选路径

腐败是现代化进程中的一个常见顽疾。从治理腐败的主要国家或地区的经验来看,建立一个科学的财税法治体系虽然未必最受人们的关注,但事实上却是一项关乎反腐成败的基础性和根本性工程。

1. 本土探索的梳理

党的十八大以来,中央出台了一系列改进作风与厉行节约的政策文件,对党员干部提出了严肃要求。2014年1月14日,习近平总书记在中纪委十八届三次全会上的讲话严肃指出了部分领导干部存在的"四风"问题:"犯个组织纪律、财经纪律算什么?打个哈哈就过去了!一到节假日甚至不是节假日,有些人就到处跑,还带着一大家子,吃好的,住好的,玩好的,大江南北,长城内外,哪儿好就往哪儿去。不少是公款消费,财政成了他们家的钱包,财政局长成了他们家的管账先生。"① 这表明,"四风"问题实质上属于一种"亚腐败"或"隐性腐败",它很大程度上同样可以归结于"公财私用",解决的关键仍然在于筑牢财政防线。在这个意义上说,十八大以来颁行的诸多党规政纪,其实都是在控制公款的支用,本质上是在以财税制度防治腐败。

不过,之前的财税反腐措施通常是以党规政纪形式出现,有相当部分还只是临时性、专项性的《通知》,全局性、稳定性和长效性还有待提升。对此,十八届四中全会已经指出,全面推进

---

① 习近平:"严明党的组织纪律,增强组织纪律性",《十八大以来重要文献选编》上册,中央文献出版社2014年版,第764页。

依法治国，必须努力形成国家法律法规和党内法规制度相辅相成、相互促进、相互保障的格局。未来的财税反腐措施应当逐步从"工作要求"上升为"党内法规"，条件成熟时再通过立法在国家层面施行。① 应当看到，制度的最高和最好形式是法治，未来应更加注重法治的顶层设计，建构起稳定、有效、权威的财政法治体系，使财政权力在法治约束下规范、有序、高效地运行，让各类腐败行为无处藏匿。

2. 基于反腐全局的思考

笔者认为，财税制度反腐与我国的现实情况高度契合，也能够与当前的全面深化改革互为依托，还可带动其他反腐措施的全面铺开，故而确为防治腐败的优选路径。

首先，财税制度反腐对利益集团的触动相对间接，共识和可行性较大。反腐败的斗争面临着强大的既得利益者和掌控社会资源的官僚集团，过于激烈的反腐手段容易导致人人自危、集体抵制甚至是分裂，香港1976年廉政公署与警察的严重对立就是一例。② 如果反腐只片面强调严肃查处，或是在配套制度和观念转变尚不到位的情况下过分急于推行官员财产公示，那么就难免涉及复杂的政治问题和盘根错节的利益关系，很可能因阻力过大而停滞，甚至引发政治和社会的不稳定。而财税制度反腐具有"对事不对人"的性质，较容易为各方所接受，可能带来的阻力与风险相对较小。

其次，财税制度反腐依托正进行的财税体制改革，能够协同推进。十八届三中全会和《深化财税体制改革总体方案》指明

---

① 王岐山："坚持党的领导　依规管党治党　为全面推进依法治国提供根本保证"，《人民日报》，2014年11月3日。

② 王明高：《科学制度反腐论》，党建读物出版社2011年版，第18—19页。

了未来财税改革的重点任务,要求在2020年基本建立现代财政制度。从当前形势来看,财税改革的条件已经相当成熟,在社会范围内赢得了广泛共识,相关的落实举措也正在有条不紊地展开。而财税改革的中心任务就是财税法治化,这与财税制度反腐是内在契合、一体两面的同一过程。借财税法治之力推进反腐,相比平地另起高楼而言,显然更为切实可行。

最后,财税制度反腐居于国家廉政体系枢纽地位,具有带动效应。政治意志、行政改革、监督机构、议会、司法体系、公众参与、新闻媒体、私人部门是国家廉政制度的八个支柱。① 而财税问题涉及立法与行政、中央与地方、国家与纳税人等诸多关系,能够成为贯通这些支柱的枢纽。

可以看到,财税制度反腐是我国防治腐败诸思路中相对共识较大、阻力较小、投入产出比较高的优良选择。当然,需要说明的是,这绝不是说只要实现财税法治就能克尽全功。须知,"反腐败中的最大错误是过度依赖某单一方面的行动战略。"② 充分重视财税制度反腐模式,将"管人"与"理财"作为防治腐败有机系统的"驱动双轮",综合施策、协同推进,方为上善之道。

(三) 体系建构:"公财私用"现象的综合施治

"制度化、规范化、程序化是社会主义民主政治的根本保障。"③ 财税制度反腐的要义,也正在于完善财税法治体系,通

---

① [加] 里克·斯塔彭赫斯特、萨尔·J. 庞德主编:《反腐败——国家廉政建设的模式》,经济科学出版社2000年版,第127—128页。

② [美] 韦托·坦茨:"世界范围内的腐败:原因、后果、范围和医治对策",胡鞍钢主编:《中国:挑战腐败》,浙江人民出版社2001年版,第233页。

③ 此系十八届四中全会通过的《中共中央关于全面推进依法治国若干重大问题的决定》提出的要求。

过民主控制与程序约束来规范财政活动及整个政府行为,由此从根本上清除腐败滋生的土壤。值得注意的是,十八届三中全会强调财税改革,四中全会则聚焦法治,这就完整地导出了财税法治在国家治理中的重要性。可以预想,财税法将是未来建立和完善中国特色社会主义法治体系的重中之重,财税制度反腐正在驶入"快车道"。

具言之:在财政体制方面,应在条件成熟时制定《财政法》《财政收支划分法》,将政府间财税关系纳入法制轨道,为政府财政活动界明基本规范;在财政收入方面,应以"落实税收法定原则"为中心,将现行的税收法规上升到法律,做到税制改革于法有据。同时,积极推进政府性基金、行政事业性收费、公债等非税收入立法;在财政支出方面,应加快财政投融资、财政贷款、财政拨款立法,择机修改《政府采购法》。特别是要重视对支出过程的法律规范,择机推出《财政程序法》或依托有望制定的《行政程序法》[①];在财政监管方面,应以强化国库管理和财政审计为重点,探索建立立法机关、财政机关、专门监督机关、司法机关及社会舆论等相结合的多元权力制约与监督体系,并及时将改革的有益成果以制定《财政监督法》的形式加以确立。

需要强调的是,立法只是法治的一个环节。实践表明,不是什么法都能治国,也不是什么法都能治好国。我们不仅要立法,

---

① 2003年,十届全国人大常委会曾将《行政程序法》列入了立法计划,但后因阻力而搁浅。学界认为,十八届四中全会《决定》提出"完善行政组织和行政程序法律制度",就要求将《行政程序法》提上立法日程。在这一方面,可以借鉴的例子是德国行政程序法典,该法典采取三分制,分为普通行政、财政行政及社会行政三编。集中力量推动《行政程序法》出台,并在其中设立财税专章,或许是比单独另行立法更为可行的选择。

立的还应当是"良法",并且要在此基础上实现"善治",让法治成为一种真真切切的"生活方式"。为此,应按照四中全会提出的"完备的法律规范体系、高效的法治实施体系、严密的法治监督体系、有力的法治保障体系"的要求,从财税观念、决策、运行与监管四个层面协同发力,实现政府财政活动的法治化,由此形成"公财"与"私用"之间的制度隔离。

1. 观念层面:确立权利本位,消弭腐败文化

腐败不单是一个政治或经济问题,它还深刻地涉及政治文化与社会观念。法律制度再好,也要靠人来执行。"四风"之所以盛行,既有制度缺位的原因,又导源于思想腐化所造成的行为放纵。过去,在封建社会官本位思想和奢靡享乐主义的腐蚀诱惑下,部分官员没有对公款形成正确的认识,将其当作"公家的"财产,因此也就是"无主的"财产,进而产生了"不用白不用"的观念,甚至干脆把公帑视为受个人支配的私财。在这种认识的指导下,自然容易催生公款吃喝玩乐、超规格待遇等不正之风与贪腐行为。因此,财税制度反腐首要的就是营造良性的财税文化,促进财税领域的"全民守法"。

习近平总书记在中纪委十八届三次全会上指出:"公款姓公,一分一厘都不能乱花;公权为民,一丝一毫都不能私用。"树立公共财产观念,一方面有利于促使官员正确认识公权与公款,形成对财税法治的敬畏与尊重,净化腐败的思想源头。另一方面,能够唤醒纳税人意识,让整个社会形成主动关心、积极参与、有效监督的财税防腐氛围。由此,便可引导国家与纳税人的关系从对抗、单向的管理模式转向合作、互动的治理格局,进而共同营造出"不敢腐""不想腐"的社会文化。

2. 决策层面:完善预算制度,限缩腐败空间

在政府财政活动的决策层面，腐败的主要形式是寻租，即为私人利益而作出不当的财政收支决定。我国的财税法律体系还很不完善，某些财政决策机制还没有形成全面、有效的法治约束，长官意志起到重要甚至是决定性的作用，因此腐败也就容易乘虚而入。

对此，建立现代预算制度是重中之重。因为"预算的实质就在于配置稀缺资源，意味着在潜在的支出目标之间进行选择。"① 通过对预算呈现的财政收支的审查与批准，就能起到规范政府公共决策的作用，腐败寻租的空间也由此得到压缩。我国2014年8月通过的新《预算法》，鲜明地确立了"规范政府财政收支"的立法宗旨，基本符合现代预算制度的控权精神，是一次革命性的修法。在本次修法任务业已完成的情况下，未来的工作重点就在于《预算法》的有效实施。因此，要尽快出台实施条例及其他配套制度，确保制度的可操作性，同时，要积极开展宣传教育和职业培训，降低新法实施的观念阻力和转轨成本。

具体来说，应当着力落实新《预算法》中提出的三项要求：一是落实全口径预算的要求，将全部财政收支都纳入预算管理，尽快规范尚游离在预算外甚至制度外的财政资金。② 同时，应依据新法对"预算支出按功能分类应编列到项"等要求进一步细化预算编制；二是强化预算审批的刚性，更好地发挥各级人大对财权的掌控与监督功能。应根据新《预算法》关于预算初步审

---

① ［美］爱伦·鲁宾：《公共预算中的政治：收入与支出，借贷与平衡（第四版）》，叶娟丽、马骏等译，中国人民大学出版社2001年版，第1—3页。
② 近期的一个可喜进步是，财政部公布了《全国性及中央部门和单位行政事业性收费目录清单》《全国性及中央部门和单位涉企行政事业性收费目录清单》和《全国政府性基金目录清单》，明确目录清单之外的行政事业性收费和政府性基金，一律不得执行，公民、法人和其他组织有权拒绝缴纳。这种"晒权力清单"的做法能够有效消除腐败空间。

查制度以及审议预算草案及其报告、预算执行情况的报告时重点审查内容的规定,在实践中加以探索和发展,以稳步推进的预算民主来抵御利益集团的腐败压力;① 三是探索绩效预算模式,基于预期战略目标与结果绩效分析来作出财政决策。以此为工具,可以有效地理清财政的任务与边界,将该由市场承担的项目交给市场,从而优化财政支出结构,减少寻租性支出。②

  需要专门强调的一点是,应当以打造透明预算为核心,进一步提升"财政透明度"。③ 众所周知,反腐败与透明度历来是紧密结合在一起的,"在财政信息没有做到透明的情况下,要想通过其他方式和途径来防治腐败,即便不说是不可能的,那也必然是代价高昂的。"④ 在这一方面,新《预算法》首次明确将"预算公开"写入法律规定,规定"预算、预算调整、决算、预算执行情况的报告及报表",除涉及国家秘密的信息之外,都要向社会公开。同时,法律规定了公开的责任主体和具体时限,还专门规定了不公开的法律责任,可操作性较强。

3. 运行层面:构建正当程序,防杜腐败机会

  现代国家,在政府的具体财政活动中,不可避免地存在大量的行政裁量,这也成为腐败的高发区。我们不单要关注财政决策

---

① 宋惠昌:"民主财政的本质及其反腐败功能",《中共中央党校学报》,2005年第3期。

② 徐静:《腐败对公共支出的影响及其治理对策研究》,中国社会科学出版社2012年版,第127—129页。

③ "财政透明度"概念最早是两位IMF学者在1998年提出的,含义是向公众详尽地公开政府结构与职能、财政政策意向、公共部门账户和财政预测。在第二次世界大战后政府信息公开的大趋势之中,财政透明度的重要性日益凸显。See Kopits George, Jon Craig, "Transparency in Government Operations", IMF Occasional Paper No. 158,1998.

④ 蒋洪:《2009中国财政透明度报告——省级财政信息公开状况评估》,上海财经大学出版社2009年版,第4页。

是如何作出的，也要关注决策是如何执行的。

党的十八届四中全会要求"完善行政组织和行政程序法律制度，推进机构、职能、权限、程序、责任法定化。"这里提出的"执法程序法定"要求，应当从实质法定的意义上理解，即不但要由法律规定，而且规定的内容应当是良法。基于此，应当将财政执行活动视为具有独立价值的"财政过程"而非技术性的"行政手续"，将程序正义贯穿其始终，通过一系列的程序机制来限制支出实施中的裁量空间，并保证必要的支出裁量的合理性、有效性。①

在实践中，听证、信息公开、不单方接触、回避、说明理由等制度的控权作用已经得到充分证明。② 未来，还应当逐步探索以权利为中心的程序模式，让程序正义从"恩惠"变为"权利"。

4. 监管层面：严控公共资金，遏制腐败行为

财政监督历来是惩治和预防腐败的重要手段，具有治标与治本的双重功能。③ 然而，我国的财政监督的法律供给明显不足，尚未有一部全面规范财政监督行为的法律。同时，现行的财政监督政策文件大多缺乏"刚性"，多使用道德性、宣传性的表述，而缺乏可操作的程序规范与责任条款。这在很大程度上助长甚至催生了腐败现象。未来，应当有计划、分步骤地开展财政监督的体制机制创新，推动财政监督从行政监督为主转变为立法监督为主的多元化监督，从事后监督处罚为主转变为事前预防、事中管控和事后追究相结合的全流程监督，从财政收入监督为主转变为财政收入与支出监督并重的全口径监督，从突击检查审计为主转变为制度性监督审计的常态化监督，从外部监督为主转变为内外

---

① 王锡锌：《行政程序理性原则论要》，《法商研究》，2000年第4期。
② 陈文清：《论行政自由裁量权的内部控制》，《政治学研究》，2011年第5期。
③ 耿虹：《发挥好财政监督的反腐倡廉作用》，《中国财政》，2010年第19期。

并重的全范围监督，从合法性监督为主转变为合法性与合理性并重的绩效型监督。①

其中，一个关键性的任务是加强国库管理。国际经验表明，应当设立政府统一账户，由财政部门统一掌握财政、统一调度库款。这不仅能够降低财政资金运行成本，而且能够有效地防止单位挤占、挪用和截留财政资金。② 目前，我国尚未完全建立起国库集中收付制度，仍然存在大量的财政专户。③ 虽然从广义上说财政专户已经纳入国库集中支付体系，但是，这种纳入只是就净额而言的，国库并不能监控财政专户每笔资金的往来。可喜的是，新《预算法》取消了之前"国库单一账户体系"的表述，对财政专户作了严格规定，财政部也已经着手开始全面清理工作。④

另一个要点在于完善审计制度。具体来说，这首先要求实现审计范围的完整覆盖。其次，应当保证审计机关地位独立、权限明确、手段有效，并完善审计调查制度和信息披露制度。⑤ 最后，应改进审计方法，从单一的合法性审计扩展到绩效审计，综合运用账目审计与就地审计等方法，并使审计信息有效影响决

---

① 贾康："关于财政监督问题的探讨"，《经济纵横》，2007 年 2 月刊创新版。

② 高培勇、于树一："预防腐败的财政措施及国际经验"，《中国社会科学院研究生院学报》，2011 年第 1 期。

③ 根据刘家义审计长 2014 年 6 月 24 日在十二届全国人大常委会九次会议上所作的《国务院关于 2013 年度中央预算执行和其他财政收支的审计工作报告》，至 2013 年底，中央财政在商业银行开设 41 个专户，其中有 13 个存放资金的性质和用途相近的专户未按规定精简归并。

④ 财政部 2014 年 11 月下发的《关于进一步规范地方国库资金和财政专户资金管理的通知》（财库〔2014〕175 号）要求全面清理整顿存量财政专户，提出"除经财政部审核并报国务院批准予以保留的财政专户外，其余财政专户在 2 年内逐步取消。"

⑤ 何兵、昌君："审计独立：行政民主化的基本前提"，《中国审计》，2007 年第 13 期。

策层。

总地来说，在财税法治的视野下，管好、用好了公共财产，也就截断了"公财私用"的腐败源头，由此形成"不能腐"的治本机制。在国家治理体系和治理能力现代化的转型过程中，反腐败并不是孤立存在的，它必须放在深化改革与依法治国的整体框架下协同推进，将"理财"与"管人""预防"与"惩治""制度"与"观念"等要素相结合，寻求法治顶层设计之下的综合治理。唯其如此，我们才能真正打赢这场"输不起的斗争"①。

五、财税分权的法治化建构与运行

目前，我国中央与地方关系的矛盾与冲突主要表现在中央与地方财政关系的失衡，在财政分权的模式、内容、程序等方面都存在着法律的缺失或不规范之处。

（一）财税分权的立法模式选择

1. 财税分权的法定化

财政权对于政府和国民而言都是极为重要的，对于政府而言，"无财则无政"。在财政资源既定的情况下，财政权在中央和地方政府之间的配置直接影响各级政府行政职权的履行，也进而影响不同地区的公民足以享受的公共物品。各地政府所享有的财政权在很大程度上直接决定了各地政府所提供的公共服务的水

---

① 王岐山同志指出："党风廉政建设和反腐败是一场输不起的斗争。"参见王岐山："坚持党的领导 依规管党治党 为全面推进依法治国提供根本保证"，《人民日报》，2014年11月3日。

平。政府所提供的公共服务的水平又直接决定了本地公民的基本权利的实现水平。财政权力在各级政府之间的合理划分，实际上关系到各级地方政府行政职权的履行，关系到各级政府在整个国家政权机关体系中的地位，甚至关系到地方自治与国家结构和国家体制等国家运行的根本性问题。

国家权力的规范行使和公民的法定权利的实现应当由法定的制度加以保障，随意性的行政调配应当为法定化的权利分配制度所取代。中央和地方之间的财政利益的重新协调与配置，只有将其制度化，才能以法律的规范化明晰其各自的权利义务，以确定的权利的行使和义务的履行，划定各自的利益范围，才能最终实现公共财政的价值追求。只有通过法律的规范化，才能尽可能地弱化中央与地方之间因财政权限划分的行政化而产生的政治博弈的影响，使其真正实现各级政府之间的财力均衡、保障各地区的居民获得实现其基本权利所必需的公共服务。

2. 财税分权的立法形式选择

根据我国《立法法》第八条第六项规定"税种的设立、税率的确定和税收征收管理等税收基本制度"；第七项规定"对非国有财产的征收、征用"基本制度；第九项规定"基本经济制度以及财政、金融和外贸的基本制度"只能制定法律。作为基础性财政法律，必须由我国最高权力机关，即全国人民代表大会及其常务委员会按照相应的立法程序统一制定，以保证其权威性和适用性。但目前我国有关财政权限划分的规定散见于《预算法》、国务院颁布的《关于实行分税财政管理体制的决定》和财政部《实行"分税制"财政体制后有关预算管理问题的暂行规定》等法律、行政法规和规章，立法层级较低，使得财政权限划分的制度缺乏必要的刚性和稳定性。

在财政分权的具体立法形式的选择上，各国和地区的做法则不尽相同。从总体上主要包括财政分权的立宪模式、财政分权的单行立法模式和财政分权的分散立法模式。

以宪法的形式确立财政权限分配，无疑具有最高的效力和价值。我国现行宪法对中央与地方财政权限的配置并未有所规定。由于宪法作为根本大法，其固有的稳定性使得对宪法的任何修改和补充必须经历更为严格的程序限制，因此通过修宪的方式，在宪法中规范和细化财政权限划分在短期内是难以实现的。

从我国财政领域来看，《预算法》《政府采购法》以及《企业国有资产法》均是采取单行立法的方式对某一领域的财政问题予以规定。加上我国在除预算、政府采购等以外的其他领域均并未有单独的专门立法能够为本领域中的财政权限配置予以规定[①]。因此，鉴于我国财政领域的立法传统，对中央和地方的财政权限划分，应当制定专门的立法予以规定，以保证中央和地方在事权和财权划分的权威性和稳定性。可以由全国人民代表大会制定在全国范围内统一适用的《财政收支划分法》，对中央和地方各级政府之间权限划分的标准、范围和方式予以统一的规定，全面构建中央和地方各级政府的财政权限，由此才能形成以宪法为指导的、规范完整的财政分权体制。

3. 财税分权模式的确立

（1）混合型财政分权模式的确立。根据各国实践，大体可以概括为三种财政收支划分模式：集权型财政收支划分模式、分权型财政收支划分模式和混合型财政收支划分模式。各国对财政分权模式的选择，都是基于本国的政治、经济体制和宪法传统。我国财政分权制度构建在制度模式的选择方面如何完善，有必要

---

① 尽管在税收领域中有单行税种法同样以基本法律的形式颁布，但却仍缺乏税收领域的基本法以规定在税收方面的权限划分问题。

根据我国当前的整体制度背景予以权衡和考量。

从政治体制上看，我国传统上实行的是中央集权的体制，在相当长的一段时期内实行的是中央高度集权的体制。中国是发展中的国家，现实国情决定了政府仍承担着广泛的社会经济职能：全国范围内实施宏观经济调控、维护全国市场稳定和安全等重要职责。加上我国各地社会、经济、文化发展极其不平衡，为实现不同区域内的居民享有平等的公共服务，同样需要中央政府的适度协调与平衡。从这个意义上说，财政权适度集中于中央是我国政治体制传统和现实国情的必然要求。但即使在中央集权模式下，财政权力亦不应当完全集中于中央政府，地方政府有一定程度的财政自主权仍是相当必要的。

因此，在我国当前的政治经济体制下，中央与地方政府之间实行适度的财政分权是实现国家行政职能实现、保证公民享受均等化的公共服务的必然要求。中央与地方之间应当根据其所承担的提供公共服务的范围和水平、所承担的国家职能确定其各自的财政权限范围。同时考虑各地经济水平的发展差异性，适当调节各地的财政收入，实现各地间财力的适当均衡，促进平等权的实现。为此，在中央与地方依照其职权范围进行财政权限的适度分配的基础上，还应当通过转移支付制度来平衡中央与地方之间的财政收支。

由此可见，混合型的财政分权模式适应了我国中央集权的政治体制、不同层次的公共物品偏好和非均衡化的社会经济发展的现状，应当以此为基本的框架构建我国中央和地方之间的财政权限分配制度。

（2）非对称型财政收支划分模式的确立。在混合型的财政收支划分模式下，中央和地方均享有一定的财政权限，但财政分权在中央和地方之间并非完全对称的。

我国传统上实行的是中央集权的体制，在相当长的一段时期内实行的是中央高度集权的体制。虽然我国的财政权限划分已从中央高度集权向中央与地方适度分权方向发展，但是，我们不能简单地在给地方政府分配财政收益权的同时，将财政立法权也一并分配。一方面，我们应该对这一体制进行改革，具体到财政权限领域，就是在事权、财政支出责任和财政收益权等方面在中央与地方之间进行适当的划分，以发挥地方的多样性，最大限度满足各地居民对公共物品的不同偏好。但是，另一方面，也要考虑到我国长期以来实行这一制度的合理性。我国是一个社会、经济、文化等方面发展极其不平衡的大国，还面临着复杂的民族问题和国际周边环境，这就需要一定的力量予以协调和平衡，这个平衡力量就是中央政府。如果没有权威力量予以协调，而是任其自然发展，就有可能破坏整个国家经济和社会发展的协调，激化民族矛盾，严重时国家有可能会走向分裂。因此，对于财政权限在中央与地方之间的划分要尤其慎重。为了防止地方政府不当行使财政立法权，有必要将财政立法权保留在中央政府一边；同时，中央政府也可以凭借财政立法权实现相应的协调和平衡。因此，笔者主张实行非对称型财政分权制度模式，在财政收益权的划分上向中央政府倾斜，同时由中央政府享有主要的财政立法权。①

（二）财税分权的权限配置

1. 财税立法权在中央与地方的权限配置

由于财政立法涵盖了财政领域各种行为的行为规则，而各种不同的财政行为的实施主体、权限内容和行使程序各有不同，因

---

① 值得注意的是，加拿大由于省级政府享有过大的财政立法权，就使得其均等化转移支付的推行面临重重障碍。

此，财政立法权也不应完全归属中央或地方，而应当根据其立法规范对象的差异而分别予以确定。

（1）财政授权规则制定权。全国相同职权范围的组织机构能够普遍享有的财政权，应当由中央一级的立法机关制定在全国范围内普遍适用的统一规则，由此保证全国范围内不同行政区域内的相同属性的国家机构平等地享有相同的财政权，并受相同规则的约束。与此相适应，如某项财政权限仅能够由某一特定区域的某一特定机构所享有，则该项财政权的授予规则也仅需要由该行政区域内的立法机构予以制定。

需要强调的是，地方立法机构所享有的财政权授予规则的制定权仍应当是中央立法机关以立法的形式授予的结果。中央立法机关应当通过立法的形式，授予各级地方立法机构确立该级地方政府的财政权限的立法权，明确规定各级地方立法机构能够通过立法赋予该级地方政府的财政权限的标准和范围等，以防止各级地方立法机构随意授予本级政府过多的财政权，使各级地方立法机构通过立法授予本级政府的财政权符合国家的整体财政运作。

（2）财政权规范规则制定权。财政权一旦授予，就应当依法予以规范。只有以确定的形式规定国家财政行为完成的界限和模式，才能在保证公共需要得以满足的情况下，不造成对公民基本权利和自由的过度侵夺。为此，财政行为法、财政程序法及财政责任法等规范财政行为的实施的规则，也逐渐成为财政立法的重要内容。为保证在全国范围内的财政权的实施获得普遍的规则约束，财政权规范规则应由中央立法机关统一予以制定。

2. 财税收益权的权限划分

财政收益权的划分应当包括税收收益权、国有资产收益权、专项收益权和其他财政收益权在各级政府之间的适度分配。

（1）税收收益权在中央和地方各级政府之间的划分。对于税源普遍、税基流动性大，影响市场统一性和国家宏观决策活动，税基在各地区分布极不均衡，且具有高度再分配性质的税种应当划归中央税。

如一项税种，其税源广泛、在各个地区间的流动性较大、具有高度再分配性质、有利于调动中央和地方发展经济的积极性、有利于促进市场主体和各种经济要素在地区间的流动的税种，则应当作为中央和地方共享税。

对税源较为普遍、税基不易转移、对宏观经济影响较小的税种，如以部分动产和不动产作为课税对象的耕地占用税、土地增值税、房地产税、契税、车辆购置税等税种，其税基不易移动，有利于税务机关的征收管理，因此应当属于地方税。

在确立中央税、中央与地方共享税和地方税的划分标准后，对随后开征的税种也应当以此为标准确立其财政收益权的归属。

（2）行政规费的收益权划分。行政机关所收取的行政规费实际上仅在于弥补为提供公共服务而支出的费用，行政机关并未因此而取得任何收益。也正因为如此，在行政规费的征收上是遵循受益者负担原则的，亦即享受公共服务的相对人应当向提供该服务的政府机构缴纳相应的行政规费。从这个意义上说，一项行政规费的收益权应当直接归属于提供公共服务的政府机构，并由该政府机构进行征收。

（3）国有资产收益权。与规费和税收相比，国有资产收益并不属于强制性收入的范畴，国有资产收益权类似于私法上的财产收益权，是行使国有资产所有权，通过对国有资产的使用、处分，从事各种经营活动而取得收益的权利。可以说，国有资产收益权的取得取决于其所有权的归属。从国有资产的管理来看，尽管中央政府统一享有对国有资产的所有权，但实际上中央政府仍难以对全国范围内的国有资产予以占有、使用、收益和处分，相反各级政府作为代理人却实际上对属于其权限范围内的国有资产享有实际上的占有、使用和处分的权利。为发挥各级政府在国有资产管理上的积极性，使国有资产的增值与本级政府的财政收入总额直接相关，应当对国有资产适用分级管理、分级所有的原则。对国有资产享有管理权的政府，即享有对国有资产的收益权。但对矿藏、水流、海域和森林、山岭、草原、荒地、滩涂等自然资源、野生动植物资源、无线电频谱资源和国家所有的文物，由于不存在直接的管理者，其收益权应当归国务院所享有。

（4）国债发行收益权。在国债发行中，国家是作为债务人与国债承购人发生债权债务关系的。单从表面上看，国家因发行国债取得资金的使用权而承担到期偿还债务和给付利息的义务，而国债承购人则享有相应的债权。因此，发行国债的政府即基于其债务的承担而获得国债发行收入的使用权。根据当前我国立法，除法律和国务院另有规定外，地方政府不得发行地方政府债券。按照这一规定，经国务院批准，地方政府可以发行地方政府债券。一旦地方政府取得国债立法权，则中央政府和地方政府就其发行国债所取得的收入享有使用权。

3. 财政征收权的合理配置

（1）税收征收权的合理分配。作为一项程序性权力，效率价值是评价和判断其分配是否正当、合理的价值准则之一，"最大限度地减少法律实施过程中的经济耗费，是评价和设计程序法律时所应考虑的主要价值目标"[①]。因此，税收征收权应当根据

---

① ［英］彼得·斯坦、约翰·季德：《西方社会的法律价值》，王献平译，中国人民公安大学出版社1989年版，第2页。

这一基本的价值判断予以合理的分配。

在税收征管活动中,税收征管效率表现为税收收入与征纳成本之间的比例关系。一项优良的征管制度,应当能够以最小化的征纳成本充分实现税收收入,并能求得两者的平衡。因此,在确定税收征收权的分配上,并无需严格依照税收收益权的权限来配置相一致的征收权,而应当根据税收征收效率予以确定。

就地方税而言,由于其征税客体处于各个行政辖区内,税基不易移动,且其收益权归属于地方政府,因此,地方税的征收权应由各级地方税务局行使。就中央税而言,由于其税基流动性大,且容易发生转移,因此,其征收权应当由国家税务局享有较为恰当。中央和地方共享税的征收同样由国家税务局行使才更符合效率原则,由国家税务局统一进行征收,再根据收益权的归属分别将所取得的收入划归相应的预算级次中。

目前我国还需要加强国家税务局和地方税务局两套征管机关之间财政征收权行使的协调,须注意解决如下一些问题:第一,进一步明确国家税务局、地方税务局的税收征管权限,建立统一领导、相互独立、各具特点的国家税务局、地方税务局两套征管机关。为了保证执法的统一,建议对于作为中央与地方共享税的企业所得税,应逐步统一由国家税务局征收。第二,在税收检查方面,应加强沟通配合,国家税务局、地方税务局在行使税收检查权时都须严格依据法定程序,在其法定职责范围内对纳税人进行税收稽查,不得超越职权、相互推诿;建立纳税人检查联系制度,对共同纳税人的稽查结果要及时通报,对重大的稽查案件和稽查行为可以统一入场、同步稽查,以提高稽查效率,降低稽查成本。① 第三,加强日常业务的合作。

---

① 孙开:《财政体制改革问题研究》,经济科学出版社2004年版,第195页。

(2) 其他财政征收权的分配。行政规费的征收权由提供与该项规费相关的公共服务的政府机关享有，亦即中央政府提供公共服务而设置的行政规费，应当由中央政府享有征收权，反之则由地方政府享有征收权。

国有资产征收权属于其所有权的权能之一，其征收权一般而言归属于国有资产所有权主体。在国有资产经营权与所有权分离的情况下，应当由其直接管理人行使该征收权。

国债的发行收入的取得权是各级政府就其国债发行而受领国债债权人交付使用的货币，其本身是国债债权债务关系的重要组成部分，因此，在通常情况下，国债收入应当由其发行主体直接享有国债收入的取得权，亦即中央政府发行的国债由中央政府直接取得，地方政府发行的地方政府债券，由地方政府直接发行取得。

4. 财政支出权的各级政府分担

政府所承担的职权范围决定其所享有的财政支出的范围。政府间事权的划分和各级政府的财政职能密切相关。

在划分财政支出权之前，应对我国的政府财政级次有所调整。当前我国政府管理级次分为5级，由于级次多，政府间职能重叠、财权交叉的现象较为普遍，从而加大了政府职权和财政支出权划分的难度。因此，为完善我国财政支出权的划分制度，应首先对我国政府级次以及相应的财政级次进行一定的简化。① 从长远看，乡镇一级政府并没有存在的必要，但现在和今后一段时间还不能"完全"取消。具体说，可逐步撤销乡镇政府。作为配套措施，省地县的大建制也要考虑调整，如省（区市）的范围是不是可以划小；地市一级政府是不是也可逐步撤销；县也有

---

① 赵琳、王湛："论我国政府间事权与财权划分的对称性"，《现代经济探讨》，2004年第11期。

个适当撤并、精简的问题。① 由此，最终建立中央、省、县三个政府级次，使得各级政府间财政支出权的划分也相应更加简化和明确。

考虑到我国经济体制改革的现实，在划分财政支出权之前应先解决政府财政职能的"越位"与"缺位"问题②，明确财政支出权的范围，亦即在哪些领域属于国家财政资金投入的领域。依照政府公共服务理论，政府的财政职能应当仅限于提供公共产品或公共服务。为此，政府应尽快退出营利性领域，而将财政支出的范围限定于国家安全和政权建设领域，教育、科技、农业、文化、卫生等公共事业发展领域，调节不同地区和居民的收入、提供各种社会保险、福利救济领域以及对扶贫支出等再分配领域和公共投资支出领域，如对道路、桥梁、码头、农业水利建设以及环境保护、防治污染工程等公共设施、基础设施和公益性领域进行投资，对铁路、航空、邮政、自来水等基础产业和城市公用事业进行投资等。

在确定国家的财政支出范围后，应当在该范围内，在中央和地方政府之间进行财政支出权的划分。公共物品的受益范围是全国或包含多个地区的，应当由中央政府承担相应的支出责任；受益范围仅限于某一特定区域的，应当由相应的地方政府负责。受益范围涉及多个地方的，各级地方政府的支出权应当依照一定的分配标准在所涉政府之间进行分配。但各国政府间事权的划分也和本国的特定国情、民族习惯等有关，有的事权在有些国家属于中央政府，而在有些国家却属于地方政府。因此，政府间事权划分还须考虑各国的一些特殊情况。

---

① 唐仁健：《"皇粮国税"的终结》，中国财政经济出版社2004年版，第182—186页。

② 当然，对这一问题也只能采取渐进的思路，在实行经济体制改革的大背景下，试图一步到位是不可能的。

依照上述标准，全体国民共同受益而且必须在全国范围内统筹安排的事务，主要包括国防、外交、国家安全、中央行政管理，经济社会发展规划与宏观经济政策的制定、实施，基本法律法规的颁布，对外经济援助及大型中外合作项目的统筹，少数全国性的科研、教育、卫生、文化等社会公益事业等，应当属于中央政府固有的财政支出权范围。仅限于某一辖区内的社会成员共同受益，而且由地方承办效率更高的事务，则应为地方政府固有的财政支出权范围，如与地方政府中的各种行政管理、公共秩序和公共安全等职能相关的事务，包括提供气象预报、消防等；基础设施建设，包括道路、交通、电力、自来水、下水道、路灯、垃圾收集与处理，乃至港口、机场、车站等社会服务和社会管理和地方性的文化新闻事业，如广播、电视、报纸、出版、图书馆、博物馆等。① 针对我国目前在教育、医疗卫生、社会保障等领域地方政府事权过重的现实，应该将相关领域划为中央与地方政府的共同事权，特别应该强调中央政府的事权承担。在明确事权划分之后，就可以相应地确定财政支出责任，对于中央与地方政府的固有事权，应由各级政府自己承担财政支出责任；对于中央与地方政府的共同事权，则应实行共同负担原则。法律应该明确各级政府在共同事权中的具体任务及支出责任。对于中央政府委托地方政府执行的事务，也应明确费用的负担原则。

此外，还应理顺地方各级政府之间的事权与财政支出责任关系。② 界定的标准同样应该是受益范围和规模大小，如政府活动

---

① 朱柏铭：“科学界定中央与地方政府之间的事权范围”，《财政与税务》，1998年12期；孙开："政府间财政关系的理论及对中国的体制改革评析"，刘溶沧、赵志耘主编：《中国财政理论前沿 II》，社会科学文献出版社2001年版，第102—103页。

② 贾康、阎坤：《中国财政：转轨与变革》，上海远东出版社2000年版，第223—224页。

或公共工程的规模庞大、难度大、技术要求高,受益对象是全省范围居民的,则事权归省,由省政府负责支出;若政府活动或公共工程规模小、难度小、技术要求不高,受益对象是市、县范围居民的,则事权归市、县,由市、县政府负责支出。在此基础上,也应确定省级以下政府间的共同事权范围,相应的财政支出责任由相关层级政府共同负担。

5. 财政预算权的合理配置

所谓预算,简单而言,是在一定时期内(一般为一年)国家的收入和支出,即国家财政活动的数字估量表。国家的财政活动通过编制预算来决定,要决定一定的财政政策,应当编制与之相应的预算。① 预算实质上可以看作是一个会计年度内政府的财政计划;在形式上看作是经过议会议决的具有法律意义的命令,是立法机关对行政机关赋予财政权限的一种形式②。因此,要保证各级政府根据其取得财政收入的范围和所承担的财政支出责任,即有必要制定本级政府预算,以实现财政资源在本级政府所承担的事权范围内的合理使用,应当根据财政级次的设置,赋予该级立法机构一定的财政预算权。由于财政预算权的目的在于确定财政收入与财政支出之间的适当比例,因此,一级政府所享有的财政预算权的范围取决于其所享有的财政收益权和支出权的范围和内容。

但在我国中央集权体制下,地方政府的预算权同样在一定程度上受到中央政府的预算权的约束。为了保证地方财政预算权的稳健行使,当地方政府预算出现超支和拖欠累计现象时,国家法

---

① [日]井手文雄:《日本现代财政学》,陈秉良译,中国财政经济出版社1990年版,第97页。

② 焦建国:"论政府预算的法律本质——理论、日本特色与我国的选择",《财经问题研究》,2001年第5期。

律应当规定处罚措施和紧急措施。如强制地方政府削减支出，或在一定时期内由中央政府控制地方政府的预算，直到局势稳定下来。① 此外，地方政府在支出分类、内部控制、会计和审计等方面应与中央政府的相关制度保持一致。在加强省级政府财政预算自主权的同时，省级政府对其所属的下级政府财政预算权的行使应实现有效控制。

六、财政均衡与转移支付的规范化

（一）中国财政转移支付立法的主要问题

1. 政府间事权、财权划分不清

事权是指各级政府基于其自身的地位和职能所享有的提供公共物品、管理公共事务的权力。财权是各级政府所享有的组织财政收入、安排财政支出的权力。目前，在上下级政府之间，很多事项难以区分清楚，许多本应由地方财政负担的支出，却由中央财政承担，而许多本应由中央财政负担的支出，却推给地方财政。上下级政府之间事权划分和财政支出范围的划分随意性很大，同样的事项，在一处由上级政府承担，在另一处则由下级政府承担，在一时由上级政府承担，在另一时则下放地方政府承担，它们之间区分的标准很模糊，或者根本没有标准可循。这种事权划分的模糊和财政支出范围划分的混乱，导致许多政府机关人浮于事，很难对其进行绩效审计和考核，由此导致了财政支出

---

① 亚洲开发银行编著，财政部财政科学研究所译：《政府支出管理》，人民出版社2001年版，第145页。

整体效益的低下。中国现行的分税制主要是划分了中央和省一级的财政,但对事权界定不够明晰,财权和事权不统一。同时,对省、市、县分别有哪些财权,应对哪些事情负责,规定还不够明确,各级政府之间扯皮很多。①

2. 财政转移支付资金的分配不规范,缺乏公平合理的标准

中国地区间财政资金的横向转移是通过中央政府集中收入再分配的方式实现的。但是,由于这种横向转移的过程是与中央政府直接增加可用财力相背而行的,因而对中央增加的财力是用于中央本身开支,还是用于补助某些经济不发达地区,在认识上难免不一致。而且,在财力转移上,也没有建立一套科学而完善的计算公式和测算办法,资金的分配缺乏科学的依据,要么根据基数法,要么根据主观判断,而不是依法根据一套规范的计算程序和公式来分配。②

与此同时,中国现行财政转移支付制度保留了原有体制下的资金双向转移模式,即仍然存在资金由下级财政向上级流动现

---

① 转移支付立法比较完善的国家都有明确的事权、财权划分,比如,德国政府分为联邦、州和地方(市或县)三级,各级政府在财政管理上具有独立性,宪法明确规定了三级政府的职责和支出范围。联邦政府负责国防、外交、造币和货币管理、海关和边防、邮政电讯、铁路和航空、高速公路和远程公路、社会保险、国有企业的支出和农业政策等等。各个州政府的职责是负责治安、中小学教育和高等教育、科学研究(联邦参加高校和跨地区的研究开发工作)、州内公路、地区经济结构和农业结构的改善、护岸等。各个城镇负责公共福利、文化设施、公共交通、能源的供给、垃圾和污水处理、建设规划等等。同时,德国也明确进行了税种的划分。参见赵永冰:"德国的财政转移支付制度及对我国的启示",《涉外税务》,2001年第1期。

② 很多国家都以因素法为基础设计了比较科学的、将多种因素包括在内的转移支付标准的计算公式。如美国考虑的因素有人均所得、税收课征率、州所得税的高低、城市人口或州人口等因素。这种以各级政府很难控制的客观因素来设计的公式确定各地转移支付额的方法比较合理,也比较公平、透明,减少了人为因素的影响。参见杨芳:"中外政府间财政转移支付制度比较",载《岭南学刊》2000年第3期。

象,不利于提高财政资金的使用效率,增大了财政部门的工作量,也不利于中央政府实施宏观调控。而税收返还是以保证地方既得利益为依据的,它将原有的财力不均问题带入分税制财政体制中,使得由于历史原因造成的地区间财力分配不均和公共服务水平差距较大的问题依然未能解决,不能充分体现财政均衡的原则。中央对地方的专项拨款补助还缺乏比较规范的法律依据和合理的分配标准,与中央和地方事权划分的原则不相适应。此外,财政补助分配透明度不高,随意性很大。虽然政府支出中属于补助性质的转移支付种类很多,补助对象涉及各行各业,但各项财政补助的分配缺乏科学的依据。

3. 财政转移支付的结构失衡,专项转移支付缺乏监督

在我国财政转移支付的内部结构中,以缩小地区间财力差距、实现地区间基本公共服务能力均等化为目标的一般性转移支付的比重较小,而以具体项目和政策补助为目标的专项转移支付的比重偏高。17386.26亿元和18791.52亿元,这两个数字分别是2012年中央向地方专项转移支付的预算数额和实际执行数额。在2013年的中央预算报告中,中央对地方总体转移支付中,专项转移支付占到44%,这一比例近几年来最高是在2009年,达到52.5%。① 过高的专项转移支付,不仅不能有效地发挥财政转移支付的财力均衡效应,大大降低了地方政府对中央扶持资金的自主支配效率,更重要的是,这种转移支付方式在决策者、转移支付对象、资金名目等问题上均涉及较广,非常零碎和分散,加大了统一监督的难度,使得转移支付的过程不透

---

① 参见新华网,"超万亿专项转移支付呼唤制度规范",网址http://news.xinhuanet.com/politics/2013-05/16/c_115785540.htm(最后访问日期:2017年11月2日)

明、随意性很大，也诱发了"跑部钱进""跑部政策进"等一系列混乱景象。

4. 财政转移支付立法层次低，缺乏法律权威性

纵观各国财政转移支付制度，其最大的共性就是制定具有较高层次效力的法律。① 而中国现行政府间财政转移支付制度依据的主要是 1995 年财政部颁发的《过渡期财政转移支付办法》（以下简称《办法》），该《办法》属于行政规章的层次，立法层次显然太低。立法层次太低会导致一系列不良后果，如法律规定缺乏权威性、制度的稳定性较差、立法的科学性和民主性难以保证等，这些不良后果已经严重制约着中国财政转移支付立法的完善以及市场经济体制改革的推进。由此可见，中国财政转移支付立法，不仅形式上的财政转移支付必须由立法机关以法律来规定（如财政权力法定、财政义务法定、财政程序法定、财政责任法定）的要求难以满足，而且财政转移支付法治实体价值（如正义、公正、民主、自由）也由于中国目前民主和宪治建设的滞后难以完全实现。

（二）我国地方财政均衡的基本规范框架

1. 财政转移支付目标的法定化

财政转移支付的基本目标应当是保证各地政府所提供的公共服务的水平大体相当，确保全国各地都能提供最低标准的公共服

---

① 例如，日本政府间转移支付的法治化水平较高，每种转移支付都有相应的立法进行规范。除了具有基本法性质的《地方财政法》以外，地方交付税以《地方交付税法》作为依据筹集和分配资金，国库支出金中的各类转移支付也以相关的法律，如《义务教育法》《农业基本建设法》《土地改良法》《生活保障法》等为依据。参见丁文、张林："我国财政转移支付法律制度之反思与重构"，《武汉经济管理干部学院学报》，2004 年第 4 期。

务，亦即社会公共服务水平的均等化。该基本标准应当通过立法加以确定，成为评价财政转移支付行为的合理性和合法性的根本标准。只要财政的转移支付能够平衡各地财力，能够确保财力不足地区的基本公共物品的提供，则该转移支付行为即是合法的。只有将财政转移支付的目标明晰化，才能使财政转移支付的制度价值真正实现。

2. 财政转移支付决策主体的法定化

财政转移支付关系到中央政府和地方政府、地方政府之间的财政资源的重新分配。由中央政府自行决定财政转移支付的规模和方向，无疑形成了巨大的权力真空地带。中央向地方进行多大规模的财政转移支付、各个地方取得多大规模的转移支付款项，无疑都取决于中央的自行决定。为避免中央自行决定的随意性，财政转移支付应当由独立的机构来决定。有学者主张，要完成各级政府间复杂的财力转移支付，特别是确定和调整中央与地方政府的转移支付关系，必须有一个专门的机构来具体负责。因此，应当由中央政府组建专门机构来行使职能。[①]但由中央政府下设的专门机构决定财政转移支付，依然难以避免中央政府的自行决定。从某种意义上说，财政转移支付转移的是国民所缴纳的财政资金，国民有权决定是否进行转移支付，转移多大规模的财政资金。因此，财政转移支付应当由人民代表大会最终审议决定。

3. 财政转移支付基准的法定化

财政转移支付标准是对财政转移支付行为加以约束和规范化的重要内容，能够有效提高转移支付的透明度、可预见性和客观公正性。财政转移支付中的政治色彩是始终无法回避的，甚至直

---

① 刘剑文主编：《财税法学》，高等教育出版社2004年版，第147页。

接决定了财政转移支付的可行性和实际效用的实现。但政治活动的内容仍然是所涉及的各方主体之间的利益协调，所关注的是在不确定和不断变化的政治背景下各方利益主体在财政活动的地位和作用及其行为对财政收支的影响，是一种"动态的博弈过程"。因此，财政转移支付立法必然是一种"基准法"，确立财政转移支付的基本标准，而不确立财政转移支付的具体数额，如各种能够反映各地收入能力和支出需要的客观性因素，再根据每年各地的实际经济发展形势来确定每年向各地进行转移支付的数额。其基准要素包括转移支付的方式、形式、具体额度计算的基本要素，再由实际量化的基本要素确定每次、每笔转移支付的规模。如此才能真正实现各地的动态均衡，避免因法定化而造成的灵活性不足。一方面，使财政转移支付能够根据各地经济形势的变化来决定每年的转移支付的额度，真正实现地方财力均衡，另一方面，也能够以基本标准的确立形成具有确定性和可预见性的财政转移支付，使各地对上级政府的财政转移支付的程度和规模有所预期，并使转移支付更具有公平性和透明度。

4. 财政转移支付决策程序的法定化

正因为财政转移支付法是典型的"基准法"，其实现仍依赖于有关主体的具体实施，因此，对财政转移支付决策过程的程序性控制具有重要意义，对财政转移支付具体数额的确定及最终支付的全过程都加以必要的步骤和程序的限制。具体来说，组织、设计、修正、完善、调整和协调转移支付方案，收集、处理各地的数据材料，确定全国范围内的人均财政收入标准以及各地与此之间的差额，计算、确定各地的最终转移支付额，都应当纳入到法治化的轨道中，由立法对财政转移支付决策及最终支付所应当遵守的步骤、时间、方式进行严格的规定，以增强财政转移支付的透明度和客观性，使财政转移支付真正成为民主化的财政分配制度，实现各地的财政均衡。

5. 财政转移支付的效果评价机制和监督机制的确立

为保证财政转移支付真正实现缩小地区公共服务差距的目标，还应当对财政转移支付设置评价机制和量化指标，对转移支付的操作过程和执行效果加以有效衡量和评价，对财政转移支付的资金分配程序、使用过程、经济效益进行跟踪反馈，确保资金使用效益的最大化。[①] 上级政府应当定期对接受转移支付的政府使用转移支付的资金的情况和转移支付的必要性进行评价，如有违法使用或违反规定用途使用转移支付资金的情形，应当加以调整或制止。接受转移支付资金的政府应当定期向转移支付政府报告已接受的财政转移支付款项的使用情况，同时，赋予公民、法人或者其他组织向上级政府就财政转移支付的必要性和实施情况进行监督，并提出意见和建议的权利。

但对财政转移资金的使用过程进行监督，并不意味上级政府可以介入接受转移资金的使用过程。无论上级政府提供多大范围的财政转移支付款项，上级政府都不得任意干预下级政府的财政自主权。因此，对财政转移支付资金的监督应当有一定的限度，该限度应当由财政转移支付立法加以规定。

（三）我国财政转移支付立法的具体改革措施

1. 确立财政转移支付的具体形式

为完善我国财政转移支付立法，应当简化、完善我国当前杂乱的政府间转移支付形式，重新归并、整合现有的政府间财政转

---

① 吴昊炜、刘剑："我国政府间财政转移支付制度的完善"，《湖南高等专科学校学报》，2002年第3期。

移支付形式。具体而言，应当确立一般目的（均等化）转移支付、特定目的转移支付和政策性转移支付三种基本的转移支付形式，① 建立起以一般目的转移支付为重点、以特定目的转移支付相配合、以政策性转移支付为补充的复合型财政转移支付形式。

一般目的转移支付，目标是弥补纵向和横向的财政缺口。这部分补助不规定专门用途，由地方政府统筹使用。一般性转移支付与地方政府财政能力成反比，即地方政府的财政能力越强，得到的补助越少。弥补纵向与横向财政缺口的实质是促进均等化。特定目的转移支付的政策目标应明确地定位于为外部性项目和上级政府的委托项目提供资金。主要包括中央政府对地方政府的农业开发、交通运输、通讯、能源、原材料、教育、科技等方面的特定项目提供的补助。特定目的转移支付也需要附加一个均等化因素。具体地讲，对于需要通过特定目的转移支付提供资助的外部性项目，如果这个项目由财政贫困地区负责供应，那么对其配套要求就应比发达地区更为宽松一些，宽松程度应依财政贫困程度而定。政策性转移支付的目标应明确地定位于增进国家的内聚力，因此，民族地区应为这类转移支付的主要对象。

2. 建立科学的财政转移支付额度的统一计算公式和客观标准

我国应完善在分配转移支付资金时采用的客观标准和科学计算公式，以减少转移支付资金分配的随意性，增加转移支付制度的透明度，避免与地方政府不必要的讨价还价。同时，地方政府也可以对客观标准和计算公式提出修改意见，不断地加以改进和完善，使其更加科学规范。具体而言，在财政转移支付额度确定

---

① 马海涛主编：《财政转移支付制度》，中国财政经济出版社2004年版，第208—215页；孙开：《财政体制改革问题研究》，经济科学出版社2004年版，第206—207页。

上用"因素法"替代"基数法"。采用基数法确定各级地方政府的财政收支基数,其不合理性是显而易见的。抛弃"基数法",采用国际上通用的"因素法"将是一个必然的选择。因素法的基本特点是,选取一些不易受到人为控制的、能反映各地收入能力和支出需要的客观性因素,如人口数量、城市化程度、人均GDP、人口密度等,以此确定各地的转移支付额。① "因素法"有利于提高转移支付的透明度、可预见性和客观公正性,规范中央与地方之间的财政关系,提高财政管理的科学化程度。

3. 建立规范的省对地市县的转移支付和其他配套制度

在加强中央对地方政府转移支付的同时,还应切实推动省级以下的规范化转移支付制度建设。② 省级以下转移支付制度设计,应在考虑本地实际情况的基础上,尽量与中央对地方的转移支付制度设计相协调。如果与中央制定的相关制度偏离太大,从全国来说,就难以形成一个完整统一的转移支付体系,不利于实现转移支付的政策目标,也不利于实现财政管理体制基本框架在全国范围内的基本一致。凡是还没有开始建立省级以下规范化的转移支付制度的地区,不论这些地区是享受中央一般性转移支付资金补助的地区,还是没有享受该项补助的地区,都应当立即着手开展这项工作,争取在尽可能短的时间内,各地都应该制定自己的转移支付办法。对于享受中央一般性转移支付补助的地区,在对下实行转移支付时,最低限度是从中央财政得到的一般性转移支付资金,按照因素法进行分配,财政部每年应当对此进行专项检查。

---

① 李齐云:"完善我国财政转移支付制度的思考",《财贸经济》,2001年第3期。

② 孙开:《财政体制改革问题研究》,经济科学出版社2004年版,第217页。

4. 完善财政转移支付制度中的机构设置

要完成各级政府间复杂的财政转移支付,特别是确定和调整中央和地方政府的转移支付关系,必须明确财政转移支付的主管机构。为此,我国应改变目前多头管理的状况,所有的政府间转移支付项目统一由财政部进行管理。在我国当前的财政管理体制下,财政部作为全国的财政主管机关,对我国中央及各级财政收支状况的把握最为全面,能够掌握我国财政整体运作的具体态势,能够满足财政转移支付制度运作中的技术性和专业性要求。因此,我国应由财政部作为财政转移支付的主管机构,负责中央与地方政府间的财政转移支付,并对省以下各级地方政府间的财政转移支付予以指导和监督。

此外,在加强政府间转移支付具体制度设计、机构建设的同时,还需要重视监督机制的建立健全。应该加强财政监督和审计监督,强化转移支付接受者向提供者的定期报告义务,并接受必要的监督检查。增加惩罚机制,对于违法使用转移支付资金的,应该规定惩罚措施,并严格执行。

七、事权划分法治化的中国路径

十八届三中全会要求建立事权和支出责任相适应的制度,[①]十八届四中全会提出"推进各级政府事权规范化、法律化,完善不同层级政府特别是中央和地方政府事权法律制度",[②]"十三

[①] 《中共中央关于全面深化改革若干重大问题的决定》,人民出版社2013年版,第21页。

[②] 《中共中央关于全面推进依法治国若干重大问题的决定》,人民出版社2014年版,第16页。

五"规划纲要强调"适度加强中央事权和支出责任"。在财政作为国家治理的基础和重要支柱,财税改革成为全面深化改革的重要抓手,以及全面依法治国关键在于约束、规范权力的新形势下,有必要在继续完善分税制之同时,突破路径依赖,大胆地将政府间事权划分法治化作为财税改革和依法治国的重点任务之一,尝试建构与分税制相互适应、相互补充的"分权制"①:法律明定各级政府事权、并透过法律机制保障和促进各级政府依法履行事权。②

人们常在不同维度使用"事权"一词,进而对相关概念的理解见仁见智,③ 不同观点间的"最大公约数",是将其理解为国家提供公共服务的责任。事权具有鲜明的公权力属性,理论上包括立法事权、行政事权和司法事权三维。④ 现实中,行政事权在国家权力谱系中占比最大、与公众联系最紧,故而研讨重心向其倾斜。事权划分包括横向与纵向两个维度,但此处侧重在纵向层面展开。

---

① 对分税制与"分权制"的关系须整体把握:第一,两者各有侧重,前者关注政府间财权划分,后者关注政府间事权划分;第二,两者有内在的逻辑联系,财政与行政本为"一体两面",既要以财行政、也要以财控政;第三,分税制与"分权制"互相适应、互为补充,不是非此即彼的关系,对分税制的完善与对分权制的推进应协同并举。

② "分权制"简言之就是政府间事权规范、合理划分的体制。不能将之等同于联邦制,无论单一制还是联邦制都须划分事权;更不能将之等同于西方国家的三权分立,两者所涉问题根本不同。因此,本书给"分权制"加上引号。

③ 熊文钊主编:《大国地方:中央与地方关系法治化研究》,中国政法大学出版社 2012 年版,第 195—200 页。

④ 立法和司法分别产出的法律制度和司法裁判,也是公共服务,因此两者也属于事权范畴;当然,通常理解的事权主要是行政事权,本书所论也以行政事权为主。

（一）事权划分的逻辑起点

界定政府与市场的关系，是明确政府事权范围的前提。政府事权的确定，应遵循谦抑原则，以尊重公民基本权利和市场的决定性作用为基础，通过立法妥善界定政府的事权范围，避免"越位"或"缺位"。

1. 权利本位：事权授予的正当理据

19世纪下半叶起，鉴于市场失灵日渐凸显，诸多学者主张扩大政府事权。[①] 与之相应，随着经济的快速增长和行政权力的扩张，政府的财政支出规模不断膨胀。社会国家为促进社会正义，"提升居民之文化、精神及物质水准，须有巨大财源作为移转性支出。"[②] 然而，政府事权的扩张并非无序，仍须以公民基本权利作为决定事权范围的基本依据。一方面，除尊重和保障公民基本权利外，还要求政府通过财政支出积极促进基本权利的实现。另一方面，平等是一项权利还是原则，理论上歧见纷呈，[③] 然则认为其包括平等的自由权、参政权和社会权，较具共识。平等的自由权，侧重法律的平等保护；而平等的社会权，要求基本公共服务均等化。这就对政府的事权配置提出两项要求：一是将均等化作为政府的一项事权；二是当不同区域间基本权利保障和实现程度存在显著差异时，须更高级别政府积极作为。如前所述，义务教育由国家承担给付义务，但我国目前多将此项事权配

[①] 以施泰因（Lorenz von Stein）、谢弗勒（Albert Schaffle）为代表的德国财政学派，以维克赛尔（Johan Wicksell）为代表的瑞典学派及凯恩斯主义，都不同程度地主张扩张政府职能。参见坂入长太郎：《欧美财政思想史》，张淳译，中国财政经济出版社1987年版，第301页以下

[②] 葛克昌：《行政程序与纳税人基本权》，北京大学出版社2005年版，第109页。

[③] 汪进元：《基本权利的保护范围：构成、限制及其合宪性》，法律出版社2013年版，第99—100页。

予地方政府，资源分布不均衡的现实条件致使不同区域公民的受教育权实现状况差异颇大，这就要求中央政府适当集中一部分义务教育事权，达致均等化目的。

2. 谦抑原则：事权配置的合理限度

财政三大职能为资源配置、收入分配与保障稳定。[①] 财权和事权是"一体两面"的关系，故而财政的规模制约着事权的边界。财政职能的发挥应遵循谦抑原则为之，这决定了政府事权不宜无限扩张。

市场和政府都是配置资源的手段，但政府对资源的配置是补充性的，主要在市场失灵时发挥作用；同时，由于信息偏在、腐败寻租、体制不健、管制俘获等原因，政府失灵也客观存在。制度经济学认为，交易是资源优化配置的必经途径，通过市场配置资源，将耗费一定的交易成本；经由组织（最典型的是企业）方式配置资源，可透过内部协调、组织命令的形式降低交易成本，但会产生组织成本。譬如，政府配置资源的极端形式——计划经济，形同"超级公司"，将交易成本降至最低的同时，也因信息不准、决策错误、决策传达失真等引致巨额组织成本。中国的改革，在经济维度可理解为资源配置主体向市场回归，在法律维度可理解为简政放权的过程，基本表征便是政府事权范围的收窄。现实中，政府配置资源的能力十分强大，若不通过法律有效规制，可能扭曲市场配置。十八届三中全会强调市场配置资源的决定性作用，法律明定政府事权是其前提条件。

分配失衡是当前存在的突出问题，调节分配也成为政府事权的重要方面。收入分配有三种形式：初次分配由市场按照效率原

[①] 詹姆斯·M. 布坎南、理查德·A. 马斯格雷夫：《公共财政与公共选择：两种截然对立的国家观》，类承曜译，中国财政经济出版社2000年版，第47页。

则进行；第二次分配主要由政府通过财政收支进行，侧重公平原则；第三次分配在道德力量的作用下，一般通过自愿捐赠进行。① 总体上，初次分配由市场主导、根据生产要素进行，第三次分配由社会主导，国家通过税收优惠、公益捐赠抵免等制度手段发挥诱致性功能；作为政府事权的分配调节主要在再分配层面发挥作用，具体手段多元，既包括财政收入手段如税收优惠，也包括财政支出手段如财政补贴。

调节分配作为政府事权有其合理性，唯须"调"之有度，如果再分配"喧宾夺主"，挤占初次分配的主导地位，便动摇了市场的决定性地位、并威胁公民的自由权。形式上，政府调节分配的事权必须在法律上明确，具体的手段、措施也应循法治路径展开，避免恣意，现实中税收优惠权力主体多元化、决策执行程序无序化、优惠形式隐蔽化、执法复杂化等形式非理性现象，② 根源在于法律缺位导致相关事权的配置模糊不清。实质上，政府调节分配事权的行使，不应损害市场的永续发展和个人的权利实现，尤应接受公平原则的检验，征取税收时遵循量能原则、获致非税收入时依据受益原则，皆属财税公平的具体要求。

财政保障经济稳定，主要透过宏观调控得以实现。十八届三中全会决定在"加快转变政府职能"一节提出"健全宏观调控体系"，是对宏观调控定位的理性回归。对于宏观调控的把握，必须注意两点。一是范围的宏观性。宏观调控着眼于经济总量平衡，关注经济增长率、失业率、通货膨胀率、国际收支平衡等问题，不同于针对具体产品、具体市场的经济干预。当前有一个认

---

① 白彦锋：“第三次分配与我国和谐社会的构建”，《税务研究》，2008年第1期。
② 王霞：《税收优惠法律制度研究：以法律的规范性及正当性为视角》，法律出版社2012年版，第32—34页。

识误区是，面对房地产、股票等市场可能存在的非理性，动辄寄望于加强宏观调控，其实，此种干预既不"宏观"、也非"调控"，实属概念混淆。二是时效的有限性。宏观调控是非常规的国民经济管理手段，绝非常态行为。宏观调控确为政府的一项事权，但应将之同政府的社会管理、微观干预等其他事权区分开；将之定性为非常规、临时、过渡手段，要将经济稳定发展的希望更多寄托于市场机制的完善，避免"宏观调控依赖症"。

3. 法定性：事权授予与规制的基本要求

法律明定政府事权，兼具授权与控权两方面意旨。事权作为公权力，法律依据是行权前提；与此同时，法定事权也意味着对权力作用场域的限定，使"有权不得任性"。进言之，强调事权法定主要有两方面的考虑。

一是权能统一。由"事权与财权相结合"到"财力与事权相匹配"，通常认为能更准确地反映与事权匹配的是财力而非财权；[1] 十八届三中全会提出的"事权和支出责任相适应"，同"财力与事权相匹配"之间并非替代关系，而是相辅相成，"事权与支出责任相适应是需要先行解决的问题，是为了更好地理顺中央与地方的收入分配，更好地实现财力与事权相匹配的目标。"[2] 事权无论是同财权结合、同财力匹配，还是同支出责任相适应，都在强调事权与其物质保障之间的对应关系。深究之，涉及行政权与财政权的相对疏离与内涵统一。

行政权的概念较无疑义，而对财政权的认识则言人人殊，或将之理解为行政权的组成部分，或将之理解为相对独立的筹集、

---

[1] 贾康："健全中央和地方财力与事权相匹配的体制"，《中国财政》，2008年第13期。

[2] 徐阳光："论建立事权与支出责任相适应的法律制度——理论基础与立法路径"，《清华法学》，2014年第5期。

管理和使用财政资金的权力。有学者认为,财政权先于行政权存在,因为国家享有财政权,始能参与国民财产的分配、获得财政支出的物质基础,从而也才有国家机关职权的行使。其实,国家之所以筹集、管理并使用财政资金,还是为了提供公共产品和服务。就此而论,两者不能也无须分开,财政权其实就是行政权运作、或者说事权实施的物质保障。将一定事权配置给一级政府,意味着该政府享有相关的财政支出权,而为获致财政支出的能力,该政府自然需要一定的财力适配。因此,政府的事权划分与运作,同时涉及行政权和财政权两个面向,将两者有机结合,才能为政府履行事权供给充分而稳定的物质基础,也可保证公共财政同私人财产之间有妥适的界限。①

二是权责同构。配置权利(力)、义务、责任是各部门法的核心任务,不同部门法的权责结构各具特色。财税法层面,公权力主体的权力—责任、私权利主体的权利—义务,格外值得关注。事权是一种权力,究其本旨亦为一种职责,法定事权,对相应公权力主体提出两方面要求:一是依法履行事权,不得逾越或恣意;二是不得弃权。在法律层面明确规定各级政府的事权,一个重要考量是将相应的支出责任由道义责任、政治责任扩至法律责任。由此可见,十八届三中全会"事权与支出责任相适应"和四中全会"推进各级政府事权规范化、法律化"的要求,内含权责一致的逻辑。

(二)政府间事权划分:理论框架与现实样态

在理论层面提炼事权划分的标准,据以检视我国事权划分的

---

① 刘剑文、王桦宇:"公共财产权的概念及其法治逻辑",《中国社会科学》,2014年第8期。

现实状况、识别存在的问题和成因,殊为必要。

1. 事权划分的理想谱系

一般而言,事权划分应当以范围作为基本依据,根据公共产品和公共服务的层级决定由谁提供,但当某项事权重要性十分突出、特别是涉及公民基本权利时,也可能由中央政府共享部分事权;事权划分,形式上是为了公权力的高效运作,但究其本质是基于更好保障公民权利的需要,从积极和消极两个向度框定各级政府事权的范围。

总体上,事权划分要遵循经济标准和法律标准,前者由经典的公共产品分层理论推出,后者则以秩序、正义等法价值为导向,对基于经济标准得出的事权划分格局加以调适。当然,两者的差异是相对的,彼此间的融通客观存在。

对于事权划分的经济标准[①],学术界讨论相对较多,以公共产品分层理论为代表,蒂伯特、施蒂格勒、马斯格雷夫、奥茨等经济学家皆有相关著述。[②] 该理论认为,现代政府作为公共权力的拥有者负有公共服务职能,向社会提供公共产品是政府的基本职责。

由公共产品理论出发,经济标准包括三项具体内容:外部性、信息复杂性和激励相容。此三者的预设条件是"理性人假设",将各级政府视为具有相对独立利益的主体,提供公共产品时基于经济理性行事;为使公共产品的提供更有效率,需要将外部性大、信息处理简单、各行其是对整体利益损害较大的事权,

---

① 严格来讲,公共产品不仅是经济学理论,还可能涉及社会学、管理学。本书取其大端,将之作为经济标准的中心,与后文以秩序和正义为导向的法律标准相对应。

② 周刚志:《财政分权的宪政原理:政府间财政关系之宪法比较研究》,法律出版社 2010 年版,第 17—21 页。

适当集中在中央，相应将外部性小、信息偏在、各行其是对整体利益有增益效应的事权，配予地方。

经济标准虽为政府间事权划分的主要依据，但仅此不为已足，其至少存在两方面问题：第一，理论上，经济标准效率导向的宗旨同现代治理语境不尽兼容；第二，实践中，有时决定事权划分的并非纯粹理性，而是路径依赖、政治现实、利益博弈，甚至制度设计者相对偶然的偏好，这使真实的事权划分和理论擘画可能是两码事。与之相应，确立事权划分的法律标准，分别有助于此两项问题的缓释：其一，对经济标准导出的事权划分格局，基于法价值予以矫正；其二，为事权划分设定底线标准，当现实中的事权划分难以完美体现经济理性时，法律标准仍是起码要求。

法律标准要求事权划分须满足形式法定和实质法定，分别彰显秩序和正义这两项重要的法价值。此两者亦为法律标准补正经济标准的基本作用途径。

第一，形式法定，其分为三个层次：宪法规定基本原则、法律配置事权、预算具体授权。现实中的事权划分可能并未依循经济标准，而由某些相对偶然的因素所决定，此时至少要保证事权划分的稳定性，这是秩序价值的题中之意。首先，应通过权威方式确定事权划分，基本要求是事权划分法定；现实中，诸如"三定方案"等政策文件在许多场合中为各级政府提供了较为清晰的事权指引，然其终究与法律规范的稳定性有一定距离。其次，法定之事权划分格局不能变易过频，可预期性的贬损无论对政府还是公民皆非善事。最后，必须避免法体系内部的冲突导致事权划分的模糊，比如，《义务教育法》第十二条规定义务教育的经费由中央和地方各级政府共同承担，中央政府对经济困难地区进行补助，负有筹措并分担义务教育经费和对地方进行补助的双重责任。据此,义务教育事权系央地共享。但是,作为操作规则的《义务教育法实施细则》在设置费用、基建投入上,却遵循"谁设置、谁负责""设置者负责筹资"的原则。由于"实施义务教育的学校主要由县级政府负责统筹规划建设",因此义务教育经费从"由国务院和地方各级人民政府负责筹措"实质上变为"由地方各级政府负责筹措,特别是主要由县级和乡级政府负责筹措"。① 这便违反了形式法定的体系调谐之要求。

第二,实质法定,法秩序是附带价值的体系,法定之事权划分,也须有助于公平正义之法价值的实现。具言之,即是事权划分的结果须能促进公民基本权利的消极保障和积极实现、以及不同区域间基本公共服务的均等化,后一方面仍是权利本位作为事权授予正当理据的体现。由此,可对效率导向的事权划分格局加以调适。一是关系公平正义的事权向上级倾斜,并在中央层面适当集中部分事权。以司法事权为例,司法正义是全国人民都应享有的公共产品,各级法院虽设立在不同地方,但其执行国家法律、代表国家开展审判工作,将其划为地方事权特别是法院所在地事权不合理;将部分司法事权集中到中央层级,在重大纠纷出现时进行第三方审判,更易实现司法公正,现实中对高级官员贪腐的刑事审判常在异地审判,便有这方面的考虑。二是为实现基本公共服务均等化而由上级政府乃至中央政府集中部分事权。运转良好的国家如同一台机器,各零件密切配合固然重要,居中调和亦必不可少;通过部分事权的上收,可使"零件"之间制式统一,免于相互抵牾。比如,若依经济标准,义务教育事权配置给基层政府,但我国经济社会发展不均衡,部分地区基层政府财

---

① 徐阳光:"论建立事权与支出责任相适应的法律制度——理论基础与立法路径",《清华法学》,2014年第5期。

力紧张，由其完全承担义务教育事权将导致该区域适龄学子难以享受与其他区域同龄人相同水平的教育，侵害平等的受教育权，因而须中央集中一部分义务教育事权。公共卫生、社会保障等事权的划分，也是如此。

一方面，经济标准更基础，直接提供可实际操作的事权划分方案，多数情况下，法律标准、特别是形式法定的要求，主要对该方案进行法律确认。另一方面，法律标准还具有补充与矫正的作用。第一，法律标准和经济标准在不同维度对事权划分提出要求，两者虽有交叉，但立足点并不重合；比如形式法定的一项基本要求是预算具体授权，此种以财权控事权的思路很难谓其与外部性等经济标准有何关联，而主要是财政民主的应有之义，这在预算法治昌明的国度体现尤甚。第二，经济标准导出的事权划分格局，必须接受法律标准的检视，必要时还须适当调整；比如基于基本公共服务均等化的考量由中央集中部分教育事权、社会保障事权。

因此，两者关系可概括为：经济标准更基础，常态下法律标准起到形式确认的作用；唯法律标准亦有自身独具之价值，如民主统制，且可能基于公平正义等法价值对经济标准导出之划分格局加以调整，故可谓法律标准的效力位阶相对更高。

2. 事权划分的现实格局

从国家结构形式上看，我国是单一制大国，既不同于美国、德国等联邦制国家，也同地域狭小、区域发展水平相对接近的日本差异较大，民族自治区域的存在使我国的情况更加复杂，这决定了对于其他国家的事权划分经验，仅可参酌借鉴，不宜直接照搬。

在我国，基于不同标准，事权有不同的划分方法，比如根据归属主体可划分为中央事权、地方事权、中央与地方共享事权；

又如根据事权的属性，可区分为立法监管与事权实施①。

"立法监管"包括法律制定和法律监督。其中，法律制定事权应更多保留在中央层面。地方立法权向来是学界关注的热点议题，②围绕《立法法》修改，各方凝聚之共识是明定立法权限，一要对"地方性事务"做出明确界定，二要对地方性法规和地方政府规章的权限范围加以厘清；③此外，有关"地方立法不得重复、照抄上位法"的建议，可以解决因央地立法权限划分模糊而导致的分层立法"上下一般粗"问题。

我国中央权威和行政权力十分强大，决定了现阶段不具备真正意义上地方自治茁壮生长的适格条件，立法事权相对集中于中央有其必然性；法律明定地方立法权的范围，兼具赋权与控权的功用，也可防杜地方政府间负面立法竞争。法律制定事权的纵向划分应呈现"倒金字塔"结构。简言之，法律制定事权向中央层级倾斜，其中的法律保留事项的立法是全国人大及常委会的专属事权，具体就是《立法法》第八条所列举的十一项；设区的市的人大及常委会、设区的市的人民政府，法律制定事权受到很

---

① 魏建国：《中央与地方关系法治化研究——财政维度》，北京大学出版社2015年版，第9页。"立法监管"接近本书篇首所言"立法事权"和"司法事权"，"事权实施"接近"行政事权"范畴。

② 相关讨论可以参见沈关成："对地方立法权的再认识"，《中国法学》，1996年第1期；于兆波："从'立法法'看地方先行立法权"，《法学论坛》，2001年第3期；马岭："地方立法权的范围"，《中国延安干部学院学报》，2012年第3期。另外，对地方立法权还有两个较为集中的研究方向，一是民族自治地方的地方立法权，二是地方税收立法权。前者可参见周伟："民族自治地方单行条例立法权研究"，《社会科学研究》，1998年第1期；沈寿文："民族区域自治地方立法权若干问题研究"，《云南社会科学》，2007年第3期。后者可参见李大明："地方税收立法权的研究"，《税务研究》，1998年第8期；傅红伟："论授予地方税收立法权的必要性与可行性"，《行政法学研究》，2002年第2期。

③ 刘松山："修改'立法法'的若干建议"，《交大法学》，2014年第3期。

大限制，仅基于《立法法》限定的城乡建设等三大类事项；而省级人大和省级人民政府的法律制定事权则介于前两者之间，形式比较多元，既有一部分是为执行法律、法规的，也有一部分是地方性事务的规则制定，就此而论，确实没有必要、也不大可能对省级立法事权完全枚举。由此可见，《立法法》修改基本回应了前述学界主张，有关立法事权的纵向配置相对合理。

法律监督一方面表现为解释法律、纠正下位法违反上位法的情形，另一方面表现为通过司法裁判维护法律的权威。两者都有维护法制统一的功用，故而适合作为中央事权存在。我国目前确实将前者配置到中央层级，但在司法事权方面，司法地方化现象尚比较突出。三中全会提出探索建立与行政区划适当分离的司法管辖制度，四中全会提出最高人民法院设立巡回法庭、探索设立跨行政区划的人民法院和人民检察院等举措，皆为对司法事权作为中央事权之本旨的肯认。

我国事权实施维度的纵向划分问题更突出。在现实中，事权[1]具体实施的任务多由基层政府承担，这也是十八届四中全会力倡事权划分优化的直接动因。但如果梳理法律不难发现，单从法律文本不能直接导出前述结论，不妨结合法理和制度略作阐发。

通说将地方事权区分为地方自治事项和中央委托事项，然而如此划分不易清楚判断与事权相对应的责任归属。有学者提出"自愿性自治事项"和"义务性自治事项"的概念。[2] 根据《立法法》第七十三条、第八十二条的规定，理论上有两条渠道为地方政府设定事权：一是宪法或宪法性法律配予地方政府一定事

---

[1] 如无特别说明，下文所述"事权"指的就是行政事权。
[2] 李惠宗：《宪法要义》，台北元照出版有限公司2009年版，第641页。

权；二是法律法规笼统或明确要求地方政府承担某项具体事权。在前者，相关事权貌似带有自愿烙印，实则基于权责同构的原理而成为其宪法性义务；在后者，特定事权虽具委托外观，实为义务性质，不得推诿。与之相应，当这两条赋权渠道各存一定问题时，事权划分不甚妥当便难以避免。

我国宪法及宪法性法律中涉及的事权类型既包括立法监管、也包括事权实施，前者如法律监督权（《宪法》第六十二、六十七条），后者如最高行政管理权（《宪法》第八十九条）、地方行政管理权（《地方各级人民代表大会和地方各级人民政府组织法》第五十九条、六十一条）。① 具体到事权实施层面，主要对应行政管理事权，我国宪法及相关宪法性法律实际上就此作了三级划分，即国务院的行政管理事权（《宪法》第八十九条），县级以上地方各级人民政府的行政管理事权（《地方各级人民代表大会和地方各级人民政府组织法》第五十九条），乡镇人民政府的行政管理事权（《地方各级人民代表大会和地方各级人民政府组织法》第六十一条）。

上述事权划分存在三方面问题。第一，各级政府具体事权的同质化程度很高，除少数事权系国务院专属外，地方各级政府的事权内容几乎都是国务院相关事权的复刻。第二，国务院"统一领导全国地方各级国家行政机关的工作"以及具体安排各级政府的职权划分，在地方各级政府的事权罗列中也明确领导下级政府工作、办理上级政府交办工作，因而事权划分仍保留"行政化分权"色彩，上级政府，特别是国务院部分掌握实权划分的主导权，可以在法律预留的空间内对既定分权格局进行调整，

---

① 熊文钊主编：《大国地方：中央与地方关系法治化研究》，中国政法大学出版社2012年版，第209—228页。

这就和理想状态下的法治化分权尚存一定距离。第三，对省级政府与市县级政府之间的事权划分语焉不详，我国有副省级市、地级市等较有特色的制度安排，事权在地方各级政府间清晰划分的重要性愈发凸显，然而现行制度安排中仅见对乡镇政府的事权有特别列举。

事权纵向划分的同质化与行政主导，容易诱发事权层层下压，多级地方政府间事权界分的模糊，加剧了前揭情状的程度；同时，上述问题还会引发事权重叠、责任主体缺位等问题。概言之，计有四种现象系由前述问题引起：第一，应该中央负责的事务，交给地方处理；第二，属于地方管理的事项，中央承担了较多的支出责任；第三，中央和地方职责重叠，共同管理事项较多；第四，中央负责的事项管理不到位。①

至此可初步得出结论：当前存在的诸如事权下压、权责不清等弊端，究其根源不仅在于政府间事权划分背离了经济标准，也缘于事权划分法治化的程度不够。与之相应，从经济标准出发，强化中央政府宏观管理、制度设定职责和必要的执法权，强化省级政府统筹区域内基本公共服务均等化职责，强化市县级政府执行职责固然必要，②提升事权划分法治化的水平同样势在必行。

(三) 事权划分的法治进路

将事权划分纳入法治轨道，应多措并举、整章建制，既强调体系化的法律构建、又重视制度运行的法治保障。十八届四中全会决定提出各级政府事权规范化、法律化，就规范化而言，事权

---

① 楼继伟：《中国政府间财政关系再思考》，中国财政经济出版社2013年版，第287—288页。

② 楼继伟："推进各级政府事权规范化法律化"，《人民日报》，2014年12月1日，第7版。

法律制度的完善（狭义的"法律化"）当然是核心要求，同时也需要配套制度的健全、制度运行环境的优化（预算硬约束）；整个财税立法都来关注和回应纳税人的权利诉求，既是事权划分的逻辑起点、亦为督促各级政府积极履行法定事权的有力保障，是事权划分规范化、法律化的当然之义。

1. 基本要求：法律层面的事权划分

宪法作为一国的根本法，应当对事权划分作出原则性规定；主要的划分任务可由财政基本法完成，我国应在制定《财政法》过程中，将事权划分作为规制对象；其他财政法律和其他部门法律从各自角度调整具体方面的事权划分。[①]

在当前全面深化改革的背景下，制定财政基本法、[②] 明确界定各级政府的事权，必要性益形突出。立法划分事权，有概括规定与列举规定两种方式。第一，应采纳列举规定方式，特别是在宪法规定比较抽象的前提下，财政基本法应力求阐明各级政府的事权，尤其对中央事权可列举得更充分一些；第二，法律未将特定事权配予中央政府时，不意味着"剩余事权归地方"。这是因为我国地方政府非为制度性法律主体，不存在严格意义上地方自治的适用空间，[③]法律明定事权划分主要是基于权能适应和权责统一的考量；而且在我国当前语境下，事权划分的现实意义不仅是为各级政府赋权，更在于督促各级政府履责。

立法监管事权配置应当依循如下路径：第一，原则上与事权

---

① 本书编写组：《〈中共中央关于全面推进依法治国若干重大问题的决定〉辅导读本》，人民出版社2014年版，第146页。

② 刘剑文："财税法治呼唤制定财政基本法"，《中国社会科学报》，2015年1月28日，第A8版。

③ 萧文生：《国家・地方自治・行政秩序》，元照出版有限公司2009年版，第7页。

实施的配置相适应，中央政府对所承担事权应享有立法监管权，从法理上说，各级地方政府在承担事权的范围内也有设规立范之权；第二，不强求立法监管与事权实施完全对应，现实中立法监管事权应较多配置给中央，依基本权利保障和基本公共服务均等化之要求，即便地方政府承担具体事权的项目，中央也可制定最低标准、统一规则、资质条件等。① 立法监管事权的配置，主要由《立法法》等法律完成，财政基本法侧重解决事权实施的划分问题。

具体配置事权时，财政基本法应至少做出"三类三级"的安排。"三类"指事权的类型有三种：一是中央政府事权，即全体国民均能受益且须在全国范围内统筹实施的事项；二是地方政府事权，即限于特定辖区内居民受益、且由地方政府提供能更好满足该区域居民权利需求的事项；三是共享事权，当根据经济标准将某项事权完全配置给地方政府无益于公民基本权利保障或平等权实现时，由中央政府适当分担部分事权支出责任，形成共享事权。中央政府事权主要包括国防、外交、国家安全、货币、经济发展规划与宏观经济稳定等，地方政府事权包括地方性基础设施建设、地方经济发展和地方社会管理事务、警察和消防等公共秩序和公共安全事务、地方社区事务等，② 不同层级政府承担相似事权时，根据范围标准进行纵向划分。共享事权由公民基本权利和平等权决定，涉及教育、医疗、社会保障等关系公民基本权利的事项，特别是将其设置为纯粹地方事权可能导致不同区域公民基本权利的实现状况有违平等原则时，应由中央政府承担部分

---

① 比如，义务教育这项公共产品的具体提供者多为地方政府，但中央政府通常也会出台一些标准予以规范和监管。

② 魏建国：《中央与地方关系法治化研究——财政维度》，北京大学出版社2015年版，第232页。

事权。① 另外，有观点认为存在一种委托事权的类型，即本属中央政府事权，由于客观需要、通常是考虑到由地方政府履行更有效率时，可能会委托地方政府履职。我们认为，一方面，这种情形不属于事权划分、而是事权划分后的支出责任承担问题，中央将部分事权委托给地方承担时，事权主体仍然是中央政府，"在明晰事权的基础上，进一步明确中央承担中央事权的支出责任，地方承担地方事权的支出责任，中央和地方按规定分担共同事权的支出责任。中央可通过安排转移支付将部分事权支出责任委托地方承担。"② 另一方面，财政基本法对这种情形应当有明确规制，申言之，财政基本法应循"分事权——定支出责任——配财力"的逻辑进路整章建制：首先明确事权分属；然后确定支出责任，原则上是"谁的事权谁承担支出责任"，但在共享事权和委托承担情况下如何处理，应有明确规定；最后是财力划分，为求"财力与事权相匹配"，财力划分又有"收入划分—转移支付"两个环节。

"三级"指财政基本法至少应就"中央—省—市县"三级政府作出事权安排。至于乡镇一级政权，取消农业税以后，乡镇政府收入萎缩，承载过多事权可能会"有权无能"，且政府层级扁平化的改革方向渐具共识。③ 有观点认为乡镇政府"改造为县政府的派出机构更为合适"，当然，即便如此也须"保证其相对独

---

① 典型的如中央集中一部分社会保障、公共卫生、教育和司法职能。
② 楼继伟："建立现代财政制度"，《中国财政》，2014年第1期。
③ 这方面的改革实践，典型者如"省直管县"和"乡财县管"。相关讨论可以参见熊伟主编：《政府间财政关系的法律调整》，法律出版社2010年版；贾康："中国财政改革：政府层级、事权、支出与税收安排的思路"，《地方财政研究》2004年第1期；张占斌："政府层级改革与省直管县实现路径研究"，《经济与管理研究》，2007年第4期；等等。

立的职权范围"。① 简言之，乡镇政府在现行体制下有独立事权范围，但从长期看，其"基层公共服务供给者"的角色可能会移至市县级政府，仅作为后者的派出机构而存在。本书不欲深究政府层级改革议题，这里旨在说明：由于立法资源的有限，立法应当有一定前瞻性，而且现行《地方各级人民代表大会和地方各级人民政府组织法》对于乡镇人民政府的事权已有较明确的界定；因而制定财政基本法时，政府间事权划分须更多着眼于"中央—省—市县"三级，将面向基层的执行事权更多配置给市县级政府，对乡镇级政府的事权可仅作原则性阐明。这样，财政基本法的重要任务之一是在省和市县两级政府间划分地方事权，基本思路为"省级负责统筹和区域内基本公共服务均等化—市县级负责具体事权执行"的二分法。

除宪法和财政基本法层面的制度革新外，其他财政法律和其他部门法律，也从不同角度触及事权划分相关问题，针对现存问题有的放矢加以改进，也是刻不容缓、且相对可行的任务。尤其是在财政法律中，《预算法》于 2014 年修改，但预算硬约束机制尚未完全构建，对法定事权之履行的督促力度较为有限；《财政转移支付法》在共享事权及委托事权场合，有助于厘清不同层级政府间的权责关系，实现事权和支出责任相适应，然其尚付阙如，有及时出台的必要。

2. 配套制度：合理的收入划分机制与规范的转移支付

规范的事权划分，无法脱离支出责任的合理配置而独立存在。十八届三中全会决定提出"事权与支出责任相适应"，便是指"谁办事谁花钱"的理想状态。然而实践中常见该谁花钱一

---

① 周刚志：《财政分权的宪政原理：政府间财政关系之宪法比较研究》，法律出版社 2010 年版，第 216 页。

团乱麻的情形，共性在于都是"财"的关系没理清，由此才导致有权无能或权责分离的发生，最终让事权划分规范化、法律化的真正意图落空。因此，法律清晰划分各级政府事权只是第一步，因"事"设"财"的工作亦很重要，此处区分两种情形：一是常态下，根据事权配置财权，合理划分财政收入；二是财力不足或上级事权委托实施时，应透过规范的转移支付制度充实财力、落实法定事权。合理的收入划分辅以规范的转移支付，是确保法定事权规范运行的关键所在。

前文建议适当加重中央政府的事权，但如果收入划分不能跟上，"势必出现中央政府债务过度扩张情况。"① 所以，根据事权划分优化收入划分机制居于更加重要的地位。同时，我国地方财力不足的状况也很突出，使得收入划分呈现"上下联动"态势，不可不慎。虽然按税种经济属性划分收入是基本原则，但划分时的能动性不可小视。一方面，我国存在大量共享税，共享比例的确定和调整，跟经济属性的关联有限；另一方面，部分税种，如消费税，根据经济属性的不同侧面将得出不同的结论。当前应正视地方自有财源不足和地方承担较多事权的现状，在中央适度集中部分事权的同时，在充足地方财源上做文章。可能的措施包括："营改增"后调整增值税收入分享比例，适当向地方倾斜；将消费税改为共享税，充实地方财力；待开征的环境保护税、对个人自住房征收的房产税，考虑作为地方税；等等。

3. 重要保障：预算硬约束

法律明确政府间事权划分，并不能保证各级政府严格据此执行，该项任务很大程度上由严格的预算约束机制达致。预算虽然

---

① 白景明："进一步理顺政府间收入划分需要破解三大难题"，《税务研究》，2015年第4期。

同时编制收入和支出，但收入预算不能取代法律而单独赋予国家取得财政收入的权力，[①] 因而预算的规制重心在支出层面。"支出预算"的表现形式是预算授权，要求财政支出必经预算授权，无授权不支出。这便在事权法定和预算授权之间产生张力，就此可采两阶段授权之见解：法律授予一级政府事权，是抽象而概括的，各级政府通过编制预算案、特别是资金使用计划，体现施政（即法定事权的执行）方针，"行政机关准备预算建议案实际上是起草所建议的政策";[②] 立法机关审议批准政府提交的预算案，是具体授权，在预算执行环节还要监督政府落实法定事权。在中国，立法机关在预算权配置中有效监督政府的财政支出一直是个难题，《预算法》试图扭转这种权力配置失衡的状况。

预算硬约束非新《预算法》独力所能达致，除预算法自身形式理性的自洽外，"更重要的还在于政治体制改革和财政体制改革的深化"。[③] 预算法实施有三条进路：一是人大监督的政治化路径；二是公众参与的社会化路径；三是诉权赋予的司法化道路。[④] 做实人大监督，受制于国家机关间权力配置的现状，然而静水流深，人大地位的提升"也许正在发生"。[⑤] 与此同时，鉴于预算内容和过程的透明是社会监督的基本方式，各地自下而上的参与式预算实践已形成浙江温岭、上海南汇和浦东等数种代表性模式，共性在于通过引入社会力量、督促政府（主要是基层政府）履行法定事权。而通过纳税人诉讼实现对预算违法行为

[①] 蔡茂寅：《预算法之原理》，元照出版有限公司2008年版，第9—10页。
[②] 小罗伯特·D. 李、罗纳德·W. 约翰逊、菲利普·G. 乔伊斯：《公共预算制度》，苟燕楠译，上海财经大学出版社2010年版，第172页。
[③] 蒋悟真："中国预算法的政治性和法律性"，《法商研究》，2015年第1期。
[④] 蒋悟真："中国预算法实施的现实路径"，《中国社会科学》，2014年第9期。
[⑤] 朱大旗："完善人大对政府预算全方位的审查监督制度"，《法学杂志》，2014年第2期。

的有效追责，是司法化道路的着力点，这在新一轮司法体制改革大幕开启的当下，可行性日渐凸显。因此，为强化预算硬约束以督促各级政府积极履行法定事权，实现权责同构的理想图景，新《预算法》的颁行只是起手式，通过多元渠道促其真正发挥效能，方为刻不容缓。

4. 治本之策：纳税人权利的法律确认与体系重构

事权授予的正当性理据是保障和实现基本权利，之所以事权划分要法治化，也是为了更好达致前述目的。一方面，基本权利应成为事权划分的指标性因素，其是法律标准中实质法定的核心意涵；另一方面，事权划分法治化不是在法律层面将各项事权一分了之，还须使分下去的事权能得到各级政府的依法履行，权利制约权力是现代法治的基本精神。纳税人权利的法律确认形成对政府履行法定事权的外部制约，有助于避免行政化因素对事权划分的消极影响，比如无论事权划分还是执行时的事权下压现象，都可望借此获得改善。实际上，纳税人权利的法律确认是一个系统性工程，如欲真正发挥其破解事权划分行政化的功用，非整体性制度跃迁不能奏效。

公民在国家中的地位有四种典型形态：被动地位（对国家权力的服从）、消极地位（排除国家的干预）、积极地位（对国家拥有请求权）、主动地位（参与行使国家权力）。[①] 居于不同地位的公民能够享有的权利类型、以及因之对事权划分形成的制约不尽一致。在被动地位语境中，不存在现代意义的纳税人概念，纳税人权利无从谈起。在消极地位语境中，从排除国家干预的角度，需要合理界分公共财政与私人财产的边界，涉及申请减、免、退

---

① 格奥格·耶利内克：《主观公法权利体系》，曾韬、赵天书译，中国政法大学出版社2012年版，第79页。

税权、保密权、申辩权等一系列纳税人权利。在积极地位语境中，可凭纳税人身份向国家请求提供公共产品，这属于公共财产请求权，即对特定公共财产享有请求使用的权利，包括使用基础设施和享受公共服务的权利，其对政府的事权实施形成外部压力。在主动地位语境中，纳税人可参与国家权力的行使，一是分享立法监管事权，如在2015年《税收征收管理法修正案（征求意见稿）》中，拟明确纳税人参与税收法律法规制定、修改的权利；二是通过参与预算过程，对具体事权授权过程施加影响。现行立法对纳税人具体权利规定得相对完备，但是对于公共财产请求权和纳税人诉权没有规定；至于纳税人对立法监管和事权实施的参与，已存在地方实践甚至局部性制度突破，在法律上加以明确十分必要。

"分权制"的核心是在法律层面合理划分各级政府的事权、并通过制度约束使法定事权得到积极履行。全面深化改革、全面依法治国，是新一届中央集体治国理政的两大战略支点，"分权制"的建设和实施，对这两大战略的实现意义非凡。一方面，财税改革是全面深化改革的突破口，理顺政府间财政关系是财税改革的三大核心任务之一；通过对政府与市场关系的正确把握合理择定事权的范围，有利于发挥市场决定性作用、并更好发挥政府的作用，通过政府与市场的辨证施治释放深化改革的巨大动力；通过法律划分政府间事权，相应规定支出责任、配置财力，建构权能一致、权责明晰，建设负责任、有能力、敢担当的政府，为改革深化保驾护航。另一方面，依法治国的重心是依法治权，事权法定的本质是将权力关进"制度的笼子"，建设法治政府、法治国家；事权法定不是孤立的，其内含的权能一致、权责同构要求收入划分、转移支付也要相应法治化，还要求实现预算硬约束，从根本上改变当前财政领域法治水平较低、财政权力规制乏力的状况。

第三章

预算治理制度革新

修改之前的《预算法》总体上体现出"管理法"的特征,这在强调"治理体系和治理能力现代化"的当下,显现出不适配性。现代预算制度的要义,在于秉持"公共财政"理念,不仅把预算当作简单的国家会计管理工具,而是着眼于对财政收支计划所承载的公权力进行控制与规范。2014年已经完成的《预算法》修改,即体现了由管理到治理的结构性转型。新预算法在预算权配置问题上,在强化立法机关在权力配置中的地位、建立预算公开制度和优化纵向预算权配置等几个方面,体现出预算法宗旨变迁对制度建设的积极影响。

一、预算治理的观念、原则和机制

观念、原则和机制,皆可谓预算法治这座

宏伟大厦的有机组成部分，但在内部来说，这三者不是在同一维度上展开的，而是形成错落有致的三维结构。如果说观念构成了法律的灵魂，那么原则便是法律的骨骼，机制便是法律的血肉。

（一）观念更新：财政控权与公共利益至上

在每一部法律的制定和修改过程中，都必须自觉地"理念先行"，即首先明确与国家治理现代化相适应的观念，然后再以此指引制度设计。

毋庸讳言，修改前的《预算法》，是同其制定时的社会经济之客观情势相适应的，整部法律表现出较明显的"管理法"色彩，预算被作为政府对社会、上级政府对下级政府进行有效管控的工具；相应的，旧《预算法》的制度设计也是为这一目标服务，即便是在本轮修法进程中产生的二审稿中，由于观念定位尚不明晰，以致制度设计中的管控色彩突出。二审稿广为学者诟病的一个典例在于授权条款过多，事实上消解了立法机关对预算过程的控制权力，比如对于预算公开事项，二审稿中即有"预算公开的具体办法由国务院决定"之条款。在三中全会的改革"决定"做出、并且明确四中全会将讨论依法治国问题的宏观情势下，再墨守昔日"管控"之成规、而仅在技术层面做小修小补，显然已不敷用。"如果仅仅将《预算法》定位为技术性法律，无法反映预算的本质，也无法清除《预算法》施行的障碍。"[1] 可见，观念的根本革新势在必行。

一方面，公共预算和财政的根本准则、终极目标是公共利益最大化。在走向现代民主、法治的我国，公共预算作为公共财政

---

[1] 叶姗："前置性问题和核心规则体系研究——基于'中改'《中华人民共和国预算法》的思路"，《法商研究》2010年第4期。

制度的核心内容，主张的是如何在发挥市场配置资源的基础性作用的前提下，全面统筹公共财政资金，择优提供公共品和公共服务，以服务于市场主体（人民大众）的需求，达致公共预算的社会利益最大化。近来我们提倡财税法作为"公共财产法"的基本定位，质言之便是在强调其"公共性"。

另一方面，要实现公共利益最大化，就必须进行财政控权。从本质上看，预算法是社会本位法，其应当实现的是社会公共利益的最大化。"从当今角度看，利益可以看作是人们——不管是单独的还是在群体或社团中或其关联中——寻求满足的需求、欲望或期望"。① 具体到预算法调整的场域，这里的"公共利益"主要表现为对公共财产的保护、对公共资金的规范和高效使用，以及避免公共财政行为不当地侵占私人活动空间。而按照公共选择理论，财政预算过程也是一个公共决策过程，在决策中易产生行政权力的滥用，妨碍财政资源的安全及公平、高效使用，因此，实现权力机关之间的相互制衡是预算监督和治理的主要内容。上溯至宪法的高度，控制公权力的功能首先是由宪法确立并得到宪法保障的，② 但宪法作为根本大法，不可能对权力控制一一明确规定，而只能在宪法之下的普通法律中加以落实，预算法便是遵照宪法旨意、确保政府财政权法治化的有效手段。从这个角度出发，本次《预算法》修改特别增加了"各级预算的编制、执行应当建立健全相互制约、相互协调的机制"的规定，或隐或现地体现出权力制衡的要素。

检讨修改之前的《预算法》的基本观念，"健全国家对预算

---

① ［美］罗斯科·庞德著：《法理学》（第三卷），廖德宇译，法律出版社 2007 年版，第 14 页。
② 蒋得海："论宪法的控权本质"，《上海交通大学学报（哲学社会科学版）》，2003 年第 3 期。

的管理"、"加强国家宏观调控"等表述仅仅强调政府部门对所属机构、单位的监督,强调政府的优越地位及对预算的管理,《预算法》从而演变为政府自身管理及管理人民的法律,使得本应处于被监督者之位的政府反而摇身一变成为监督者,人大、社会公众控制政府的宗旨未能得到体现。这一观念无疑将预算权过分集中在政府手中,背离了财政控权的法治和宪法精神。

应当强调的是,"财政控权"与"公共利益至上"两者并非对立,而是内在关联的;这种关系不仅表现在预算法,也表现在整个财政法律关系领域。贯通两者的经脉便在于"社会公共利益",我们之所以将财税法的法律性质界定为"公共财产法",其实也是在这个维度上展开的。限于本书主旨,这里不再赘述。

综合上述两种观念,所幸的是预算法三审稿第一条开宗明义地亮出了新观念,提出预算法应致力于"规范政府收支行为,加强对预算的管理和监督";而在最后出台的新《预算法》中,则表述为"规范政府收支行为,强化预算约束,加强对预算的管理和监督,建立健全全面规范、公开透明的预算制度,保障经济社会的健康发展"。应该承认,较之过去的规定,这是一次很大的飞跃,是公共利益最大化和财政控权理念在预算法中的彰显。

当然,在充分肯定其成果的同时,我们应当敏锐地发现,这一条立法宗旨仍有一定的改进空间,主要表现在三个方面:第一,"政府收支行为"并不是财政活动的全部,它不足以涵盖政府的沉淀资金、债务资金,对国有资产的管理也无法体现,所以或可将"政府收支行为"修改为"政府财政行为";第二,预算和预算法在本质上属于两个事物,预算的制度本意在于控制政府的财政收支行为,而预算法的价值取向则应当建立在规范预算活动的基础上,换言之,预算的宗旨同预算法的宗旨还不能等量齐观；第三，为了直接体现预算在国家治理中的作用，可以在预算法宗旨中增加预算"促进国家治理现代化"的表述，以对其进行强调。

（二）原则厘定：预算的规范、全面与透明

1. 规范原则

预算的规范原则，要求预算的主体、内容、程序、时间等静态事项必须由法律事先加以规定，预算的编制、审批、执行、变更、调整、审计、决算等整个预算动态过程也都必须依法进行。对于预算本身的性质究竟是不是法律，学界的观点众说纷纭，在德国、日本、我国台湾地区等不同国家和地区，制度实践也差异甚大。从预算的基本法理和中国的实际情况出发，我们认为，预算虽然不是法律，但却是具有法律效力的文件，其同样具有拘束力和执行力。

从规范原则出发，对预算法律制度的建构提出多方面的要求。第一，对于预算权力在不同国家机关之间的配置，应当在立法上予以明确安排，这就包括横向和纵向两个层面，而且预算法律规定应当注意"赋权"和"限权"两方面的结合。第二，对预算过程应当进行完整、全面地法律规整，预算过程无疑具有控制政府财政收支行为的基本属性，而预算法作为规范预算过程的法律规范，一方面因而间接地具有控权属性，另一方面也在外观上表征为"技术法"的客观面貌。此处所谓之"技术法"，实际含义是对预算编制、审批、执行、变更、调整、审计、决算等全流程的规范设定，通过主体、内容、程序、期限等要素的设计，来最终保障实现预算控权和公共财产治理的远景目标。第三，"有权必有责"是一项基本原则，也应该体现在预算过程中，这既包括后文将要论述的、本次预算法修改时有所完善的法律责任机制，也包括责任追究的外在保障机制。就前者而言，后文将有阐发；而就后者而言，则主要是预算诉讼制度的构建问题，这需要在起诉资格、起诉条件及前置程序、预算诉讼的类型化等方面做出有益的制度探索。诚如有学者所论，"为使预算法能在司法实践中体现可诉性的属性，其制度构建至少应包含两个机理：一是可争讼性……作为提起相关诉讼的实体法依据；二是可适用性，即预算法应承认纳税人的诉权，作为提起相关诉讼的程序法依据。"[①] 由前述可见，预算法的规范原则，极而言之便是要让预算法成其为一部真正意义上的"法"，具有法律规范应有的拘束力和可操作性。本次预算法修改，在制度设计上朝着这个方向进步明显，但彻底实现前述目标又非单独一部《预算法》的修改所能达致，还需要宪法制度（涉及预算权配置和财政体制设置）、诉讼法制度（涉及预算诉讼制度）等诸多相关法律制度的配套。

2. 全面原则

预算的全面原则，也被称为预算的完整原则，是指各级政府及其所属的所有行政事业单位以及经营机构的全部收入、支出、资产、负债等都应当纳入预算报告，进而接受人大和社会的监督。对预算全面、完整的要求，实质上是一种将财政活动完整纳入法治框架的基本思路。具体说，其一，在范围的广泛性上，要将政府的所有收入和支出都全口径地纳入复式预算体系[②]，即一般公共预算、政府性基金预算、国有资本经营预算和社会保险预算都要纳入预算的审查与监督，且不留死角、不留缺口。其二，

[①] 蒋悟真："中国预算法实施的现实路径"，《中国社会科学》，2014年第9期。
[②] 党的"十八大报告"指出"加强对政府全口径预算决算的审查和监督"，这正是对预算的全面性提出了要求。

在项目的细致性上，要使预算更加详细和精确，这样才能确保预算在接受人大审查时能够被看清、看明白，并保证预算执行的稳定性、严格性。其三，在视角的多方位上，预算不应只体现政府收支，还需纳入政府全部的资产负债情况。只有同时具备了以上三个条件，预算才能真正称得上完整、准确，而这是开展实质性的预算审查、监督的重要前提。

但是限于《预算法》在财政领域，在财政基本法缺失的现实条件下，在某种程度上具有类似"基本法"的地位，该法不可能对这些问题规定得过于细致，因此仍有待其他法律规范的跟进。特别是关于"四本账"具体的操作性规定，不妨分别制定相应的行政法规或部门规章予以完善，但是从四中全会确立的依法治国之精神看，规定四本账的操作性规定的法律文件效力位阶不宜过低。

3. 透明原则

预算的透明原则，通常也被称为预算公开原则，指的是预算的依据以及预算的编制、审批、执行、决算等过程都应当依法通过相应方式向社会公开。最终修订出台的《预算法》，对于预算公开的强调尤为突出，专设第十四条作为预算公开的基本规定：一方面，其要求全过程的公开，从预算开始到执行、调整、决算以及最后的审计等所有内容全部公开；另一方面，对预算公开的规定注重全面和重点的结合，就全面而言，是指预算、预算调整、决算等情况、报表都要公开，部门预算、决算、报表也要进行公开，在预算执行中进行政府采购的情况同样要进行公开，而就重点而言，则是对社会公众尤为关注的重要领域和重点事项，予以特别的制度安排，例如地方政府的一些债务状况、"三公"经费等等，即为适例。此外，针对预算公开不当的情形，新《预算法》还规定了相应的法律责任追究机制。值得注意的是，该条最后规定,"本条前三款规定的公开事项,涉及国家秘密的除外"。对于何为"国家秘密",先前的法律实践认定较为模糊,但是自 2010 年 10 月起,《中华人民共和国保守国家秘密法》开始施行,该法第二章专门规定了"国家秘密的范围和密级",在预算公开事项上,在认定"国家秘密"时,需要结合此法规定进行,避免任意地以"国家秘密"为由不公开预算的情形。

（三）机构重构：技术、责任、程序等配套设置

在最高理念的统帅和基本原则的指引下,预算法还需要在微观上加强技术、程序、责任等配套机制的建构,从而充实预算法律制度的内涵。下面将选取三种机制为例,以期做一简略呈现。

1. 国库单一账户

坚持国库单一账户机制,应明确央行经理国库的职能,从严格限制财政专户的设立到逐步取消财政专户,严肃整治"小金库"。国库是财政收支的平台,出于分权的考虑,应当与财政部门保持相对的独立性,以便实现政府内部的相互监督、审核和制约。笔者认为,要想保证公款的安全和合理使用,必须坚持央行经理国库的模式。在这个基础上,所有的财政资金都必须纳入国库单一账户管理,资金缴存直达国库单一账户,资金拨付从国库单一账户直达供应商账户,将政府银行账户、现金余额、收入缴纳、支付处理（对供应商）、财政交易监管等关键的财政管理要素从原来的支出机构（预算单位）集中到国库。① 政府部门即便可以在特定情形下设立同国库单一账户联动的银行存款账户,但必须实现每天零余额,而且有必要严格限制财政专户的设立。实

---

① 王雍君："中国的预算改革：评述与展望",《经济社会体制比较》,2008 年第 1 期。

际上，国库现有的技术能力足以解决各种资金的特殊需要，即便确有在国库之外再开设财政专户的必要，也应履行严格的法律标准、履行严格的审批程序，得到法律、行政法规允许或者人大常委会批准。

2. 预算过程控制

应当细化预算编制、预审查、审查、公开等预算行为的程序和方式。程序正义是社会公平正义中不可或缺的部分，"遵守程序能够遏制专横权力。程序是社会的保护神，只有程序才能保护无辜，它们是使人们融洽相处的唯一手段。"① 无论是预算中的哪个环节，都依赖于特定的程序。正所谓"魔鬼隐藏在细节里"，包括主体、对象、步骤、期限等在内的事项看似微小，却串起了整个预算过程，并决定了预算的走向和预算法治的实现程度。所以，修改后的《预算法》在明文赋予人大以预算审查监督权和明确规定预算公开等的同时，还在多个条文中就其中的主要程序予以明确。良善的法律原则必须通过具体制度得以实现，预算法某种意义上的"技术法"属性，本质上即是通过过程控制、程序控制，来彰显预算控权的价值追求，唯其如此，才不至于使原则性的预算规定失去可行性。

3. 预算法律责任

亟须充实预算的法律责任机制。由于预算的财产属性是公共财产，政府只不过是为民理财，所以，行政机关和行政人员的所有预算行为都要对人民负责。在责任制的语境下，正所谓权责相当、无责任则无权力。② 而根据责任法定原则，预算违法行为应

---

① ［法］邦雅曼·贡斯当：《古代人的自由与现代人的自由》，阎克文、刘满贵译，上海人民出版社 2005 年版，第 178 页。

② 蒋悟真："我国预算法修订的规范分析"，《法学研究》，2011 年第 2 期。

当承担相应的法律责任，并且制裁应有法律依据。尽管我国目前对预算违法的责任性质、责任形式和责任追究程序等尚未形成非常清晰的认识，是否及如何在法律条款中引入政治责任、经济责任等也有待进一步探究，但经过预算法的修改，法律责任机制的问题已经引起了关注，这也应当成为预算法治建设中至为重要的一个部分。

进而言之，《预算法》的完善并不仅仅体现在法律条款的精美，还在于将这部法律所传达出来的精神理念融入具体制度之中，更关键之处在于如何穿透权力博弈的重重迷雾，将用心制备的法律条款真切地落实于具体社会生活之中。若是将完备的法律规范"奉若神明"却又"束之高阁"，即便不说是毫无意义，其积极作用也是大打折扣的。20世纪在美国和斯堪的纳维亚国家流行的法律现实主义运动，将法律仅仅视为"一组事实而不是一种规则体系"，① 更关注现实中法律人的行为而非纸面上静态的法律文本，这种思路虽然因其将法律的规范性因素降到最低限度，而引致很多学者的反对，但其对法治的观审进路，却不可谓毫无借鉴意义可言。

二、预算公开的内涵、功能和保障

（一）预算公开的含义

预算公开，通常指年度财政收支计划的编制、审批、执行的

---

① ［美］E. 博登海默著，邓正来译：《法理学：法律哲学与法律方法》，中国政法大学出版社2004年版，第163页。

全过程应当以适当的方式向公众公开。预算公开往往同"公开性原则"或称"透明度原则"联系起来，具体要求公共预算必须采取一定的形式向全社会公开，其内容具有透明性，能为全体公众所了解，并置于人民的监督之下。所以，预算公开既包括向人大公开，也包括向所有纳税人公开。本次预算法修改之前，向人大的公开已经初见雏形，本次《预算法》修改在预算公开问题上进展不小，其中最大的突破是规定了向所有纳税人公开的制度安排。从新《预算法》第十四条及其他条文来看，本次修法基本确立了完整的预算公开制度，见表3-1。

表3-1　新《预算法》有关预算公开的主要条文

新《预算法》中的条文	相关内容	进步意义
第一条	建立健全全面规范、公开透明的预算制度	将预算公开作为整部《预算法》立法宗旨的组成部分
第十四条	预算公开的基本要求	第一，首次在预算法中明确规定预算公开；第二，预算公开范围较广，包括各种预算文件；第三，对于公众关心的重大事项，特别做出公开要求
第四十四条	全国人大财政经济委员会、地方人大有关专门委员会对预算草案初步方案的初步审查	强化人大在预算权配置中的地位，保障面向人大的预算公开的实践效果
第四十五条	基层人大审查预算草案前听取选民和社会各界的意见	直接面向普通纳税人公开的初步尝试；制度层面建构人大代表与纳税人的联系，实现直接公开与间接公开的结合

续表

新《预算法》中的条文	相关内容	进步意义
第四十六条	预算草案的细化要求	使人大代表能看懂预算草案,保障预算公开的实践效果
第七十八条	人大有关专门委员会对决算草案的初步审查	强化人大在预算权配置中的地位,保障面向人大的预算公开的实践效果
第九十二条	针对未对有关预算事项进行公开和说明的情形,规定法律责任	增强预算公开的刚性

依据法律规定,笔者认为:预算公开首先是指所有经过各级人大或者人大常委会批准的静态预算文件,除特殊情况外,都应当全面、定期、规范地向全社会公开。其次,政府预算收支计划的制订、审批、执行、调整、决算过程,应按照法律规定的方式公开。最后,重大的预算收支决策应保障社会大众的知情权、参与权、最终同意权,应根据不同情况组织必要的论证会、听证会。

(二)"好"预算公开的标准

预算公开要能够切实发挥作用,必须满足四个标准:第一,理念上坚持权力制衡与权利保障并重。一方面,要强化立法机关在预算权配置中的地位,从而能有效地对政府的财政活动实施有效地监督、规范;另一方面,要确保普通纳税人可以及时、便利、完整地获取预算文件,并且有畅通的渠道表达自己的诉求,影响预算进程。

第二,范围上以公开为原则、不公开为例外。新《预算法》明确规定"公开事项,涉及国家秘密的除外",其制度逻辑是某些预算事项不能公开不是因为预算本身是国家秘密、而仅仅是因为该事项涉及国家秘密。至于具体界定哪些事项属于"国家秘密"的范畴,则是《保守国家秘密法》等其他法律、法规的任务;不过,基本原则是不宜将国家秘密泛化,在不损害国家安全、国家利益的前提下,适当从严把握"国家秘密"的范围。笔者认为,在预算公开适用"国家秘密"条款时,可以确立"存量清理、增量从严"的思路,即对于目前预算实践中认定为国家秘密从而不予公开的事项,依法逐步进行清理;同时对于新认定为国家秘密从而不予公开的事项,在法律框架内从严控制,应由全国人大及其常委会或国务院统一认定。

第三,内容上尽量完整、清晰,让人民代表和普通纳税人"看得到""看得懂"。当然,制定或修改法律时既要考虑现实条件、也需要预留一定的调整空间,以免今后不断地修改法律。另外,预算公开不仅仅指静态的预算、决算等文件的公开,也包括预算过程的动态公开,也就是人大代表和普通纳税人能参与到预算编制过程中,实施"前期介入"。预算法中没有明确表述,不代表实践中不能大胆创新。

第四,实施上采取强有力的保障措施。这无非依据两种制度安排实现:要么是通过启动行政诉讼程序,要么是通过追究行政责任。理想情况下,预算公开不规范的情形,应该可被纳入行政复议或行政诉讼的范围。但是我国当下的行政诉讼受案范围中不包括预算公开不规范情形,所以,对预算公开的保障主要通过法律责任、尤其是行政责任来实现。《预算法》第九十二条特别规定了行政责任的承担问题。

(三)预算公开的功能

首先,预算公开最直接的功能在于规范政府财政权力的运作过程，有助于建设责任政府、法治政府。① 预算公开是对政府财政权力的规范和控制，面向立法机关的公开本质上即是预算权在国家机关间的妥善配置，而面向纳税人的直接公开则导入"行政—立法机关"之外的第三方主体，在保留、做实和强化立法机关对政府的制衡权力同时，更真实地建构了纳税人对行政机关直接的监督关系。这种"立法机关制衡＋纳税人监督"的双重机制，能更好地规范政府财政权力的行使。

其次，预算公开最根本的作用是保护纳税人权利，避免权利受到不当损害、促进权利得以积极实现。一方面，通过设置纳税人对政府财政行为进行有效监督的渠道，相当程度上避免因政府不当的财政行为（尤其是财政支出）损害到自身的权益；另一方面，预算公开也是纳税人行使知情权、参与权、监督权的前提和保障，而这些权利的行使最终有利于纳税人的财产权益得以实现。

最后，长远来看，预算公开是国家治理现代化的要求：合理界定的政府权力体系是国家治理的"权威主体"，是实现"多元共治"的关键环节，而政府权力体系的现代化或说合理化，基本表现形式就是政府的有效限权、放权和分权；② 同时，"民主治理"也是治理体系现代化的基本要求，而在预算公开制度中引入社会主体，即是回应民主治理要求的制度设计。

（四）预算公开的实现路径

新《预算法》第十四条是有关预算公开的基本规定，对其主要内容，可以列举如表3－2所示。

---

① 刘扬："基于财政视角的国家治理实现路径"，《中国财政》，2014年第16期。
② 竹立家："着力推进国家治理现代化"，《中国党政干部论坛》，2013年第12期。

表 3-2　　　预算公开的类别、主体和期限要求

类别	公开主体	期限要求
预算、预算调整、决算、预算执行情况的报告及报表	本级政府财政部门	批准后二十日内
部门预算、决算及报表	各部门	批复后二十日内
政府采购情况	政府各部门、各单位	"及时"

结合该法其他条款，以及其他规范性文件的内容，笔者认为，推进预算公开，需要做好以下六点工作：一是明确公开主体。根据《预算法》第十四条，公开主体有四种情形：政府、财政部门、其他部门和单位。财政部发布的《关于推进省以下预决算公开工作的通知》（财预〔2013〕309号）（以下简称"通知"）中也有规定："省以下各级财政部门负责本地区公开工作，包括本级财政预决算公开、'三公'经费汇总预决算公开以及对开展相关工作部门的工作指导，工作进度协调；公开地区各部门负责本部门预决算及'三公'经费预决算公开工作。"可见，财政部门是预算公开的基本主体，而各部门则分别承担各自部门预算的公开职责。在政府采购情形，则是"谁采购谁公开"。

二是确定公开期限。《预算法》第十四条区分的三种预算公开情形中，对于前两种均作出明确的期限要求，也就是在相关文件被批准或批复后的20日内，而对于政府采购情况是要求"及时"公开。有明确法律规定的，应当严格按照规定执行；而对于"及时"的理解，在尚无进一步说明的情况下，可以参照前述"20日"标准，结合政府各部门、各单位具体情况适当放宽，但不能过分延迟。尤其要注意，根据财政部"通知"要求，省以下预决算公开工作"原则上应于每年10月31日前完成"，这

是硬性要求,应当遵守。

三是明晰公开内容。根据预算法的要求,所公开的内容覆盖面甚广,不仅包括相关的预算文件,财政部门还要就本级政府财政转移支付安排、执行的情况以及举借债务的情况、各部门要就机关运行经费的安排、使用情况作出说明。这是为了回应社会的关切,在预算公开同时应当一并进行前述说明,第九十二条的责任承担同样包括未依法作出说明的情形。

四是创新公开方式。预算公开既应该有被动公开,也应该有主动公开。《预算法》第十四条的规定就是为主动公开确立了法律依据。在具体的公开方式上,主要是在公开主体的官方网站而且应当在网站的显著位置,以能引起公众关心的形式进行公开。预算公开应当以公众易于获知、易于理解为基本取向,因而可以在具体的形式上大胆创新;比如江西省财政厅在人大会期间设置部门预算查询室,人大代表在此既可总体了解部门的收支情况,还可以详询各项明细收支安排情况,其还安排业务骨干答疑解惑,该做法时机成熟时可以推广。

五是规范问责程序。根据《预算法》第九十二条的规定,未依法进行公开的,需要承担法律责任,我们不妨结合该法第十四条对预算公开的一般规定,进行对照分析,见表3-3。

表3-3　《预算法》第十四条与第九十四条的对比分析

公开类别	公开主体	有无责任规定
预算、预算调整、决算、预算执行情况的报告及报表	本级政府财政部门	有
本级政府财政转移支付安排、执行的情况以及举借债务的情况等重要事项	本级政府财政部门	有
部门预算、决算及报表	各部门	有

续表

公开类别	公开主体	有无责任规定
部门预算、决算中机关运行经费的安排、使用情况等重要事项	各部门	有
政府采购情况	各级政府	有
	各部门	有
	各单位	无

  对于预算法上规定的需要公开和说明的预算事项，第九十四条的法律责任设置基本上是完整覆盖的。仅仅由于该条前置性表述是"各级政府及有关部门"，所以严格说来无法对应"各单位未依法公开政府采购"这种情形，这主要是因为该条规定的责任形式是行政责任，而单位主管人员可能并不适用行政责任。在实践中不妨参照该法第九十三条、九十四条等"对单位给予警告或通报批评""对负有直接责任的主管人员和其他直接责任人员依法给予处分"的追责方式处理。

  "未依照本法规定对有关预算事项进行公开和说明"，有三种表现形式：应公开未公开，未按期限公开，公开内容不完整。根据第九十四条规定，均要承担行政责任，具体到这三种情形分别如何承责，不是作为上位法的《预算法》所能解决的，应由相关规范性文件进行细致规定。此外，追责主体的确定也是规范问责程序的题中应有之意，对此，《预算法》上没有明确表述。从第九十四条规定的责任形式是行政责任来推敲，立法者主要设计的是行政系统内部追责的模式，根据行政机关运作的一般规律，我们建议：针对财政部门及其他政府部门的追责，可以由同级政府决定；针对政府的追责，可以由上级政府进行；必要时（比如中央政府未公开政府采购情况时），可以由同级人大及其常委会启动追责程序，不过这种情况很少见。

六是建立回应机制。预算法对这个问题涉及不多,而在财政部"通知"中要求,"对于预决算变动大、不同年度之间波动大等情况和项目,以及公开后公众提出的其他相关问题,由各公开主体妥善做好数据解释说明等工作。"该通知虽然是针对省级以下预决算公开工作所发,但是其体现的制度逻辑是可以推而广之的,也就是建立"谁公开、谁回应"的机制。目前,在《预算法》和其他规范性文件中,都只规定了预算公开的期限要求,而未见对"公众提出的问题"进行回应的期限要求,现阶段应当以合理的期间为限,在下一步制定实施条例等规范时,可以做出相对原则性的规定。

三、人大预算监督职能的建构

现阶段,政治、经济和社会等多个领域的改革正在如火如荼地推进之中,这也意味着权力和财富在全社会范围的新一轮分配。虽然改革已显成效,但是仍然存在着人大权力薄弱等突出问题,导致前路一度陷入"瓶颈"。要取得突破性进展,亟须加强并落实全国人大①的法定职权,即在重视立法权的同时,更加强调人大的监督权②的实现,促进新形势下人大工作重点的适度转移和人大法定权能的综合效应,从而打破固

---

① 从中央到基层,我国共有五级人民代表大会,不同层次的人民代表大会在组织和职权等方面存在较大差异。本书仅选择具有代表性的全国人大及其常委会作为论述对象,以期对人大体系的权力发挥和治国能力提升有所助益。

② 严格地说,全国人大的监督权包括对"一府两院"的监督。但因篇幅所限,这里所阐述的监督权(包括预算监督权)主要是围绕着人大对政府的监督展开的,暂略去其对法院、检察院的监督权力行使部分。从人大对政府的监督中,也可较为充分地反映出人大监督权的行使状况。

化的利益格局①、纠正不合理的国家权力配置。

(一) 人大权力谱系中的预算监督权

正如政治思想家密尔所言，"代议制议会的适当职能不是管理——这是它不便行使的——而是监督和控制政府。"② 人民代表大会制度虽然不能套用西方的代议制模式，但是，由全国人大依循人民意志监督行政权力，这既符合人民代表大会制度的实质要求，也体现了人民主权和权力制约的现代政治理念。至于人大监督权的范围，也即监督权与人大其他职权的界限，仅从《宪法》的条文中难以作出精准的判定。笔者认为，监督权的本质在于制约行政权力，故应以监督效果是否有助于在广义上控制行政机关为标准，不宜拘囿于对其外延的狭隘框定。从这个角度看，虽然人大对预决算报告的审批含有决定权的因素，故而"严格言之，不能完全以一种监察权视之"，③ 但基于对监督权的广泛认识，仍可将其归入监督权的范畴内，这样才能实现对政府的重大决策行为以及该决策的执行情况的全面约束④。

在现代社会，尽管政府主宰着国家的日常管理，但议会控制了财政收支，使政府不能恣意行事，这是民主政治的精髓，也是人类社会政治文明的表现。要掌控国家的"钱袋子"，财政监督

---

① 正如李克强总理所言，"现阶段推进改革不仅要继续解放思想、转变观念，在很大程度上要触动利益。如果利益格局固化了，经济社会发展就缺乏活力。"参见"李克强在全国综合配套改革试点工作座谈会上强调：以改革为动力促进经济持续健康发展"，《人民日报》，2012 年 11 月 23 日，第 1 版。
② [英] J. S. 密尔：《代议制政府》，汪瑄译，商务印书馆 1982 年版，第 80 页。
③ 王世杰、钱端升：《比较宪法》，商务印书馆 2010 年版，第 267 页。
④ 与此相近的观点，参见王敏：《国家权力机关的国民经济计划和预算监督制度》，中国民主法制出版社 1993 年版，第 11—15 页。该文中，作者同样认为，"从广义上来理解对国民经济计划和预算的监督是有道理的。"

过程中最为核心的权力无疑是人大的预算监督权,即在预算案的形成、审批和执行的全过程中,人大作为国家权力机关进行监管和督察的权力。人大通过行使预算权,让其他国家机关的每笔收支都清晰地呈现在权力机关的眼前,接受严格审查。借助这种公共财政管理机制,人大控制了政府的"财",从而取得了比纯粹控制"人"或者"事"更胜一筹的效果。

这种监督并非"挑刺",也不会对其他国家机关的独立运作构成干扰,相反的,这是为了它们更好地履行职责,进而使整个国家机器得以规范、有序地运转。可以说,监督职能的有效发挥不仅是全国人大开展其他工作的必要前提,更构成了国家权力体系塑建和国家协调稳定运行的重要保障。

(二) 全国人大预算监督权行使现状反思

目前,尽管我国的法律框架已经形成,但全国人大的预算监督权仍然非常薄弱,预算审批权未能充分、完整地行使,预算权横向配置不够合理。

预算审批作为人大行使财政监督权的重要方式,是一项独立于立法权、行政权和司法权的国家权力,其行使的法律后果在于确立年度性财政收支的规范依据,对其他国家机关的财政收支行为产生了拘束力和执行力。[①] 如果我国人大也能切实发挥宪法和法律赋予的预算审批权,将形成对政府活动的有效约束,进而成为一柄震慑官员贪腐念头、保护民众基本权利的利刃。正是在这个意义上,预算是政治、经济体制改革的突破口,是一个可操作的抓手,它既影响吏治问责和政务权力分配,又影响市场经济的

---

① 汤洁茵:"财税法治的形成与《预算法》修改——以预算审批权为核心",《中国青年政治学院学报》,2012年第4期。

实现程度；既关涉"国计"，又与"民生"紧密相连。但在当前的预算过程中，全国人大的监督权时常被行政部门"架空"，整体来说趋于形式化，预算审批徒有其名而不具其实，经审批的预算案也不能形成实质性的约束。可见，单薄的监督权力不足以支撑起公共财政大厦，容易滋生贪腐现象，阻碍了整个体制改革的进程，也危及财政法治与和谐社会的构建。

从微观上说，我国当前人大预算监督权的薄弱之处主要体现在以下几个方面：其一，在预算监督的对象上，预算审查范围不够周全，尚未实现对政府所有财政收入、支出的全覆盖。其二，在预算监督的权限上，人大不享有预算草案的修正权。现行《预算法》只规定预算草案由人大审批，但对于人大是否有权修正预算草案则语焉不详，这就会使人大迫于压力不得不全盘接受预算草案，导致预算的审批监督往往流于形式。其三，在对预算执行的监督上，我国的预算调整制度还不完备，产生了部分财政资金脱离预算监管的失控现象。其四，在预算监督的程序上，相关的程序性规则尚未形成完整体系。其五，在预算监督的机构上，全国人大常委会预算工委等工作机构的人员编制不足，难以担负预算初审的重任。

（三）全国人大的职能建设与体制构想

1. 落实人大在预算全过程的监督

为了让政府更加依法行政，人大需要在预算周期中对政府进行监督，才能握紧国家的"钱袋子"、全体人民的"钱袋子"。以时间为轴，可以将预算监督权划分为预算编制监督权、预算审批监督权、预算执行监督权和预算执行结果监督权。将代议制监督渗透、延伸到整个预算过程，在各个阶段展现不同的样态，已经成为公共预算国家的优先选择。

（1）预算编制阶段的积极、主动参与。根据现行《预算法》，行政机关负责预算的编制，但即便如此，人大、人大常委会及其下设的工作机构在预算编制阶段也不能无所事事。预算监督需要获取有关政府活动的全面、准确的信息，这在一定层面就取决于代议机关能否发展出收集、整理和分析信息的组织能力。①

为了使预算审批能够建立在充分的信息储备之上，人大在预算编制阶段就必须细致准备，加强搜集资料和参与编制活动的力度，以熟悉本年度预算的素材和新政策。而且要从宏观角度把握大政方针，将部分注意力放在编制机关是否遵循预算基本原则上来。

（2）预算审批阶段的审批权廓清与充实。要让全国人大摆脱权力虚化的状态，就应改变粗略、笼统的赋权方式，厘清人大的预算权范围，进一步扩充人大的预算权能，以使预算审批的功效得到充分发挥。在预算审批阶段，人大不仅应考察预算案的外在形式是否合乎法律，还应考虑预算案的具体内容是否与已有法律法规相符，以便在实质性审查之后，做出确认或者否决的判断。

针对现行法律中人大审批权范围偏窄的局面，首要的应当赋予人大预算草案的修正权。通过行使预算修正权，可以增强代议机关的监督能力，使其得以在预算案中融合自己的偏好和意见。因此，我国应在《预算法》中将修正权纳入人大的审批权范围，由此加大权力机关的预算职责，对明显不合理的预算开支也多了一条制约途径。

---

① 马骏、赵早早：《公共预算：比较研究》，中央编译出版社2011年版，第206页。

（3）预算执行阶段的适时调整与监督。为了保证预算执行的严格性，议会需要经常性地监督政府是否按照通过的预算案执行政府预算，并对执行过程中的预算变更行为进行审查，这是公共财政国家的通行做法。

在赋予政府一定自主权的同时，我们应加强人大对预算执行情况的监督。这要求人大定期或不定期地听取政府有关部门的预算执行报告，在必要时提出质询，还可有选择地就某一专项问题展开调查研究，提供针对性的建议。对于规模较大的改变先前预算案的行为，人大应当发挥预算调整权，对新的财政收支进行追及性的审查和批准，旨在限制政府以不正当的理由或者不规范的方式偏离原有资金安排，在预算执行过程中让人大监督"褪色"。因此，《预算法》有关预算调整的情形有必要加以扩充，从而增强预算的刚性和约束力，也有助于解决超收预算收入和突击支出的现实难题。

（4）预算反馈阶段的结果审计和绩效评价。在大多数国家，预算执行之后，政府的账户和财政说明都要提交给一个独立的审计机构，而且议会在审查审计结果的基础上，一般会就预算编制和执行形成意见，反映到来年的政府预算中。①

我们应当反思审计机构的定性和归属，并对审计的内容、法律责任等进行考察。在我国现行体制中，审计机关是各级人民政府下设的监督机关，地方各级审计机关要接受本级人民政府及上

---

① 马骏、赵早早：《公共预算：比较研究》，中央编译出版社2011年版，第163页。

级审计机关的双重领导①，这种隶属关系使审计机关难以独立地对政府开展财政监督。而且，现有审计制度的对象不够全面、方式不够科学，也缺乏严厉的归责机制，造成了"审计风暴"雷声大雨点小的现象。鉴于此，有学者提议建立人大审计制度，这能将人大经济监督推向专业化、科学化、综合化的轨道。② 笔者认为，出于发挥审计实效、壮大人大监督力量的目的，可适当考虑推动审计独立，在人大中设立由专业人员组成的审计委员会，让审计模式由行政型偏向立法型③。同时，财政审计的内容应更加重视对预算绩效和资金使用效益的评定，改变长期以来的"重收入轻支出、重分配轻管理、重数量轻质量"现象；在法律责任的追究上要明确归责标准、加强处罚力度，让政府负担起自身的财政责任。

2. 完善议事规则

针对我国人大议事规程不完善的现状，应当积极促进议事制度和程序的细化、体系化，为人大各项职能的发挥提供一个开阔的舞台。

其一，推动议事公开。议事的公开性，要求立法及预决算审批的全部过程，不仅要向国家权力机关公开，而且要通过新闻媒

---

① 《审计法》第 2 条第 1 款规定，"国家实行审计监督制度。国务院和县级以上地方人民政府设立审计机关"，第 7 条规定，"国务院设立审计署，在国务院总理领导下，主管全国的审计工作"，第 9 条规定，"地方各级审计机关对本级人民政府和上一级审计机关负责并报告工作"。可见，虽然我国《宪法》和法律中强调了审计机关的独立性，但由于行政隶属情况，审计工作仍不可避免地会受到来自被监督者的干扰。

② 刘来宁："论建立人大审计制度的几个问题"，《人大研究》，1992 年第 4 期。

③ 根据审计机关的隶属，各国的审计模式可以分为四种类型，即立法型、司法型、行政型和独立型。我国目前采用行政型体制，即国家的最高审计机关是政府的一个职能部门，这一体制的独立性较低，审计的有效性也有所削弱。参见马骏、赵早早：《公共预算：比较研究》，中央编译出版社 2011 年版，第 595—604 页。

介等方式向社会公布。

其二，充分贯彻多数决原则。当前，我国的很多法律和议案都是超高票、甚至全票通过的，这既显得不真实，也无任何实益。实际上，除了某些重要的法案和决议需要三分之二、四分之三等绝对多数票才能通过以外，其他法案和议案只需过半数就可通过，完全没有必要执迷于对超高票数的过分追捧。

其三，鼓励议事过程中的发言和辩论。由于我国人大代表人数众多、专业性欠缺等原因，议事时鲜有辩论场面，法案和决议案往往在宣读了文字稿后就表决通过。尽管存在主客观条件的限制，我们仍应通过人大代表专职化、适当延长会期、适量缩减与会人数等尝试，鼓励更多的意见发表和观点争辩，将人大建成为国家大事的公共论坛，从而使得从议事过程中走出来的法律或决议被称为经历了重重博弈和妥协之后的民主产物。

其四，增强人大代表对议事对象的了解程度。以预算草案的审批为例，在实践中，每年全国人大会议对预算草案的审议一般只安排一天，而且与会代表往往在开会当天才能看到预算草案，这令他们很难完全理解，更难有机会发表自己的建议。所以，应当将法律草案或者预算草案在正式开会的几十日，乃至几个月之前就提供给人大代表，让他们在充足的时间里通过资料收集、自主学习、咨询专家、田野调查等方式，增进对草案内容的了解，这样才能让议事产生实效。

3. 优化相关工作机构的组织构造及人员编制

在专业化治理的时代，要想强化全国人大的监督功能，就必须健全人大的工作机构、增加人员编制，并提高他们的职业素养和业务能力。否则，如果机构设置不科学、人员配备不齐全的话，将可能面临虽有"米"却无"巧妇"，亦"难为一炊"的窘境。

在我国，虽然全国人大已经设有一些专门委员会，全国人大常委会之下的工作机构体系也已初步建立；但是，目前为人大提供信息支持、决策辅助的机构还很稀疏，专业人员团队较为单薄。尤其在预算审查上，全国人大常委会预算工委①只有20多名工作人员，分摊到下设的预决算审查室、法案室和调研室之后，每个科室的人员配备更是少之又少。在我国经济发展迅速、财政项目错综庞杂的形势下，预算审查任务的繁重程度可想而知，又因为人大代表的专业知识欠缺，预算草案的初审至关重要，因此，仅依靠预算工委现有数量的工作人员，远不足以承担起协助全国人大财经委进行预算草案初审的重任。鉴于我国的复杂国情，预算工委应当扩充编制，吸纳经济学、财政学、法学等领域的人才，增强自身的履职能力。这样，才能为计算、统计和财政分析工作提供人员保障，才能更加细致、全面和充分地审查预算草案，才能在密密麻麻的数字之间发现不合理的财政收支，为全国人大的财政监督提供专业辅助。如果仅仅为了节省人大及其常委会的工作机构的几百人甚至几十人的编制，却要冒着多达数百亿元的公共资金从预算审查的缝隙中溜走的风险，让部分官员的不轨之举借助现行体制的漏洞而有机可乘，这显然得不偿失。

四、地方债的法律规制路径

地方债问题一直备受关注，虽然《预算法》修改及多部政

---

① 在1998年12月29日九届全国人大常委会第六次会议上，决定设立全国人大常委会预算工委，并对预算工委的主任、副主任进行了任命。

府债务管理文件的出台付出了较大努力,但地方财政压力和债务风险仍不容小觑,其法治环境缺陷仍较为突出。可以说,地方政府债务风险是其财政风险的集中反映,地方债运行情况在很大程度上能够直观地表征一国公共治理的方式和水平。在世界范围内,由于现代政府职能的不断扩张以及经济社会发展形势的转变,许多国家都曾经或正在面临巨大的债务风险,近年爆发的欧债危机便是典型例证。若考察我国地方政府性债务的演进历程,审视目前存在债务规模庞大、名目错综复杂、"隐性"现象严重等乱象和困局,便可发现关键在于其法治化程度较低,这不仅表现在地方政府举债权、乃至预算权的纵向和横向配置上,表现在整体性的地方财权、财政事权和支出责任的划定上,还表现在具体的配套财政法律制度的建立和实施上。因此,推动地方债的法治化和市场化建设,是优化国家治理的必由之路。

(一)地方债的变迁:从"禁而不止"到"疏堵结合"

1994年通过的《预算法》第二十八条规定:"地方各级预算按照量入为出、收支平衡的原则编制,不列赤字。除法律和国务院另有规定外,地方政府不得发行地方政府债券。"这一条款原则上禁止地方政府发行债券,只要未经法律和国务院的特许,地方政府举债是明确不允许和完全堵住的。但在其后的实践中,该规定并未得到有效执行,由于地方发债在制度上总体被"叫停",地方政府便转而借助替代性的"准市政债""城投债"等方式来"暗度陈仓",造成较高规模的隐性债务和或有债务。事实上,近年来我国地方债规模一直不断膨胀,包括财政转贷、中央对地方财政的项目贷款、银行贷款、地方政府间借款、债券、应付未付款项、担保债务、地方国有企业债务、地方金融机构呆坏账等。根据2015年财政决算,2015年末地方政府一般债务余额99272.40亿元，专项债务余额60801.90亿元。其中，银行贷款等非政府债券形式的债务余额共计111815.00亿元，举债主体分布在融资平台公司等企事业单位，债务资金的举措和使用未经总预算会计核算。据统计，2016年全年地方债发行规模60458.40亿元，为2015年发行额的1.6倍，其中，新增债券11698.41亿元，置换债48760.00亿元。

体量庞大的地方政府性债务，特别是游离于预算和公众视野之外的隐性债务，已经远超地方收入能力，产生了违约风险乃至财政与金融、经济与社会的系统性风险，对财政稳健、安全与平衡构成了威胁。可见，修改之前的《预算法》所施加的对发债的限制不可能杜绝地方政府举债，反而诱发其为规避法律而创造出诸种变相举债手段，造成不必要的博弈成本及不可控的债务风险，导致法律文本与事实的背离、规范与效力的脱节。处于"灰色地带"和"暗箱"中的国有地方融资平台和地下债务市场殊难监管，对债权人的利益、纳税人的利益、政府的信誉以至于国家的良性治理埋下了巨大的不稳定因素。

鉴于此，在先后试点"中央代发代还""地方自发、中央代还"和"地方自发自还"三种模式后，对地方债持"堵不如疏"的态度获得了更多共识。为了规范和约束地方举债权，消除预算外债务的潜藏风险，《预算法》修改几经周折，最终删除了"地方政府不得发行地方政府债券"的原则性规定，赋予地方政府以适度的发债权，并对发债主体、用途、规模、程序、偿还、监督和问责等作了严格规定。这体现出以法治方式规范地方债务的治理思维，是一个重大突破，有助于将原先界限模糊的隐性地方债引导到"阳光"下，使地方政府举债权受到法律约束和预算监管，从而防范和化解债务风险。在《预算法》修订通过之后，国务院和财政部就地方债问题发布了系列文件，如《国务院关于加强地方政府性债务管理的意见》（国发〔2014〕43号）、《国务院关于加强深化预算管理制度改革的决定》（国发〔2014〕45号），财政部《地方政府存量债务纳入预算管理清理甄别办法》（财预〔2014〕351号）、《地方政府一般债券发行管理暂行办法》（财库〔2015〕64号）、《关于对地方政府债务实行限额管理的实施意见》（财预〔2015〕225号）等。这些"意见"、"决定"和"办法"根据《预算法》及中央有关财税体制改革的部署，细化和落实了《预算法》第三十五条的规定。

（二）地方债的现行规则：《预算法》文本剖析

修改后的《预算法》第三十五条及后续文件在放开地方政府发债权的同时，建构了地方政府发债权适度、合法行使的法治化基本框架。主要包括：

第一，在主体上，虽然没有明确规定地方政府债券的发行主体，但限于"经国务院批准的省、自治区、直辖市的预算中必需的建设投资的部分资金"。这表明，无论是由地方政府还是由其授权机构发行债券，发行主体必须为省级。出于审慎放开和避免混乱的考量，由于市县级政府的财政统筹能力相对较弱，故而"市县级政府确需举借债务的，由省、自治区、直辖市政府代为举借。"

第二，在方式上，只放开透明度高、最便于监管的"发行地方政府债券"一种举借债务的方式，禁止地方政府及其所属部门"以其他任何方式举借债务"和"为任何单位和个人的债务以任何方式提供担保"，体现了"开前门、堵后门"理念。

第三，在限额上，规定"举借债务的规模，由国务院报全国人民代表大会或者全国人民代表大会常务委员会批准"，这有利于充分发挥全国人大及其常委会对政府举债权的严格约束和民主监督。

第四，在用途上，将借债定位为补充性、临时性的财源，要求举借的债务只能用于"建设投资"和"公益性资本支出"，"不得用于经常性支出"。这符合资本性支出成本高、周期长，从而适合由债务收入等长期性收入支持的特征，与代际负担公平原则相暗合。"公益性资本支出"的范围可涵盖交通、教育、医疗卫生、社会保障、环境保护等民生领域。

第五，在程序上，第三十五条第二款规定"省、自治区、直辖市依照国务院下达的限额举借的债务，列入本级预算调整方案，报本级人民代表大会常务委员会批准"，第五款规定"国务院财政部门对地方政府债务实施监督。"这一方面契合于预算调整的规则，强调省级人大及其常委会的预算审批权、乃至预算否决权；另一方面保证了国务院财政部门在行政系统内的债务和财政统筹权，与我国单一制政体以及责任追究机制等密切相关。

第六，在偿还上，规定"举借的债务应当有偿还计划和稳定的偿还资金来源"，其中，一般债务"主要以一般公共预算收入偿还"，专项债务"以对应的政府性基金或专项收入偿还"。由此，可以保证地方政府有偿还计划和稳定的偿债能力，避免出现地方政府偿债不能或者过分依赖土地出让收入偿付债务的问题。

第七，在配套制度上，提出要"建立地方政府债务风险评估和预警机制、应急处置机制以及责任追究制度"，从而借助相关制度的科学设置、配合和协调，实现对地方债的事前、事中和事后控制，防止地方债风险的产生、积聚、扩大和再次发生。

由此，现行《预算法》就规范地方债采取了"疏堵结合"的法律进路，并初步搭建了框架结构，而且，我国于2015年和2016年已完成了近8万亿元存量债置换工作，地方债规范化进程正在稳步推进中。但在肯定现阶段成果的同时，我们更应认识到法律制度设计和实施中的不足,挖掘地方债风险的深层次原因,唯此才可能从根本上防控债务风险,破解地方债治理难题。

(三) 地方债风险成因考:以财政平衡和法定为视角

《预算法》第三十五条对地方债的举债权配置及配套制度的规定仍较抽象和笼统,可操作性不强。面对预算审批、调整、公开、审计、监督、追责等过程中的民主化、法治化、透明化程度较低的现状,横向的预算权配置不合理与举债权配置不合理相叠加,进一步加剧了地方债风险。而从纵向的政府间财政关系和财政平衡的整体视角来审视,根源在于,我国未能贯彻中央与地方、上级与下级之间的财权与财政事权相匹配、财政事权与支出责任相适应的原则,地方财权远不足以支撑其事权和支出责任,更遑论地方政府尚难以称得上是相对独立的财政主体,这无疑导致财政失衡局面愈演愈烈,地方举债权的不当扩大和滥用也就成为了必然结果。

具言之,在财权维度,地方财政收入增长乏力,财源较为薄弱,这在经济增速放缓的当下体现得尤为明显。一方面,随着我国近年来推行的"结构性减税"和"营改增"的全面推进,地方税收收入受到挑战,现有的地方税税种大多税源不稳定、零星分散、征管难度大,地方税体系缺乏稳定的主体税种。另一方面,财政转移支付虽然规模较大,但结构仍不尽合理,相应的制度和程序不够规范。在目前的转移支付资金中,体现财政公平原则的、建立在因素法基础上的一般性转移支付比重过少,而以项目建设为前提的专项转移支付却规模较大、名目繁多,且在转移支付资金的分配标准、决定与管理、绩效评估与监督等方面均存在诸多问题,致使财力短缺的地方政府难以通过转移支付获得必要的财政资金。在此种情况下,一些地方政府只能求诸于举债以暂时缓解财力匮乏的窘境，并往往以土地转让收入等非税收入作为偿债资金，这便容易形成地方债问题与土地财政问题相互助长的恶性循环。

在财政事权维度，地方政府的职能范围不断扩张，越位、错位、缺位等现象共存，这不仅增加了地方政府的财政压力和债务规模，也导致了债务资金的不合理、不合法使用。就政府与市场的关系而言，地方政府介入一些竞争性领域的生产经营活动，反而对于地方性公共物品提供不足。此举违背了财政收支的公共性和公益性理念，使得政府职能非但不能有效实现，还越俎代庖地给自身施加了本应属于市场的经济事务，阻碍了市场公平竞争。就地方政府与中央政府的关系而言，中央事权范围相对狭窄和固定，而地方事权不够清晰且呈概括式，造成其财政支出的类型和标准持续增长，财力缺口持续加大。地方政府不得不承担了很多本应属于中央财政事权的事项，如国家安全、跨地区环境污染防治、基本社会保障等，而且，支出责任的实际负担有"上级请客、下级买单"的现象，这难免促使地方政府走上举债之路。

在立法层级维度，除《预算法》对地方债的原则性规定外，后续规则多以规范性文件的形式出现，整体的法律层次偏低，权威性和安定性不强。其实，包括1994年分税制改革、2002年所得税分享改革、历年财政转移支付等在内的财权和事权划分事项均存在这一缺陷，正是行政主导的、非法治化的财政模式引发了"财权上收、事权下移"的倾向。要从根上防范地方债风险，贯彻财政法治思维是关键。

（四）地方债的治理之道：整体视野与制度构建并重

鉴于地方政府举债权、预算权乃至财政权的法治缺失，我国迫切需要加强对地方债的法律约束、分权制衡、预算监督、信息公开及市场化探索。在法治框架下防控地方债风险仍然任重而道远，这也是一项紧密关乎国家治理法治化和现代化的重要任务。

地方债的治本之策即从财政收入、支出、预算、监管的一体化出发，理顺和规范政府与市场间关系以及央地间财政关系，通过"开源"和"节流"来减轻地方政府的财政压力。首先，要以公共性为核心，配置地方政府的事权和支出责任，转变政府职能，建设有限政府、高效政府、责任政府。尽快制定《财政收支划分法》，依据公共物品受益范围，以法律形式划定各级政府的事权范围。其次，要结合房地产税、消费税、资源税等税制改革和税收立法进程，尽快培植地方主体税种，建立现代的地方税体系。并在《财政收支划分法》的基础上制定《财政转移支付法》，进一步改革财政转移支付制度，尤应增加一般性转移支付的比重，完善其分配标准和法律程序。此外，为了防止以上全局性建设存在缓不济急的问题，可以考虑缩减行政性支出、严控"三公"经费等，有观点认为还可变卖竞争性领域的地方国有资产来化解现存的债务危局。

除着眼整体视野外，我们还应加快制定《公债法》，在落实硬预算约束的过程中完善地方债配套制度，将法治化与市场化思维融贯其治理之中，包括风险评估与预警机制、透明度要求、债券信用评级机制、应急处置与问责机制等。其中，风险评估与预警机制是指根据债务管理目标和风险控制标准，对各种债务风险因素进行连续的监控、识别、分析、汇总和判断。美国俄亥俄州《地方财政紧急状态法》和哥伦比亚"红绿灯"预警系统是比较典型的域外实践，其经验可为我国所借鉴。透明度要求是指债务公开、财政公开，这为保障各级人大及其常委会的预算审批权、社会公众的监督权以及投资者利益奠定了基础。债券信用评级机制是指在编制政府资产负债表及其信息公开的前提下，由具有公信力的评级机构进行信用评级，这能够促使地方政府时刻关注举债、管债、用债和还债活动。应急处置与问责机制是指在发生地方债危机时进行债务重组和接管，并追究责任人的法律责任。在我国加强地方财政自主权的背景下，分隔和明确各级政府的独立责任是发展方向。

世界银行和国际货币基金组织曾指出，发展地方政府债券市场需做至少五个方面的制度改革，即减少地方政府道德风险，提高市场透明度，加强市场监管，建立公平市场，提高地方的会计、预算和金融管理能力。只有将财政收支管相统一，以法治和预算约束思维贯穿地方债的"借、用、还"全流程，促进举债权、财政权的合理配置和规范运行，并更加符合市场逻辑、遵循市场规律，才能真正实现地方债、乃至国家治理的现代化和法治化目标，推动经济社会持续健康发展。

第四章

税制改革重点突破

税制改革既关系到国家财政收入的有效取得，又深刻影响着每个纳税人的切身利益，税制改革的法治化则是其应循之路径。全面落实税收法定是一项漫长而艰巨的工程，在这一过程中，我们尤其需要着力把握房产税、遗产税等重点领域。同时，如何建立税收立法中的民意吸纳机制等一般性问题，也是税制改革中需要思考的重要命题。

一、税收法定主义：从文本到实践的挑战与路径

（一）《立法法》修改改变了什么？

税收法定主义是推动近代社会法治发展的重要力量，也是被世界各国法律奉为圭臬的黄

金原则。尽管该理念在学界已成通说，但我国是否存在规范意义上的税收法定主义则饱受争议。2015年3月15日十二届全国人大三次会议审议通过新《立法法》，将原第八条规定实行法律保留的"税收基本制度"细化为"税种的设立、税率的确定和税收征收管理等税收基本制度"，居于公民财产权保护相关事项的首位。这是《立法法》自颁布十五年以来的首次修法，除细化税收法定原则外，修法亦着眼于加强人大在立法中的主导作用，并进一步规范授权立法与立法监督，所涉内容无不触及税收法定主义之内核。从法治进程上看，这既是从宪法性法律的高度对税收法定原则进行的规范确认，也是站在财税法治的立场对代议制民主与纳税人同意权进行的实质认可。从文义表述上看，对税收法定原则的规定从概括模糊到指向清晰，税收构成要件的细化规定也为税收立法权配置与税法实践提供了程序正当的判断基础。

　　财税改革背景之下，宪法性法律文本对税收法定原则的确认，至少引发如下几方面的理论思考：我国当前的税收法定主义发展水平究竟如何？形式层面的"先天不足"，即宪法建制缺失与授权立法泛滥等问题能否成为阻碍其发展的理论悖论与实践困境？《立法法》对税收法定原则的规定是否具有弥补宪法规范的隐含效力？

（二）"形式—实质"的理论张力：税收法定主义的二重检视

　　真正意义上的税收法定主义伴随我国法治化进程而发展，并于20世纪90年代再次受到关注。在全面依法治国的背景之下，税收法定主义在我国愈加得到重视。本部分将着眼于税收法定主义在我国当前的发展背景与发展阶段，从综合性学科视角探讨形式层面的"先天不足"，即宪法性规范的缺失与大量存在的授权立法现实，是否会成为阻碍实质层面税收法定原则发展的绊脚石。

1. 税收宪定主义的功能意涵

从制度供给的层次上来讲，税收牵涉基本的自由财产权，因此无论是从财产权保障的视角、避免财政危机与赋税合法性危机的视角，还是从完善税制的视角出发，①学界普遍认为，对税收法定原则进行宪法建制是促进财税法治发展与纳税人权利保护的高屋建瓴之举。究其深意，笔者以为，该提法更多是为获取一种形式层面上的正当性，是以明确规定税收法定主义的现代税收国家宪法文本为范本，对我国宪法提出的修改要求。税收法定如同宪治文明一样，对我国而言是舶来品。溯及中国皇权赋税体制的专制历史，我国并没有以法治保障统治者与纳税人之间制衡关系的历史基础，在传统法律、西方法律以及中国革命法律三大传统的互动下，中国近百年的法律实践展示出不同于任何西方框架的内在逻辑，这也是为何宪法司法化与宪法规范注释的主张多年停滞不前的根本原因。

因此，税收法定主义在我国将是一场自上而下的理念推行。在这个过程中，一方面，财税法律本具有的平等、少数服从多数、尊重少数人利益等民主精神得到充分的论证，"统治者需要取得被统治者的同意这一理念，一开始是作为一个征税问题的主张而提出的，这一主张后来逐渐发展成为一种有关一切法律问题

---

① 诸多学者从不同的视角反思了我国宪法文本中财税宪政精神的缺失，如刘剑文："关于我国税收立宪的建议"，《法学杂志》，2004年第1期；王士如："中国税收立法的宪政思考——从税收法定主义谈起"，《政法论坛》，2009年第1期；张守文："财政危机中的宪政问题"，《法学》，2003年第9期；王怡"立宪政体中的赋税问题"，《法学研究》，2004年第5期；李龙、朱孔武"财政立宪主义论纲"，《法学家》，2003年第6期；朱孔武《财政立宪主义研究》，法律出版社2006年版，等。

上的主张。"① 但另一方面，这在根本上带来的是一种观念意义，而非实效意义。自 1978 年以来，党的历次三中全会决定都对我国税收制度产生深远影响。② 党的纲领性文件对政治实践有足够的威权与指导意义，而由公共政策、特别是党的政策上升为法律以获取合法性，本就是我国法律生成的重要途径之一。此次十八届三中全会在《关于全面深化改革若干重大问题的决定》中着重强调"落实税收法定原则"，从这个角度考虑，我国已在顶层设计上确立了税收法定主义的地位。拓展对此概念的学术研究视角，使其具有更饱满的精神内核，如以法律的"合宪性推定"为前提，依循"合宪性解释"向宪法释义学转型，③ 以及在税法实践中增强人民对税收法治的信仰与遵从，促使其对政府强制性税收权力始终保持警戒之心，④ 才可为税收法定原则入宪打好坚实基础。

2. 税收法定视角下的授权立法释疑

法律保留原则与国会保留原则的演进历史表明，税收法定主义并不完全排斥授权立法，只排斥违反授权立法原理的授权行为。修改后的《立法法》第八条第（六）款规定"税种的设立、税率的确定和税收征收管理等税收基本制度"只能制定法律，在接下来的第九条至第十二条则规定了授权立法的权力内容及限

---

① ［美］罗伯特·达尔：《民主理论的前言》，顾昕等译，三联书店 1999 年版，第 25 页。

② 刘佐："1978 年以来历次三中全会与税制改革的简要回顾和展望"，《经济参考研究》，2014 年第 4 期。

③ 周刚志："财政宪法释义学之理论构建——部门宪法释义学的研究路径初探"，《税务研究》，2008 年第 10 期。

④ 也即立法者或人民对作为社会共识基础的法律规范的"确信"，是一种法哲学角度的观察，不同于有权制定法律规范的公权力机构所制定之形式意义上的"法律"，"法的确信"具有社会伦理上"实质性的意义"。

制条件。两者结合来看，可以认为税收法定原则的最低形式要求为"法律保留"而非"立法保留"，因此并不排斥合法的授权立法。

我国当前对全国人大及其常委会收回立法权的主张，更多是针对20世纪80年代的违法授权行为而提出。[①] 该授权行为，与其说违背基于现代民主法治观念的税收法定主义，不如说是违背最基本的授权立法规则，导致了我国现行税法体系主要由国务院行政法规支撑的怪异局面。至于如何看待税收授权立法行为本身，则需要我们从积极意义与消极影响两个方面予以综合权衡。一方面，税收法律授权立法有其存在的合理性与必然性，并普遍存在于世界各国。这主要是因为，一般来说，财税法案的技术壁垒较高，制定者或表决者需具备相关专业能力；税收法律负担的政策性职能要求对财经环境的变化及时作出有效回应；此外，立法机关的立法成本与整体负担能力，也是需要考虑的因素。因此，限制行政机关的税收立法权并不现实。但另一方面，大量的授权立法会导致代议机关立法功能的削弱，进而损害民主能力。这种程序的合理性将确保合乎程序地产生的决定的正确性，"过程的'合法性'不以结果正确为决定要素……程序的正当性直接决定结果的正当性"[②]，因此，对授权立法行为必须予以更为严格的实体性与程序性限制。

（三）现实回应：税收法定的适用与效力体系之衔接

• 税收法定主义体现税法的形式正义要求，进而引申出对法律

---

① 在特殊的改革背景下，1985年第六届全国人大三次会议曾做出"国务院可在经济体制改革和对外开放方面制定暂行规定或条例"的空白授权决定。

② 陈瑞华：《法律人的思维方式》（第二版），法律出版社2011年版，第85页。

规范与法律适用的不同约束原则。从规范的适用性角度出发，涉及对构成要件法定原则、构成要件明确原则以及一系列衍生程序原则的正确理解，其中的授权立法问题、不确定性概念的判断标准与程序性保障原则的判断方法，则是落实实质意义上的税收法定主义的关键点，因此，本部分的讨论集中于对规范层面税收法定原则的阐释。

1. 税收法定主义的宪法规范要件

税收法定之原则由宪法明文规定，是税收宪定主义的基本立场，也是奉行税收法定原则的国家普遍遵行之做法。我国台湾地区"宪法"层次税收法定原则的依据为第十九条"人民有依法律纳税之义务"及第二十三条"基本人权之限制"①；日本宪法第八十四条规定"课征新税或者变更现有税收，必须依照法律或者法律规定的条件"；德国《基本法》第八十条第1项关于国会授权行政机关制定法规命令的规定不适用于对基本税收构成要件的规定，也可以被理解为对税收法定原则的底线规定。②

我国《宪法》第五十六条虽规定"公民有依照法律纳税的义务"，但从规范立场来看，《宪法》第五十六条对纳税义务的强调并不契合税收法定主义保护纳税人权利的核心精神；从规范内容来看，该规定仅能说明公民的纳税义务要依照法律产生和履行，并未说明更重要的方面，即征税主体应依照法律的规定征税，因而该规定无法全面体现税收法定主义的精神；③从合宪性推定角度来看，此处所指称"法律"为包含行政法规、地方性

---

① 我国台湾地区"宪法"第十九条：人民有依法律纳税之义务；第二十三条：以上各条列举之自由权利，除为防止妨碍他人自由、避免紧急危难、维持社会秩序，或增进公共利益所必要者外，不得以法律限制之。
② 黄茂荣：《法学方法与现代税法》，北京大学出版社2011年版，第133页。
③ 张守文："论税收法定主义"，《法学研究》，1996年第6期。

法规、部门规章与地方政府规章在内的广义上的法律，因此不应认为是对税收法定原则的宪法规定。

在我国的国家结构中，法院既不能解释宪法，也不具备违宪审查的权力，制宪者在宪法文本中表达的抽象价值必须借助具体宪法性法律或普通法律得以实施。[①] 修改后的新《立法法》一方面强化立法程序的正当性，提高立法过程的民主性，另一方面试图通过立法权限划分和立法监督使各立法主体有序、合法地进行立法活动，这虽不是对税收法定主义的直接规定，却无一不是对其精神实质的落实与保障，因此，可以在一定程度上弥补《宪法》对税收法定原则的规范缺位，为税收法定原则的实施提供规范性的概括指引。

2. 法律适用之实践原则

宪法层面的税收法定主义更多针对税收立法权，法律层面的税收法定主义则统摄税收立法权与行政权两个层面，其所欲实现的维护纳税人权利与法的安定性之目的，需在法律实践中遵循一系列衍生原则要求，这在法规范层面涉及构成要件法定原则、构成要件明确原则与一系列保障其实施的程序性衍生原则，在法律执行层面涉及合法性原则。

构成要件法定涉及最主要的问题是授权立法，这在上文已有所讨论。此外，除《立法法》对授权立法目的、事项、范围、期限以及被授权机关实施授权决定应当遵循的原则与转授权禁止

[①] "无论成文宪法的性质是什么，宪法性法律与其他法律之间都存在着根本区别，这是毫无疑问的。宪法性法律是有关成文宪法的法律，因此，它涉及成文宪法中所规定的法律规则以及它们的含义和适用。"对宪法性法律的具体概念与性质并无通说，但宪法性法律是宪法基本精神的"规则化"，所规范内容与宪法文本直接相关，涉及立法机构与行政机构的组织职能，在我国亦成为理解宪法、补充宪法与宪法实施的主要途径。参见［英］詹宁斯：《法与宪法》，生活·读书·新知三联书店出版社2007年版，第43页。

等进行的程序性限制外，立法者在授权之时，应对所授权的立法事项有基本的主张，对其结果有一定的预见性。征税要件明确原则否认行政机关的要件裁量权，防止适用抽象、多意的不确定概念，旨在确保税法的可预测性。对此原则的理解重点是"不确定性概念"的允许程度。日本税法学界认为，不确定性概念分为两种类型，第一种以该规定的最终目的与价值概念为内容的不确定性概念（如"为公共利益所需要时"），第二种以中间目的或经验概念为内容的不确定概念（如日本法人税法判定同族公司在某些情况下"不当减少税收负担"）。① 征税要件明确原则对"目的与价值判断"的戒备与构成要件法定原则中国会需对授权立法有自己的基本倾向的基本要求一致，这成为判断税收法律在法规范层面是否违背税收法定原则的标准。

而合法性原则与禁止溯及效力原则、禁止类推适用原则、法律漏洞补充等程序性原则构成判断税务行政行为是否违反税收法定原则的裁量准绳。合法性原则作为税收法定主义的一部分，实则服务于平等对待原则，因在税法执行阶段，其主要功用在于排除执法人员徇私舞弊的可能，以及排除使税负的公平性受到侵害的可能。

但在具体实践中，判断纳税人是否因违反税收法定原则而受到侵害，则需要辅之以程序性保障原则加以判断。例如，2014年年底国务院曾发布《关于清理规范税收等优惠政策的通知》（国发62号文），要求对地方政府、各部委制定的税收、非税收入、财政支出优惠政策进行全面清理规范。但自62号文出台以来，"一刀切"的政策使其在执行层面阻力重重，经济下行背景

---

① [日] 中里实等：《日本税法概论》，郑林根译，法律出版社2014年版，第18页。

下地方投资项目面临停滞困境，在此背景之下，2015年5月10日，国务院发布了《国务院关于税收等优惠政策相关事项的通知》（国发25号文），对62号文中涉及的相关事项进行了修正与解释。国务院此举引发62号文的"宽松政策"是否违反严格意义上的税收法定主义的热议。我国税收优惠方面的"政策之治"早前因合法性不足、立法技术低下、内容繁冗、政出多门而受到病垢，全面清理税收优惠政策本意在彻底切断地方政府和部门在政府收支方面违法违规实施优惠措施的可能性，通过税收政策法定还原税收优惠正当性。但若税收优惠措施临时废止或变更，则产生是否损害纳税人信赖保护之利益的问题，即税收优惠规定的废止或变更是否禁止溯及。对此应从以下两个角度予以考虑：一方面，税收优惠事项属法律保留事项，受到清理的税收优惠措施本属在违反税收法定原则制定之规范，且基于社会、经济与国家财政情势变迁，税收优惠制度同其他税法制度一样，有其修改的正当理由，原则上并不认为"税收优惠规定之废止或变更纳税人信赖保护之利益"[1]；另一方面，在优惠规定废止或变更会导致纳税人陷入调整困境时，废止或变更行为则有必要依据比例原则，安排过渡性规定协助纳税人适应新规。在本案中，62号文并非是对25号文的全面否定，而是对62号文的落实设立过渡期，明确已出台的优惠政策，有规定期限的按规定期限执行，没有规定期限的妥善设立过渡期，在过渡期内执行。由此观之，62号实质上是修正25号文有关适用税收法定的做法，通过对信赖利益保护、比例原则等的考量，维护了实质意义上的税收法定主义之精神。

---

[1] 黄茂荣：《法学方法与现代税法》，北京大学出版社2011年版，第154页。

二、税收立法民意吸纳机制的构建

现代社会,所谓的"社会利益"不再是"铁板一块",而是在总体利益一致的前提下,个体具有多元利益诉求。这便要求在税收立法过程中,应注意对各种利益诉求作出回应。某种意义上,在立法过程中注重对多元利益诉求的关照,将从实质层面影响税收立法的质量,甚至直接影响到税收法律的实质合法性。

正如我们所知,和传统社会相比,现代社会的结构发生了较大的改变。社会主体多元化的利益诉求,要求国家立法过程中,也应对此有所回应。若是仍然坚守且仅仅坚守形式正义的底线,并不足以制定出为民众所信服和遵守的"良法"。

在传统社会,谨守形式正义之底线,也许足以让民众产生对其合法性的信赖。但在利益多元化的现代社会,形式正义给法律法规的制定和修改活动提供的合法性基础,可能便是"必要但不充分"的了。仅仅满足"由有权机关依据一定程序制定"条件的法律规范,可能会在满足部分群体利益诉求的同时,边缘化了与之利益相对的另一部分群体,而由于该"另一部分群体"的利益诉求未能得到有效机制的保障,社会的稳定便可能在一定程度上受到威胁。基于此,在现代社会的立法活动中,尤其是在关系民众切身利益、较为敏感的领域的立法,尤其是税收立法,吸纳民众的意见,便非常有必要了。

可见,现代国家的立法涉及较多主体的不同利益,其过程显现出政治性特征。对多元化民意的吸纳,成为立法活动得以合法化的实质条件之一。

(一) 税收立法民意吸纳机制的个案检视

如何建立制度化、规范化和程序化的民意吸纳机制，既有助于提升税收立法质量，又兼顾国家税权的实现和纳税人权利的保障。本书拟以《个人所得税法》修改作为标本，从宏观和微观两个层面来检视我国税收立法过程中民意吸纳机制存在的问题，进而提出建设性的意见。宏观层面的分析，侧重于观察"民意"这种信息在民众和立法机关之间的流通状况；而微观层面的探讨，则立足于分析民众表达个人内心意思时的真实性和效率性。

1. 宏观层面：民意吸纳的两个相对渠道

（1）信息输入机制和信息输出机制。从本质上看，民意，作为一种信息，其传递过程可以抽象为两个阶段：一是作为信息输入的自下而上的意志表达的过程，二是作为信息输出的自上而下的指令传达过程。前者是在有关立法决策时，从民间吸纳意见、建议的过程，也被称为"输入式参与"过程；后者是有权机关得出结论、形成决策后，向外界传达，并得到贯彻和实施的过程，也被称为"输出式参与"过程。完整的民意表达机制，应保证这两个渠道都是畅通、有效的。

（2）从信息输入层面检视《个人所得税法》修改。从信息输入机制看，2011年修改《个人所得税法》，通过网络等渠道广泛征求了民众的意见，且征求意见时间达一月有余，而且在修法过程中，也多次征求有关专家、学者的意见，这都说明立法机关，有意识地注意吸纳民众意见，这是值得肯定的。

但2011年修改《个人所得税法》仍有不足之处，体现在两个方面。其一，是对民意的处理过程，稍有封闭、秘密化之嫌。对于网上征集到的23万多条意见，立法机关是如何处理的，普通民众不得而知。这也在某种意义上导致信息输出渠道不畅。对此，可考虑通过信息公开的制度构建来尝试解决该问题。其二，无论是网络征求民意、抑或是征求专家意见，都没有形成正式制度，可能仅仅作为"临时措施"而存在。可以考虑将有关程序制度化、常态化，这样也更能发挥民意、民智在法律法规制定和修改过程中的作用，而且通过常规化的制度安排，可以使相关程序的效率得到提高。当然，对于涉及公民基本人身权利、财产权利的法律制定和修改活动，可考虑在《立法法》等法律中明确规定征求民意的程序及有关制度保障，而不宜仅通过缺乏强制力的宣示性条款来进行规制。

（3）从信息输出层面检视《个人所得税法》修改。2011年6月中旬，面对一些民众要求继续提高个人所得税工薪扣除标准的呼声，全国各大网站、平面媒体还在显著的位置用大标题的形式提醒着人们，3000元的扣除标准是很合适的。但在该月的最后一天，突然通过修改后的《个人所得税法》，赫然将扣除标准抬升到每月3500元。

这也反映出在当前我国权力机关、行政机关的活动过程中，在立法或是作出重大决策之时，似乎较多的是从民众处吸取意见、建议，却对自己处理这些信息的过程少有公开。至于将自己分析民意的过程，以及最终得出的决策向民众传达的过程，则更是充斥着不规范、非常态性。

2. 微观层面："乌合之众"和"集体行动困境"的两极

（1）"乌合之众"。被认为是社会心理学创始人的勒庞在其著作《乌合之众》中分析道，作为个体的人是理性的、有教养的、有独立性的，但是随着聚众密度的增大，身处其中的个体的思维和行为方式将渐趋一致，变得越来越情绪化和非理性。正如其所言："孤立的个人具有主宰自己的反应行为的能力，群体则缺乏这种能力"。① 随着现代科学技术的发展，尤其是网络和舆论的发达，提供了以往所不具备的，在不同时空条件下也得以"聚众"的条件——以网络为媒介形成的高密度聚众，而且由于当前的网络环境尚不成熟、缺乏规制，使得网民的聚集更有"乌合"之趋势。这就涉及我们以为很值得认真反思的一个问题——网络民意，其代表性究竟几何？

（2）"集体行动困境"。"集体行动困境"是美国社会学家曼瑟尔·奥尔森在其著作《集体行动的逻辑》一书中所提出的理论。他认为，如果某些公共物品会对很多人的利益产生影响，那么这些利益相关人采取行动的可能性将下降，因为个体都希望别人会采取行动，而自己则可免费获得行动带来的收益。② 该理论和"公地的悲剧"理论可谓相辅相成，我们也可以给它另一个名字——"搭便车"心理。如果说探讨的"乌合之众"导致的是相关民众的"无所顾忌"，这里的"集体行动困境"下民众的表现则可以用"无所作为"来形容。毫无疑问，两者都是很极端的情形，而且都是我们在立法征集民意过程中需要避免出现的情形，自不待言。

3. 制度化：破解"两极困境"的有效途径

一般认为，出现"乌合之众"和"集体行动困境"这两种极端现象，都是因为分散的、未经组织的个体，在采取行动时往往只能在"无所作为"和"无所顾忌"两个极端间游走。而避免出现这两种极端现象的途径，便是将分散的利益组织起来。利益组织化可以使分散个体分担集体行动的成本、分享集体行动的

---

① ［法］勒庞：《乌合之众》，冯克利译，中央编译出版社2004年版，第27页。
② 更详细的讨论可参见［美］曼瑟尔·奥尔森：《集体行动的逻辑》，陈郁等译，上海人民出版社1995年版。

收益,并且可以通过组织化的激励、制约机制,协调个体的行动步骤、节奏和方向。同时也能将行动的能力控制在理性、有节制的范围内。①

(二) 税收立法民意吸纳机制的构建

第一,可以考虑在立法文件中规定:涉及公民人身权利、财产权利的立法,条件具备时,应当通过听证会、专家论证会或其他方式,吸纳民众的意见。从构建完整的规范体系的角度看,应当在不同位阶的法律规范中,对民意吸纳机制问题作出多层次的硬性要求。首先,在宪法性文件层面,可以考虑在《立法法》中规定这一原则,《立法法》的相关规定可以相对比较原则、抽象。其次,可以考虑制定专门的法律法规,具体规范民意吸纳机制的运作过程,许多国家均采用专门立法,包括行政机关制定规章的方式规范立法活动中的民意吸纳机制。我们可以进一步将之区分为集中立法和分散立法两种模式。有学者通过比较分析,认为我国可考虑采用集中立法模式,即由全国人大常委会制定《公众意见征询法》,对民意吸纳机制的基本问题作统一规范,这种立法模式具有提高效率(可以在短期内使立法领域征求公众意见的活动做到有法可依)、节约立法成本和维护法制统一这三方面的积极作用。② 当然,基于立法资源稀缺性的考量,如果现阶段不具备修改《立法法》或制定专门法律规范的条件,作

---

① 王锡锌:《公众参与和行政过程——一个理念和制度分析的框架》,中国民主法制出版社 2007 年版,第 85 页。

② 杨福忠:"网络征求民意法治化——探寻公民有效网络政治参与的分析框架",《政治与法律》,2012 年第 2 期。

为权宜之计，也可以先在立法主体①内部的规范性文件中规定民意吸纳机制，并在历次税收立法活动中加以贯彻，形成惯例；待时机成熟，再在法律规范中加以明确规定。

第二，立法机关应注意综合运用多种民意吸纳的方式，不宜仅通过单一的渠道吸纳民意。有学者已经意识到，随着经济社会的发展，立法中的公共参与正经历着"从精英介入到草根参与"的过程②。"精英介入"强调的是专家、学者为立法活动提供的建议，而"草根参与"则侧重于普通民众向立法机关表达自己的想法。在"开门立法"理念的指导下，立法活动越来越强调"面向全社会征集意见"，这种民意吸纳模式体现了立法活动的民主性，很具有积极意义。但是，立法机关也不宜唯"草根"意见为重，这可能会犯民粹主义的错误，也可能助长民众表达个人想法时的不理智倾向。更何况，有些立法所涉及的社会关系比较复杂，或者法律所要解决的问题具有高度的专业性和技术性，对此，在税收立法中表现得尤为突出。此时，普通社会公众未必能准确理解相关规定，从而使其表达出的"民意"可能是不准确、不理智的，甚至出现"人云亦云"的情况。因此，特别需要依靠领域的专家、学者来提炼公众的欲求，并通过合适的方式表达给立法机关。易言之，立法机关征集民意时，在鼓励"草根"参与立法的同时，也不能忽视专家、学者们的重要作用。

第三，立法机关吸纳民意时，应注意考虑弱势群体、边缘群体的利益表达和权利诉求。我们需要注意到，弱势群体、边缘群体由于经济实力不足、生活环境封闭等原因，使其往往较难获得

---

① 此处"立法"为广义，包括税收行政法规制定活动，因此这里的"立法主体"也包括了行政法规的制定主体，即行政机关。

② 沈国明："从精英介入到草根参与"，李林主编：《立法过程中的公共参与》，中国社会科学出版社2009年版，第27—32页。

"立法机关正在征集民意"的信息,进而也难以将自己的想法表达给立法机关。因此,在立法活动越来越多地通过网络媒体征集民意的情况下,应通过制度设计,使这部分群体的利益诉求得到代表。具体的操作办法至少有二:一是发挥专家、学者的作用,其在向立法机关提供建议时,应将边缘群体的利益纳入考量范畴;二是立法机关有针对性地实地调查这部分群体的状况,并直接获取相关信息。

第四,立法机关在吸纳民意的过程中,应有意识地引导民众理性表达自己的利益诉求。这种"引导"可以通过两种方式表现出来。一是立法机关在纷繁凌乱的民意中,归纳出"争议焦点",然后让民众集中围绕这些问题表达各自观点,并说明理由。这可以在一定程度上减少向社会征集意见时出现的"无序"现象。二是欲破解前述"乌合之众"与"集体行动困境"这两种困局,一个行之有效的办法便是立法机关本身也参与到各种立体或平面媒体的讨论之中,与民众进行互动、交流。笔者认为,立法机关在各种民意吸纳机制中注重与民意表达者的互动,回应有代表性的民众疑问,并注意引导民众的讨论方向,可以避免大量无意义的极端言论的出现。而且,立法机关在民意吸纳过程扮演积极角色,也能提振普通民众表达自己想法的动力,因为民众会感觉到自己提出的意见受到了立法机关的重视,一定程度上避免出现某些税收立法时民意难以或不愿意表达的状况。

第五,立法机关应当建立民意征集回应制度。立法机关处理民意的过程,是需要展示给社会以及民意表达者的。这是"民主立法、开门立法"的要求,能促进立法过程的进一步规范化,从而提升税收立法质量。此外,立法机关对社会公众表达的民意,进行评估、复核,并及时地就有关问题与社会公众进行沟通、交流,体现了"服务型立法"的现代立法模式。

三、实质课税原则与商业创新模式

税法适用的程序包括确定经济生活事实的发生、判定该经济生活事实符合税法所规定的构成要件特征、确定该事实所应适用的法律及其法律后果，此即税法适用的三段论。① 其中，对于经济生活事实的确定属于经济实质判定，其标准为会计判断性质；对经济生活事实符合税法构成要件的判断糅合了民法、商法等要素，属于法律实质的判定。对商业创新模式中的税法适用，作为课税事实判定基础的，应该是经济交易的法律形式，抑或是其经济实质，理论界一直存在很多争议。但大多数学者认为，随着金融创新的发展，相关已有法律及会计规则的滞后，导致对实质课税原则的推崇，已经发展到极致。②

（一）实质课税理论的起源与内核

实质课税原则，又称实质课税法、实质课税主义。何谓实质课税原则，国内外理论界尚未形成统一定义。不过，都认为该原则解决的是在一项经济活动中"实质"与"形式"不一致时做出的取舍，即在此情形下，抛弃"形式"而按照"实质"进行课税，当然，这里的"实质"仅就"经济实质"而言。

1. 实质课税原则之形成及发展

实质课税原则诞生至今将近百年，但在我国税法立法史上有所体现也只是近二十年的事。因其在税法解释、反避税方面发挥

---

① 陈清秀：《税法总论》，元照出版有限公司2006年版，第186页。
② 汤洁茵：《金融创新的税法规制》，法律出版社2010年版，第63页。

了独特作用，既在一定程度上促进了税收正义，也在一定程度上保证了国家利益，该原则越来越受到我国理论界和实务界的关注和重视。

实质课税原则起源于德国的经济观察法。1919年，德国在其《帝国租税通则》中首次确认了经济观察法。该法第四条明确规定了税法的解释应考虑其经济意义，同时在第五条也对租税规避进行了明确的定义。从此，经济观察法成为税法理论与实践中一个重要的原则和方法。1977年，因德国行政程序法立法之原因，德国《租税通则》作了全面的修正，将税法解释应斟酌立法目的、经济目的、情事发展等规定予以删除。删除的主要原因在于该条规定容易引人误解，误解经济意义或实质内涵解释为税法所独有，税法解释可以舍弃私法意义。这标志着实质课税原则从纯粹的经济实质向法律实质跨出了重要一步。

2. 实质课税原则的地位及意义

从方法论即法律解释层面看，实质课税原则被认为是与形式法律观察对立的方法。但是，是否真的适当将其视为一种特别的税法解释方法，理论界依然存在争论。例如，德国Tipke教授认为："经济解释不是一种特别的解释方法，而仅是一个取向于经济的规范目的之目的解释。"因此，税法只能在民商法既有的基础上发展。事实上，法律的解释不论是税法或民法，均要探求当事人真意，不拘泥于所用文字，在法律规范与案件事实间反复推敲。[①]

从税法角度衡量，实质课税原则得以产生并发展的现实根源，在于国家、征税机关与纳税人在税收立法及执法层面的博弈。该冲突反映在法理层面上，体现不同利益要求在税法理论之

---

① 葛克昌：《税法基本问题（财政宪法篇）》，北京大学出版社2004年版，第156页。

间的冲突，因学者对于此冲突的解决基于相关主体不同的利益诉求，做出排序并兼顾理论在经验和逻辑上的合理性而提出不同主张。实质课税原则的提出是税收相关利益主体在税收立法与执法中循环博弈的结果。在税法实践中，实质课税原则的提出主要是针对税收规避行为，但其适用范围扩展于反避税之外，这是学者们充分发掘该原则表现潜力的结果。因此，基于实质课税原则在税法框架中的生成机制以及独特功能，实质课税原则被认为是税法独有的解释原则。

3. 实质课税原则的精神内核

实质课税原则的精神内核包括公平价值、实质主义和谨防"国库至上主义"三个方面。

税法上的公平，要求税收负担必须在依法负有纳税义务的主体之间进行公平的分配，以符合量能课税原则。税法公平，包括横向公平和纵向公平两个方面，前者是指应以同等课税标准对待经济条件相同的人，后者是指应以不同的课税标准对待经济条件不同的人。实质课税原则彰显了税法中的公平价值，具体表现为无论纳税人以何种方式逃避应纳税款，造成同其他纳税人相比的不公平时，即可运用该原则，从而获得矫正公平。因此，实质课税原则透过现象来探求目的和实质，体现税法蕴含的公平价值。

实质课税原则的重要理念来源之一是实质主义，即透过现象和形式来追寻实质或本质。尤其是经济实质主义之下，实质课税原则更关注于有无经济效果存在，该经济效果归属于谁，是否符合税法上的课税要件等。对征税对象依法课税，税法并不关心该客体是合法、违法还是脱法，只要符合课税要件，即应课税。经济实质主义构成了税法独特的视角，成为税法与其他法律部门区别的特质之一。

不得不承认，实质课税原则产生的动因不仅基于公平价值的要求，更是基于国家财政的要求，即"国库至上主义"的体现。无论是"一战"后德国对无效行为的课税，还是"二战"后日本对法人形式化的税法规制，满足财政需要、保障国库安全都是立法者选择并发展实质课税原则的最初动因。"二战"后，实质课税原则虽然在税法理论界广受批评，但却在众多国家推广使用，正是由于它能有效地保障国库安全。由于实质课税原则较好地解决了对无效行为、虚假行为、违法所得甚至避税行为的课税问题，维护国库安全，为征税机关有效地征税提供了法律工具，在实践中颇受欢迎。但由于"国库至上主义"已为现代税法所摒弃，因此，这一目的不应得到税法理论上的肯定。

（二）税法与私法的关联性

实际上，实质课税原则对商业创新模式的适用蕴含着税法解释与私法解释的双重判断。在两者发生矛盾时，如何取舍涉及税法与私法的协调问题。税法属于公法范畴，调整的是国家与纳税人之间公权力领域的问题。其与调整平等主体间人身、财产关系的私法有本质的区别。但税法又是以调整私人经济生活关系的产生和存在为前提的。因此，税法所规定的纳税人的权利及义务，可以认为是对私人经济生活或财产权的第二次规范。

1. 税法与私法的边界

税法与私法必然有重叠交错之处，这是因为两者规范的对象，均为所得或财产。私法规范所得与财产如何取得、使用、转让、互易、增值、收益和管理。税法则是在所得的取得、使用与财产的持有环节，国家就其中经济成果的一部分参与分配。

私人经济的自由性与积极性，乃税收国家的前提要件。一方面，国家对此加以保障，另一方面，国家依法借此取得税收以实现国家之职能。因此，个人不但在私法上有权安排其所得或财产，在税法上也有权进行法律筹划，以减少纳税负担，一般认为这就是所谓的"合法节税"。

税法与私法对所得与财产，虽然观察角度不同，但具有相同规范准则。这种相同准则，是在宪法规范下形成的。宪法规定财产权保障，这一规范具有法律的最高位阶性拘束力，因此，同时为私法与税法的指导原则。①

2. 税法与私法的公平观

宪法上对财产权的保障，有助于税法与民法的协调，从而实现私人财产权的双重保护。宪法要求税法与民法置于其统一秩序之下，但宪法上的财产权保护对民法与税法有不同的期待：宪法赋予私法实现财产权的自由，期待税法按照纳税能力原则，对财产权和收益，平等地由纳税人和国家分享。这种私法与税法间的区别，要求国家应当适时作出合宪的税法解释。

由于在税法个案中公平正义与法安定性这两个价值之间经常发生冲突，在税法个案中经常需要结合具体情形对两者进行权衡，而这其中公平正义具有相对更高的位阶。也就是说，如果法律制度不公平正义，即需要在制度体系中将其排除。德国联邦宪法法院在判决中对平等原则发展出两种不同要求：一是一般的平等要求，适用于经济社会领域，对财物的分配，是否违反了平等原则，判断其是否合乎比例原则，换言之，公平正义在此领域简化成权衡程序，立法者对某事予以不同待遇，如果违反公平正义基本理念，即违反平等原则。二是严格的平等要求，少数人因政治压力，必须服从多数人的政府，税法及社会福利法即为此例。此种受公平正义要求的高度拘束，适用税法与社会福利法，国家利用这一

---

① 葛克昌：《税法基本问题（财政宪法篇）》，北京大学出版社2004年版，第20页。

财产获取与给予的方式来创造社会公平正义,该种法律应受到严格平等原则的审查。在实践中,税收规避行为是法律问题,并非单纯违反道德行为,因此,应当以公平正义准则进行评判。

(三) 纳税人信赖利益保护原则

实质课税原则适用的结果是利益的重新分配,利益相关人为国家与纳税人。我们在此探讨纳税人信赖利益保护原则,意在说明法律如何保护适用实质课税原则中的纳税人。同时,作为纳税人应如何积极主动应对该原则引发的利益变动。

1. 纳税人信赖利益保护的理论基础

寻找纳税人信赖利益保护的理论根基在于,不同的学科视野往往会有不同的理论依据:发端于民法的"诚实信用类推说",法理学中的"法的本质说",来源于行政法的"法的安定性说",宪法中衍生的"宪法基本权利说"。就税法学这一综合性学科来看,以上四种学说均从某一个角度展现了对纳税人信赖利益保护的理论依据,但又都不全面。首先,"诚实信用"原则是私法上的原则,虽然公法上也有诚信原则的体现,但两者的实质意义迥异:私法上诚信原则的基础是契约自由,强调适用于具体的平等当事人之间,是对具体当事人行使权利和履行义务的要求。而税法上的诚实信用原则亦是一种宪政上的必然要求。即使在税收债权债务关系说的影响下,纳税人与税务机关之间的关系也不是私法上诚信原则所要求的合同契约关系。此外,其他学说分别从法的溯及力和宪法基本权利角度来论证,逻辑推理并不充分。比如,"法的安定性说"强调税收法定主义原则与法的安定性发生冲突时,优先选择法的安定性。然而,法律的安定性并非绝对的安定、不变。同时,"宪法权利说"中纳税人拥有的宪法基本权利也并非无边无际,这些学说难以单独作为依据。可见,纳税人信赖利益的保护的理论基础应是依照宪法原理将税务机关的诚实信用，法律的稳定性与对纳税人基本权利的保护三个方面的理论统一体现。①

2. 纳税人信赖利益的构成要件

判断是否存在纳税人信赖利益，应当先确定是否存在可供纳税人信赖的客体或者说对象。纳税人信赖利益保护中"信赖"的客体是相当广泛的，并非局限于具有单方性、处分性的具体行政行为，还应当包括行政主体颁布税收行政法规、行政规章、其他规范性文件的行为或做出税法解释等抽象行政行为。上述对象之所以能够成为信赖的客体，在于这些因素一旦形成，纳税人会对此因素及其结果有一定的合理预期，从而选择、调整自己的行为方式，可谓"无预期则无信赖"。

适用纳税人信赖利益保护原则，纳税人信赖的客体对象必须达到足以令纳税人信赖的程度。行政机关对税法的解释行为虽然不能直接从法律上约束纳税人，但是此种解释必然会通过税务行政机关的具体行政行为对纳税人发生约束力。因此，在一般情况下也足以能引起纳税人的信赖。

在具体的税收法律关系中，仅仅存在纳税人信赖的客体尚不足以启动纳税人信赖利益保护机制。只有当纳税人基于对行政机关行为的信赖从事一定的行为并形成了一定的利益，而此后这种利益因欠缺合法要件而有可能被灭失或剥夺时，才需要启动信赖利益保护机制予以救济。

3. 纳税人信赖利益保护的适用

纳税人信赖利益保护的适用主要分为立法及执法两个阶段。

---

① 王永杰："论两税合并中的外企信赖利益保护"，《南都学坛》（人文社会科学版），2007年第3期。

但我们只讨论立法阶段的适用。从立法方面分析纳税人的信赖利益保护主要涉及正式的立法机关以法律的形式颁布的法律，以及行政机关制定的影响纳税人权利和义务的行政法规及做出的法律解释。就具体的纳税人信赖利益保护方式而言，可分为程序性保护及实体性保护。笔者认为，在税法中保障纳税人的信赖利益，应该有一个相对公正的税收程序，程序的保障是实现实体正义的前提。其具体做法是：应保证所有程序的公开，重点体现在保障纳税人参与权及申辩权的实现。然而，程序保护并不一定能够确保纳税人的信赖利益不被侵犯，当信赖利益通过正当程序不能得到应有的保护之时，那么，就应该另寻途径对其进行必要的保护。因此，存续保护成为我们对纳税人信赖利益进行保护的另一种选择。所谓存续保护，即是使原有状态得以持续，指行政主体基于信赖保护的目的，不得撤销、废止其做出的授益性行政行为，或者是对行政行为做出不利于相对人的变更。其中，过渡性条款的设立成为实践选择之一。过渡性条款，是指在新的规定中规定保留或认可原有决定的某些内容可以在一定期限继续存在适用的条款。这种条款的设立起到的作用就是缓冲，过渡期间的设立可以减少新法对原来法律秩序的冲击。我们可以考虑在实质课税原则适用中采用这种方法。

（四）商业创新模式与实质课税原则的衔接

商业社会的繁荣具体表现之一为推陈出新的商业模式，商业模式的创新是生产力发展的重要表现形式。商业模式本身，即具有复制其他交易模式的经济属性的能力。由于每一种商业模式都包含了在合同或准合同下取得或支付货币或货币价值的权利和义务，通过将不同商业模式中的某些权利和义务混合或拆分，创造出新的权利和义务，进而实现了商业模式创新。商业模式创新的结果，可能设计出法律形式与经济实质不一致的商品。① 但税法适用于日益富有创造性的商业模式时，能否明辨繁复的商业模式来依据税法原则进行公平合理纳税呢？在此，我们列举以下若干商业创新模式，分析实质课税在其中的作为，从而将其作为"刺破交易的面纱"的利器，在明确划定其运用边际的前提下，赋予其在商业创新模式中无可取代的税法功能。

1. 信托模式与实质课税

创制信托税法应以实质课税原则为指导。由于信托的特性与现行税法的民法基础——一物一权主义的背离。因此，税法适用于信托时会导致双重困境。为解决这一问题，引进信托制度的大陆法系国家和地区都对信托课税作了特别规定，这就是在立法时以实质课税原则为指导。

如我国台湾地区在对有关税法就信托部分作出修订之前，台湾地区"财政部"就依据实质课税原则，在其发现对于单纯形式移转之信托行为若加以课税，经常会发生重复课税之不合理现象，为解决此形式移转财产之课税问题，台湾地区"财政部"就颁发了许多函令以解决重复征税问题。

日本作为大陆法系国家，也遵循"一物一权主义"。为解决信托中存在的课税问题，日本信托税法主要是遵循"导管原则"，即将信托视为所得流动的导管，由受益人负有最终纳税义务。在受益人享有财产绝对所有权的情况下，各种与信托有关的纳税义务均由受益人承担；而在委托人对财产拥有控制权的情况下，则由委托人承担纳税义务。为消除财产权转让存在的重复课税问题，日本税法均通过专门规定免除了名义转让带来的纳税义务，从而彻底解决了法律冲突带来的重复征税问题。从本质上

---

① 汤洁茵：《金融创新的税法规制》，法律出版社2010年版，第63页。

看，无论是依据导管理论还是免除所有者名义上的纳税义务，都以实质课税原则为指导的结果。

综上所述，在借鉴其他国家或地区的成功经验基础上，在我国现行税法的基础上，应当坚持以实质课税原则为指导。

2. 融资租赁与实质课税

促进融资租赁业发展，旨在降低企业税收负担的增值税转型，但使融资租赁业遇到前所未有的税法挑战。① 融资租赁行为可分解为三方民事主体之间的两个合同关系，一为买卖合同，二为委托买卖及融资兼租赁服务合同。这是合同主体多次博弈和规避交易风险的模式。但是，从税法的实质课税原则看，融资租赁（转移所有权前提下）的实质是厂方与承租方的买卖行为，租赁公司在这一买卖行为中提供了融资兼中介的服务。从交易目的看，租赁公司旨在赚取服务差价，以"融资"——"买卖"——"租赁"的表面形式来实现这一目的。因此，融资租赁税制的改革方向，是将税法对交易行为实质的追求呈现，同时配合私法领域的动产登记制度和公示制度，以实现实质课税，并有效规避交易风险。

3. 公司并购与实质课税

在公司并购过程中，公司所采取的并购模式不同，税法效果各有不同。税法针对不同模式的并购，采取不同的课税制度，是否合理呢？从形式上来看，虽然在法律形式上不同，股权收购是单纯的转让股份，资产收购是单纯的转让资产，公司合并是目标公司被合并公司并入存续公司或另设一新公司，实质上三者的经济目的为一，在本质上并无太大区别，但税法对三种模式却加以不同待遇，是不合理的。因此，税法对公司并购的待遇应当注重实质甚于形式，即实质课税原则。

---

① 陈苏明："增值税转型对融资租赁业的影响"，《涉外税务》，2009年第4期。

就税法对公司并购的具体规定来说，当法律关系的形式与实质不一致时，不应依照其形式而应依照其实质来判断认定。股权收购、资产收购和公司合并的法律形式不一，但经济实质相同或相似，三者之间的税负大体应当相当。但从现行税法看，公司并购若不考虑税收优惠的因素，那么，股权收购形式的税负则最轻。从实质课税的原则来看，这样的制度安排是不合理的。

4. 公司法人人格否认制度与实质课税原则

在税法适用领域，法人人格否认制度与实质课税原则是既能相互一致又相互补充的关系。

其一，两者的目的具有一致性。股东通过滥用法人人格和有限责任而损害国家税收债权的行为，既违反了诚信原则，又在客观上违反了税收公平原则。如果没有相应的法律救济，将影响税收平等、量能课税原则的实现。此时，作为校正规避法律行为手段的公司法人人格否认制度及实质课税原则均力图探寻该交易的经济实质，以弥补传统制度的缺陷。

其二，两者在手段上具有互补性。实质课税原则不能代表也不能代替公司法人人格否认制度。实质课税原则的基本含义是当交易形式或者所得归属的形式与事实或实质不一致时，应当按事实或者实质的交易或所得的归属予以课税，并没有回答此时公司法人人格的存在与否问题。当存在因公司法人人格的滥用而致使侵害税收债权时，公司法人人格否认理论为税收债权提供更多的权利救济渠道。因此，公司法人人格否认理论适用税法但又与实质课税原则关注的重点不同，不能相互替代。

（五）实质课税原则在商业创新模式中的适用

虽然我国没有对实质课税原则作出一般性的规定，但在众多的法律条文中却体现了实质课税原则。例如，1992年9月通过的《税收征收管理法》第二十三条至第二十六条、1993年12月颁布的《增值税暂行条例》第七条、《消费税暂行条例》第十条,《企业所得税暂行条例》第九条、还有1991年4月开始适用的《外商投资企业和外国企业所得税法》第十三条,2001年4月28日修订的《税收征收管理法》第三十五条至第三十八条中都加大了对实质课税原则运用的力度。① 特别是在我国2008年1月1日生效的《企业所得税法》中,更是以专章来规定企业所得税的特别纳税调整制度(即反避税制度),其内容涉及关联方交易、预约定价、避税地等几个方面,充分体现了实质课税原则的精神。该章第四十七条规定:"企业实施其他不具有合理商业目的的安排而减少其应纳税收入或者所得额的,税务机关有权按照合理方法调整。"该条可被视为《企业所得税法》第六章的兜底条款,能克服个别性条款对新型逃避行为无法适用及滞后性的缺点。它是一项启动税务机关进行税法解释的制度设计。

通过对上述实质课税原则与各种商业创新模式的分析,我们可得出以下结论:实质课税原则的适用并不否认已成立商业模式的私法效力,仅在税法范围内对其经济实质进行认定。因此,实质课税原则适用的仅仅是以逃避税收为目的的商业模式创新,而并不适用以其他为目的的商业模式创新。同时,私法规范的判断秉持形式终于实质的理念,认可商业创新模式的存在。

现代税法的复杂性超出了一般人的想象。因此,税务机关必须在法律规定的范围内要求纳税人履行纳税义务。如果违反法律导致对方信赖落空,则必须承担相应的法律责任。实质课税原则

---

① 参见李刚、王晋:"论实质课税原则在税收规避治理中的运用",《时代法学》,2006年第4期。

的稳定性适用属于抽象法律关系中的信赖利益保护。

禁止税法溯及既往之所以能够成为税收法定主义的要求，也是出于法律的安定性和可预测性的考虑，其理论依据与税法信赖利益保护是一致的。根据纳税人信赖利益的保护要求，纳税人有权在合理的范围内推定私行为所产生的税法效果。因此，必须将实质课税原则的运用纳入纳税人的合理预测之中，即严格限制实质课税原则对纳税人的"不可预见性"，并可考虑以此为边界，作为纳税人对抗实质课税原则的原因。

实质课税原则虽然与其他法律部门适用中的某些机理有类似之处，但它是在税法框架内生成并发展，在税法适用中承担独立功能的税法解释原则。实质课税原则在税法公平正义观的引导下，秉承微观量能课税原则，在技术上应用"实质主义"，表达出其蕴含的内在气质。但在实践操作中，有"国库至上主义"的倾向，这是实质课税原则应当摒弃的。衍生于商品经济的私法追求的价值观可称为"形式价值"，即在处理形式与实质的选择时，通过选择形式而保护交易安全与市场秩序；其公平观体现也为对形式公平的追求。在税法历史上，税法与私法关系时远时近。由于税法与私法的规范对象均为财产，两者的独立性与天然的关联造成了税法与私法实质上一直如影随形。但由于两者承担的法律任务不同，因此难免会出现在法律适用中的选择困境。直到宪法在财产权层面对税法与私法进行了纲领性的统一，两者才在统一维度内各司其职和谐共处。针对目前实质课税原则在商业创新模式中的个案适用所产生对纳税人权益不同程度的侵害，实质课税原则的行使必须受税收法定原则的拘束。由此，必须明确实质课税原则的适用范围及启动该原则的必要条件，并且在适当的时候将实质课税原则直接写入法律条文。

四、房地产税改革正当性的多维建构

(一) 前置问题:房产的可税性检视

1. 可税性理论的一般分析

在税法理论上,可税性包含两个层次的涵义,一是指该课征对象应当具有经济利益,二是指此种课征须符合社会正义的要求。

税法意义上的"收益",本质上指向的是一个人的经济给付能力,这也正是量能课税原则的精神内涵。又因为流转额、所得及财产都是经济能力的表现,故均可作为课税对象。① 具体到房产税,作为一种财产税,房产税虽然应从房产的所得中缴纳,但并不以实际所得为前提,因此是一种"应有的收益税(Soll-Ertragsteuern)",不同于所得税那样的"实有的收益税(Ist-Ertragsteuern)"。② 虽然从表面上看,保有房产不能产生货币意义上的、现实取得的收益,但这却反映了一种负担能力,并且可能带来"居住收益""声望受益"等隐性或潜在收益。③ 从另一个角度看,政府提供的教育、医疗、社保、治安、道路等公共服务和基础设施会使房屋增值,房产税可以被理解为财产所有人从地方政府获得公共品和公共服务之利益所支付的对价。④ 可见,从

---

① 一般认为,以课税对象的性质为标准,税种体系可以分为流转税、所得税和财产税等三大类型。

② Tipke Lang, *Steuerrecht*, 2008, §4 Rz. 100 f.

③ [美] 波斯纳:《法律的经济分析》,蒋兆康译,中国大百科全书出版社1997年版,第635页。

④ See Oates, Wallace E. *The Effects of Property Taxes and Local Public Spending on Property Values: An Empirical Study of Tax Capitalization and the Tiebout Hypothesis*, Journal of Political Economy 1969, 77 (12), pp. 957–971.

受益者负担原则中亦能推导出房产税的可税性。

2. 我国目前所特有的两个问题之挑战

在我国现行制度下，房产的可税性还面临着两个特有问题的挑战。第一个是土地公有制带来的问题。质疑者认为，我国的公民个人并不享有土地所有权，因而不应就此承担税收。[①] 其实，在《物权法》颁布之后，这个问题在理论上已经基本得到解决了。根据该法规定，公民个人对房屋附属土地享有的建设用地使用权，其性质是用益物权的一种，并且在权能上几乎接近所有权的完满状态。房屋所有者对地产享有财产权利，且从这种权利中获得或可能获得经济利益，因而排除了可税性的障碍。[②]

第二个问题是双重征税的质疑。有学者提出，国家已经征收了土地出让金，如果再征收房产税，就是对同一对象重复课税。其实，这种理解是不够准确的。双重征税并不是指对同一对象多次征收不同性质的税收，而是指对同一对象多次征收相同性质的税收。[③] 要言之，土地出让金和房产税是性质截然不同的两种公课。土地出让金并不是税，而是一种租，即国家作为土地所有者出让其使用权的收益；房产税则是国家依托政治权力、履行提供

---

① 严格地说，如果仅对房屋征税，土地公有制并不构成法理上的问题，因为居民个人毫无疑问对房屋享有所有权。只是在对房屋及其附属土地合并征税的情况下，这个问题才会存在。对此，后文将做进一步探讨。

② 如果国家不保护私人财产权利，那么税法存在的意义根基将大大削弱，因为国家随时可以凭借强制力剥夺私人财产。反过来说，正是因为现代国家确认并保护私人财产，才更加需要税法来划定私人财产与公共财产的边界。因此，国家明确承认了私人对土地的财产权利，也就有权要求参与对这种财产权利所产生收益的分配，而这正是通过税收的形式进行。

③ 举例来说，甲、乙两公司发生一次租赁行为，但由此产生的收益应当同时负担营业税、企业所得税、契税等不同税种，这在学理上和实践上都是成立的。但是，如果对这笔交易重复课征两次营业税，或同时课征营业税与增值税，则属于双重征税。

公共服务职能的政治契约而征收的税收。这是两种不同权力行使的体现，在法理上并不存在双重征税的问题。不过，需要指出的是，从经济上看，土地出让金和房产税同样源于保有房产的收益，它们的负担实际上是重叠的。因此，我们主张房产税的增负应当以土地出让金的减负为基础，这将在下文具体阐述。

综上所述，房产具有可税性，房产税改革能够得到法理上的支撑。

3. 小产权房问题：非法性不影响可税性

由于小产权房未经许可而擅自改变了土地用途，因而具有违法性。法律上对相关买卖行为的效力予以否定，也不认可购房者对于房屋的产权。有观点认为，不应对小产权房课征房产税，否则相当于变相承认其合法性。准确地说，这种看法亦不够妥当。一方面，从税法理论上说，征税并不以房屋产权的合法性为前提。另一方面，征税也不会使得小产权房合法化。不过，应当看到的是，虽然对小产权房征税的合理性不存在疑问，但具体执行的难度确实很大。因此，小产权房作为城乡二元土地结构的产物，根本上还是应当寄希望于未来的土地制度改革，既要严格禁止增量，又要逐步清理存量，最终将其纳入统一的征管范围。

（二）征税正当：税收目的的科学性

结合学界研究成果，国内关于房产税的征收目的有四种主要观点：一是组织收入说，即房产税形成地方的主体税收来源；二是调节分配说，即房产税是构成社会财富重新配置的一种手段；三是优化税制说，即房产税可以完善财产税体系，构建合理的现代国家税种结构；四是调控房市说，即房产税可以遏制房价上涨势头，引导理性的住房消费。这些功能究竟能否成立，以及其在优位性上孰先孰后，都存有不小的争议。对此，我们可以先考察域外的主流理论与实践情况，而后总结上海、重庆改革试点成效，进行实然的分析。

1. 域外经验

在域外主流理论中，房产税被认为是一种"受益税"，且天然地适合作为组织收入的地方税种。[①] 原因在于，首先，房产税的税源较为稳定，既不可移动、难以藏匿，又较少受到经济周期的影响与冲击，能够带来持续、可靠的财政收入。其次，房产税的税收负担与地方政府提供的公共服务相联系，纳税人享受到的服务质量与其承担的税负水平显著相关。再次，地方政府在房产保有环节的信息获得与监控能力强于中央，征管效率更高。

从域外实践看，房产税也是大多数国家和地区的地方主要财政收入来源。同时，绝大多数国家都是由地方政府独享房产税，也有少数国家将其作为中央与地方共享税。

总体而言，房产税在发达国家和地区的主要功能是筹集地方政府的财政收入。即使是利用房产税作为调控工具，也只是早期的或非常态的做法。于调节收入分配的功能，域外国家一般主要依靠遗产税、赠与税与个人所得税，但在房产税上也会通过累进税率等形式体现。

2. 改革试点成效

客观地说，上海、重庆房产税改革试点在各方面的成效都并不显著。组织公共财政收入这方面与学界主张的将房产税作为地

[①] See Hamilton, Bruce W. *Property Taxes and the Tiebout Hypothesis*: *Some Empirical Evidence*, in Mills and Oates, eds., *Fiscal Zoning and Land Use Controls*, Lexington Books, 1975, pp. 13 - 19. 也有学者认为房产税不是一种良税，它会扭曲房地产市场的供需和地方财政决策。这种观点被称为"财产税新论"，其代表人物是米斯科斯基（Mieszkowski）、左德罗（Zodrow）。See Mieszkowski and George R. Zodrow, *Taxation and The Tiebout Model, the Differential Effects of Head Taxes, Taxes on Land Rents, and Property Taxes*, Journal of Ecomomie Literature, 27 (3), Sept. 1989, pp. 1098 - 1146。

方主体税种的设想相去甚远。在调控房价方面,近几年两地房价均呈上涨势头,且与其他城市没有明显差异,并未起到民间期望的降低房价"一剑封喉"作用。在调节贫富差距方面,虽然重庆方案的改革对象指向了存量高档住宅,但试点中相对较低的税率对于高收入阶层而言无异于隔靴搔痒,反倒可能误伤了中等收入群体。在优化税制方面,由于当前试点严格上说并非对房屋的保有环节征收房产税,其税收模式不够成熟、合理、系统,故尚未起到充实财产税体系、完善我国税制结构的作用。

尽管上海、重庆房产税改革试点在上述几方面均未完成目标,但并不意味着房产税在中国行不通。学界已经指出,房产税在改革试点之中没有能够充分发挥筹集收入的主要作用,其原因主要在于税制设计存在问题。同时,房产税改革存在诸多难题。

3. 学理分析

我们至少需要从两个方面对征收目的进行判断,一是分析这一目的是否符合现阶段的国情与实际需要,二是考量房产税是否可能有效地达成这一目的。只有同时满足这两点,才能称之为"科学的"征收目的。

(1)调控房价:不能承受之重。调控房价的目的无疑是切合我国当下的需求的,但学界普遍认为,房产税并不能承担宏观调控、稳定房价的任务。[①]

单纯从理论上看,房产税增加了持有住房的成本,相当于调整了房地产投资的成本收益比。这一方面可能引导人们转而选择租房等其他方式,降低购房需求,另一方面可能增加保有人的资

---

① 理论分析如张洪铭、张宗益、陈文梅:"房产税改革试点效应分析",《税务研究》,2011年第4期;实证研究如况伟大、朱勇、刘江涛:"房产税对房价的影响:来自OECD国家的证据",《财贸经济》,2012年第5期;等等。

金成本，打击投机行为，因而对房价产生影响。不过，结合中国的实际情况来看，这种调控作用必然是极其微弱的。我国房价上涨的根本原因是经济增长、城市化、婴儿潮和投资渠道单一等原因共同造成了需求增加。在这种情况下，房屋的需求价格缺乏弹性，即使房产税增加了购房成本，也不会实质性地带来住房需求的下降，无法起到打击投机的作用，反而会使得民众被迫接受税负转嫁。

更为重要的是，从性质上看，房产税作为一个税种，强调稳定性与确定性，但调控工具却要求灵活、及时调整，两者存在内生性的矛盾。可见，不宜对房产税的宏观调控作用施加过多期待。当然，我们并不否认房产税可能对房价产生一定的影响，但这种功能只是极其次要的。

（2）调节分配：近期的改革目标。在法律制度体系中，税法直接置身于国民财富分配领域，对分配正义的促进作用最为明显和直接。而相比于容易转嫁的间接税来说，财产税、所得税等直接税更符合量能课税的要求，能够较好地起到调节收入分配的功能。房产税是财产税的重要组成部分，且具有税源不易流动、税负难以转嫁的优点，很适合作为调节收入和财富分配的重要手段。不过，需要指出的是，房产税虽然在应然上能够促进分配正义，但其实然效果很大程度上要取决于税制的科学性与精密性。[①] 反过来说，这要求我们在制度设计时将调节分配作为一个目标导向，合理安排税基、税率、扣除项目等课税要素。

（3）组织收入：长期的渐进过程。自 2000 年以来，我国的经济形势与房价水平变化相当大，但房产保有环节的税收收入占

[①] 一个例子是，个人所得税被认为是调节收入的有力工具，但实证研究发现，由于我国近年来个税改革的导向存在一定偏差，该税种改善收入分配的效果相当有限。参见徐建炜等："个人所得税改善中国收入分配了吗"，《中国社会科学》，2013年第 6 期。

地方财政收入的比重一直在 4% 左右。与此相对，国有土地使用权出让收入①则在绝对数量和相对比率上都快速增长。可见，我国的地方财政事实上主要依靠的就是房地产行业的收入，只是其中的绝大部分并不表现为保有环节的税收，而是以开发环节一次性的出让收入的形式存在。近年来，我国经济增长的重要动力是土地开发和城市扩张，因而地方政府也以土地征用、开发和出让作为支撑地方财政和经济增长的主要来源。② 这种机制是不可持续的，随着开发空间告罄，政府对房地产的收入来源势必会转向保有环节。因此，房产税实现组织收入的功能，应当建立在较大幅度地削减土地出让金等其他房地产税费的基础之上。提高保有环节的税收，同时就要适当减轻建设、交易环节的税费负担，将一次性在土地取得阶段收取出让金的旧机制转变为在土地保有期内收取房产税的新机制。③ 简言之，房产税改革本质上是财政收入结构的调整和重组，而非增加纳税人的税费负担。

进一步看，房产税的组织收入功能，应当放在宏观税负的整体层面中考量。目前，我国国民收入呈现出向政府集中的趋势，财政收入的增长连续多年高于 GDP 的增长。1996—2007 年，政府的最终分配比率由 17.1% 提高到 24.1%，居民部门的分配比率却由 69.3% 下降到 57.5%，明显低于发达国家水平。④ 这提醒我们应处理好"国强"与"民富"的关系。

---

① 国有土地使用权出让收入反映的是以招标、拍卖、挂牌、协议和划拨等方式出让国有土地使用权所确定的成交价款。
② 孙秀林、周飞舟："土地财政与分税制：一个实证解释"，《中国社会科学》，2013 年第 4 期。
③ 邓宏乾：《中国城市主体财源问题研究——房地产税与城市土地地租》，商务印书馆 2008 年版，第 322 页。
④ 如美国的居民分配比率一般稳定在 73%，日本约为 75%。参见安体富："中国中长期税制改革研究"，《经济研究参考》，2010 年第 46 期。

在从"与民争利"转向"藏富于民"的大背景下，结构性减税必然是我国税制改革的大趋势。因此，房产税的"加税"在短期内不宜操之过急，而要和其他税种以及土地出让金的"减负"配套进行，保持宏观税负相对稳定，既保障国家事业发展和人民生活的正常需要，又考虑有关方面、特别是企业和居民的承受能力。① 从远期看，房产税的主要目的确实是组织收入，充当地方主体税种。不过，这需要经过一个渐进的过程，要结合税制改革整体推进，做到税费联动、有增有减。

（三）定税正当：税收负担的适度性

于房产税而言，税负适度的意涵相当丰富，概括来说，它要求将宏观税负水平保持在合理的范围内，既实现组织财政收入的目的，又不至于过分侵犯纳税人的财产权。这一要求还可以解构为两大原则，一是量能课税原则，二是基本权利保障原则。

1. 征税对象

房产税是以房产为征税对象，还是以房产和土地为征税对象，国际上存在三种不同的做法。第一种是分离型，即分别课征房屋税和土地税。第二种是合并型，即将房屋和土地合并课征。第三种是混合型，即将房屋和土地合并定义在一个税种下，但是对其税率等课税要素分别规定。

我国现行的房地产税制在形式上属于分离型，在保有环节分别课征房产税和城镇土地使用税，而且在整个过程中涉及相当多的税种（见表4-1）。特别需要注意的是，房产税虽然名义上仅针对房屋，但其以房产原值扣除一定比例后的余值为计税依据，而房产原值事实上已经包含了土地使用权的价值，因此在实质上

---

① 楼继伟："建立现代财政制度"，《人民日报》，2013年12月16日。

房地并不是分离的。①

表4-1　　我国房地产转让及保有环节相关税费表

环节	税种	计税依据	税率
房产转让	契税	不动产成交价格	3%—5%
	印花税	产权转移书据所载金额	0.5‰
	土地增值税	土地增值额	四级超率累进，最低30%，最高60%
	耕地占用税	实际占用的土地面积	地区差别定额税率，最高每平方米50元，最低5元
	增值税	转让房屋收入（符合条件的可扣减购买房屋的价款或免征）	6%
	城市维护建设税	营业税额	市区7%，县城、镇5%
	教育费附加	营业税额	3%
	个人所得税	转让收入减除原值和相关税费的余额	20%
	企业所得税	转让收入	25%
	土地出让金	政府相关部门收取的出让土地使用权的费用	
房产保有	房产税	房产原值减除10%—30%的余值或租金收入	按余值计算的1.2%，按租金计算的12%，个人出租住房减按4%
	城镇土地使用税	实际占用的土地面积	定额税率，区分所在城镇规模，最高每平方米24元，最低0.6元
	增值税	租金	6%，个人出租减半
	城建税、教育费附加及所得税	与转让环节类似（略去）	

资料来源：根据我国相关税收法律、法规整理。

---

① 熊伟：《财政法基本问题》，北京大学出版社2012年版，第361页。

从理论上分析,房地分离课税与合并课税各有优劣。不过,从我国现实情况看,房地合并是更优的选择。首先,在"房地一体化"的转让制度下,我国不会面临房屋和附属土地权利分离这一合并课税的关键难题。其次,房屋和土地的价值密不可分。更何况,房屋存在使用寿命,不但不会升值,反而会贬值,因此如果房产税仅针对房屋课征,税基势必会逐年萎缩,不利于收入的稳定。再次,房地合并计征方便掌握课税价值,便于征管,也有利于简化税制。此外,考虑到城镇土地使用税按照面积计征,本身的税制就不甚科学,将其纳入改革合并的范围也是适当的。具体来说,可以考虑在房产税之下区分不同类型,例如将住宅及其附属土地作为一类,其他建筑物及其附属土地作为一类,空地作为一类,再分别予以规定。

2. 计税依据

在世界范围内,房产税的计税依据可以分为两大类型:第一类是从价计征,这可以分为按房屋价值计征[①]与按租金计征两种。世界上大部分国家尤其是发达国家都采用房屋价值计征法。这种方法下的税基丰富且具有弹性,也能较好反映纳税能力,但是它对不动产交易的市场环境、估价水平和征管能力都提出了较高的要求。至于按租金计征,它在征管上比较简便,也能较好反映应税能力。

第二类是从量计征,即以房屋的面积为计税依据,通常与定额税率结合运用。这种方法计征简便,征管成本低,但是存在明显的缺陷,比如,按面积计征无法充分体现收入水平的差异,税

---

① 按房屋价值计征还可以细分为按评估值计征与按市场价值计征两类,不过两者的差异很小,评估价值和市场价值其实都是评估出的市场价值,只不过评估价值还要乘以一定的计税价值比例。简单来说,评估价值是市场价值的一定比例。在后文的论述中,基本对两者不加区分。

制的累进性不明显，甚至还可能带有累退性；又如，税收收入缺乏弹性，几乎不随经济周期和房屋价格而变化。

我国现行房产税的计税依据采取了两分法，对于非出租房产以房产原值一次减除10%至30%后的余值为计税依据，对于出租房产则按租金收入计征。这种制度安排在组织收入和调节分配两个方面上看都并不甚理想。房产原值再扣除一定比例后，与房产市场价值存在较大差距，这使得税基被限制在较窄的范围里，既无法筹集到足够的税收收入，又不能在房价大幅上涨后调整税负水平、发挥调节分配作用。同时，按原值征税还会使得不同年代的房产税负存在明显差距，引发了公平性问题。① 至于按照租金收入计征，在现行税制下，房产出租的租金收入要同时课征房产税与增值税，两者的性质又相当接近，存在双重征税的嫌疑，也使得税制更为复杂。总体上看，笔者认为应当借鉴国际主流做法，采取统一的房屋价值计征法。②

3. 税率设计

对于房产税的税率，有单一比例税率、差别化比例税率和累进税率三种形式。其中，单一比例税率的优势在于税制简单、便于征管，但在量能课税上的体现不够充分；差别化比例税率根据对住宅物业与非住宅物业、闲置与非闲置、区位优劣等因素的区分，对不同类型房产设置不同的比例税率；累进税率则是按照房屋价值设置若干梯度，税率随级次而升高。

从域外经验上看，房产税的税率设计存在一定的普遍规律（见表4-2）。第一，税率不宜过高，特别是对于住宅而言，1%

---

① 倪红日："房地产税制改革的进程与建议"，《中国税务》，2012年第6期。
② 上海、重庆的房产税改革试点正是以房产评估值法为改革目标，在初期则暂时以市场交易价格为计税依据。这是经验还不成熟时的一种探索，是值得肯定的。

是国际普遍通行的税率;第二,大多数国家和地区都赋予地方税率决定权;第三,采取差别化税率是有必要的,但分类以简单、少数为宜,以免复杂的税制带来征纳成本的明显增加。

表4-2　　　部分国家和地区房地产税税率比较表

国家	主要房地产税种	税率	其他
美国	财产税	地方政府自行确定	名义税率一般在3%—10%,实际税率约为1.2%—3%
英国	住宅房屋税	八级累进税率,价格小于40000英镑为A级,大于320000为H级	
	差饷	税率根据用途而有不同,每年确定	以租金为计税依据
法国	建筑地税与未建筑地税	地方政府自行确定	
	房屋税	1%—3%	
德国	房地产税	0.98%—2.84%	
澳大利亚	土地税	累进税率。以新南威尔士州为例,四级累进,最低税率1.25%,最高3.5%	首都特区和6个州征收土地税
加拿大	财产税	各地分别决定,大多在1%左右	市镇、县和学区重复计征
西班牙	不动产税	3%	
挪威	不动产税	国税0.9%,地税0.2%—0.7%	国家与地方同时征收,共享税基
巴西	房地产税	0.3%—3%	
瑞典	不动产税	0.5%—1%	

续表

国家	主要房地产税种	税率	其他
奥地利	物业税	1%	未开发土地税率为2%
丹麦	不动产税	各地决定，最高2.4%	
西班牙	不动产税	3%	
日本	固定资产税	标准税率1.4%	还设有都市企划税、特别土地保有税等
韩国	综合不动产税	累进税率。住宅为四级累进，最低0.5%，最高2%	建筑物和土地大部分均同时征收财产税和综合不动产税，别墅、高尔夫球场等仅征财产税
韩国	财产税	住宅四级累进，最低0.1%，最高0.4%；别墅、高尔夫球场等4%	
新加坡	房产税	10%	以租金为计税依据
中国香港	差饷	5%	以租金为计税依据
中国澳门	房屋税	出租房屋10%，非出租房屋6%	以租金为计税依据
中国台湾	地价税	六级累进税率，最低1%	
中国台湾	房屋税	家用房屋为1.2%—2%，营业用3%—5%	

*资料来源：国际财政文献局（IBFD）网站，http://www.ibfd.org/；全球房地产向导（Global Property Guide）网站，http://www.globalpropertyguide.com/faq/guide‑taxes。

这些经验都很值得我国借鉴。特别需要指出的是，应当考虑赋予地方在房产税税率上的决定权。房产税是典型的地方税，而且鉴于我国各地的经济发展水平、财政收入情况、房价高低等方面的较大差异，"一刀切"的税率恐怕会加剧区域财力的不均衡。因此，建议全国人大在立法中采取幅度税率，并授权省级人大根据实际情况具体决定。① 同时，在单一制政体的框架下，还要建立起中央对地方的监督与控制机制。② 具体来说，在房产税作为地方主体税种的情况下，低税率会使得地方财政收入缩水，且房产税税源本身流动性不大，因而不太可能导致严重的恶性税收竞争。这就要求全国人大将房产税立法的关注点放在设定幅度税率的上限，保持各地的税负水平总体合理。

4. 税收减免

税基和税率共同决定了应纳税额的高低，税收减免则是从"做减法"的角度来平衡税负水平、追求实质公平和实质正义的实现。大致来说，房产税的税收减免通常基于三种理由：一是基于政府所有；二是基于公益用途；三是基于生活保障权的实现。

就我国目前的房产税减免范围而言，基于政府所有和公益用途两类的规定比较完善，基于生活保障权的优惠措施则相当粗略，唯一相关的条文也只是原则性地提出"纳税人纳税确有困难的，可由省、自治区、直辖市人民政府确定，定期减征或者免征房产税"。笔者认为，房产税制度设计应当考虑建立起更为多

---

① 地方对房产税税负的控制是积极且有效的，典型例子是著名的美国加利福尼亚州13号提案（Proposition 13）。1978年，公共选择学派的创始人布坎南在加州提出了第13号税收法案，并在全民公决获得通过。根据该法案，该州的物业税税率不得超过1%。这一法案曾被人正式提起违反美国联邦宪法平等保护条款的挑战，但其合宪性最终在1992年获得了美国高等法院的支持。See Fisher, Glenn W. 1996, *The Worst Tax? A History of the Property Tax in America*, Lawrence: University Press of Kansas.

② 分权基础上的制衡是发达国家处理政府间财政关系最基本和最重要的准则，它一方面要求国家财政权力由不同层级的政府分享，另一方面又要求中央必须拥有旨在制约地方政府财政行为的有效手段，在明确中央主导地位的基础上寻求分权和集权的最佳组合。例如，英国税收立法权完全集中于中央，地方政府无权开征税收，但有权决定地方税税率。为了有效避免地方过度增加税负，法律又赋予中央政府在每年审批预算时对地方税率进行控制的权力。参见楼继伟：《中国政府间财政关系再思考》，中国财政经济出版社2013年版，第265页。

元、更加完善的税收优惠体系。一方面，可以考虑设置普遍性的免征额或免征面积。对此，应当作慎重考虑，既不能因额度或者面积过小而无法保障民众的基本生活需要，又不能因优惠范围过于宽泛而导致税基过窄；另一方面，也可以考虑规定更多间接的税收优惠，如借鉴美国的延期纳税制度和"断路器"（circuit-breakers）制度。①

此外，还有一个相关问题值得讨论。我国《条例》虽然没有明确作出减免规定，但却通过"房产税在城市、县城、建制镇和工矿区征收"的规定，实际上将农村房产置于不征税范围中。对此，有学者指出，随着在城乡结合部和农村地区开办的企业数量增多，它们享受着和临近城镇企业相差无几的公共服务，但却无需承担房产税纳税义务，明显有失公平，也容易诱发避税行为。② 这一观点有其合理性。不过，鉴于我国为农村地区减负的总体趋势，在农村全面铺开房产税恐怕并不妥当；再加上城乡土地制度改革涉及的复杂问题，在其方向明朗之前，建议房产税改革暂时不宜贸然扩展到农村地区。

---

① 延期纳税是适用于特定财产所有人（一般是老年人、残疾人、低收入群体）的优惠政策。如果房产价值出现了大幅上升，而且这种上升不是由于纳税人自身原因造成的，那么就可以根据房产的原有价值纳税，但需要将所纳税款和应纳税款之间的差额进行记录。这个差额并不是被豁免掉了，而是推迟到以后再缴纳。按照各州的不同规定，它可能要全部缴齐，也可能只缴纳一部分，还可能要加付利息。"断路器"是另外一种优惠规则，意即如果纳税人所缴纳的财产税与其收入之间的比例超过了法律规定的比例，那么政府就会通过减免税收、返还税款、财政补贴等形式弥补超出部分。参见黄凤羽："美国财产税政策及其优惠机制"，《涉外税务》，2007年第7期。

② 刘隆亨、翟帅："积极推进房产税改革之思考和建议"，《注册税务师》，2012年第10期。

（四）管税正当：税收征管的有效性

管税正当，既体现在法定层面，要求严格按照税法的规定课征税收，也体现在效率层面，要求将税务机关与纳税人的征纳成本控制在合理的范围内。相比于增值税等能够"自我监督"[①]的流转税，房产税的征收难度相对较大。概括起来说，房产税在征管上面临三大难题：一是如何有效监控房产及其价值；二是如何保证纳税人依法纳税；三是如何稽查及应对不依法纳税者。

1. 加快配套制度建设

在房产税改革全面铺开之前，应当加快房产评估、不动产统一登记[②]等配套制度的建设步伐，为征收管理做好信息技术准备。其中，与房产税关系最为密切的是房产评估制度。目前，我国虽然已经初步建立起房地产评估行业，但还非常不成熟。在未来的制度完善中，应当注意以下几点：

首先，建立起中立、专业的评估机构。从域外经验看，负责房产评估的主体可能是第三方机构，也可能是税务部门以外的政府部门，还可能是由专业的评估师负责。无论是哪一种，评估机构的专业性与中立性都被格外强调，立法和资金上的支持对于评

[①] 增值税的"自我监督"功能，是指通过销项税额和进项税额相抵扣的增值税计算方法，天然地在产业链的上下游交易主体之间形成相互监督关系。

[②] 我国早在《物权法》中就已规定不动产统一登记，但一直进展缓慢，登记职能分散在多个部门。2013年11月，国务院常务会议正式提出建立不动产统一登记制度。根据部署，2014年上半年，我国将出台不动产登记条例和登记制度。需要说明的是，不动产统一登记制度是房产税有效征管的基础性工作，但其并非是专门针对房产税开展，而是涉及到多种不动产类型的。鉴于该问题的复杂性和技术性，本书对此不作专门探讨。

估机构的有效运作也是必不可少的。①

其次，合理运用房产评估方法。目前，较为通行的评估方法有市场比较法、收益现值法和重置成本法三种。

再次，建立评估争议处理机制。发达国家和地区都建立了一套司法或者准司法程序的争议解决机制。就我国目前的实际情况，如果暂时难以建立独立的申诉机构，也可以考虑由上一级行业协会或其主管部门组织进行复议。

2. 革新税收征管模式

我国税收征管模式的特点是"自行申报，集中征收"，这种模式比较适合我国长期以来以间接税为主体税种的税制结构和以企业为纳税主体的税收管理现状，但不适合房产税这一以个人为纳税人的直接税。如果房产税在全国正式铺开，这一问题将无法回避。在更广泛的意义上，随着我国直接税比重的提高，征管模式也势必需要彻底的革新再造。

尤为重要的是，要积极推进纳税申报方式在房产税征管中的运用。纳税申报制度要发挥作用，有赖于国民具有相当高的纳税意识，有赖于自觉性的纳税协力。因此，税务机关一方面应优化纳税服务，降低纳税人的申报成本，并可考虑采取蓝色申报②等奖励诚实申报的措施。另一方面，还应加强税务检查与稽查，对违背申报义务及短报、漏报等逃漏税捐者课处罚则。③ 总之，应当逐步推动建立以自行申报为主体、以税务代理为辅助、以税务

---

① See Robert Brown, *Property Taxation Programs——An Overview of Policy and Administrative Consideration*, Paper for the Property Tax Seminar in Hubei University of Economics, October 2007, pp. 3 – 5.

② 蓝色申报制度是日本为了提高税收征管效率而采用的一项特殊的纳税申报方式。它是指按照要求及时、准确申报的纳税义务人，在经税务机关许可后，可以采用蓝色申报表，并享受到比普通纳税人更多的税收优待。

③ 陈清秀：《税法总论》，台湾元照出版公司2010年版，第495页。

稽查为保障的新型税收征管模式。

同时，还须强化涉税信息管理。房产税的有效稽征高度依赖于便捷、系统、准确的房产信息网络。因此，有必要建立起政府部门间的涉税信息共享平台，特别是要加快建立统一的不动产登记制度与信息平台。此外，大数据时代下的税收征管还应当加快"信息管税"的推进步伐，广泛采用信息化手段，建立统一的税收征管计算机信息系统，以节约征管资源、降低征管成本、提高征管效率。需要指出的是，税务机关工作人员在获得和使用纳税人、第三方及其他政府部门提供的涉税信息时，要严格遵守保密的规定，否则应承担相应的民事、行政乃至刑事责任。

（五）用税正当：地方财政的公共性

只有坚持税收法定、公共财产理念，以保障和改善民生为工作重点，进一步强化财政支出的公共性，才能让民众真正理解为什么需要纳税，进而从根本上消解"税收焦虑"与对抗情绪。目前，在上海、重庆房产税改革试点中，两地均宣称将房产税收入专款专用于住房保障等民生支出，这就是一个积极的信号。

不过，我们还需要站在更加宏大的视角上来考察房产税税款的用途问题。纵观世界各主要发达国家，它们一般都在宪法和法律中明确规定哪些财政职能和财政工具适宜集权化，哪些又应分配给各级地方政府。① 然而，由于1994年我国的分税制改革是一次行政主导的财政分权，并且其在范围、内容上都不完善，自1994年以来，中央与地方财政关系日渐失衡，财权上收、事权下沉成为明显趋势。受制于财力不足的现状，地方政府自然地萌

---

① See Oates W F, *An Essay on Fiscal Federalism*, *Journal of Economic Literature*, 1999, 37 (3), pp. 1120–1149.

生了强烈的创收冲动。再加之"唯 GDP 主义"的错误政绩观,一些地方政府为了发展经济,呈现出明显的地方政府公司主义(Local State Corporatism)倾向。① 这不仅导致了土地财政依赖、地方债务高筑、非税收入膨胀等诸多问题,而且很可能使得地方政府在制度外的创收过程中被某些强势的利益群体诱导、裹挟甚至绑架,从而与财政的公共性职能渐行渐远。

在此意义上,房产税改革为地方财政提供了自我改正的机会。通过科学的制度设计与改革安排,将房产税逐步发展为地方主体税种,能够从根本上破解财源枯竭及由此引发的困境,引导地方财政收入走上可持续的发展轨道。同时,由于房产税的税源与本地区的基础设施和公共服务紧密相关,"用脚投票"② 的区际竞争压力能够为地方政府带来正向的制度激励,使其自觉用好财政资金,切实承担起提供区域公共品的职责。

(六)程序正当:改革路径的合法性

由于房产税是直接税,又涉及税负的增加,因而纳税人的"税痛"感相当强烈,对改革的不满情绪也很容易滋生。在这个时候,房产税改革的程序正当性尤显重要。

然而,正在推进的房产税改革因循着行政试点路径,即在不修改现有法律法规的前提下,由国务院主导、地方行政机关具体发布行政指令。客观地说,这一改革路径很大程度上处于合法性

---

① See Jean C. Oi, *Rural China Takes Off: Institutional Foundations of Economic Reform*. Berkeley: University of California Press, 1999, pp. 11 – 13.

② See Charles M. Tiebout. *A Pure Theory of Local Expenditures*. The Journal of Political Economy. 1956 (64), pp. 416 – 424.

缺失的状态。① 同时，行政主导的改革模式既回避了人大的间接民主控制，又排斥了民众的直接民主参与，其正当性难以得到保障，也不符合法治国家的要求，长远来看是不稳定、不协调、不可持续的。

值得讨论的是，有学者提出，立法耗时太长，因此房产税改革仍然应当采取先行先试的模式。对于这种观点，我们应当从三个层面加以理解：第一，改革不能唯效率论。盲目追求尽快推进房产税改革，恐怕并不能起到预期效果，反而会耗费不必要的成本，甚至使人民对改革的信心受挫。

第二，立法能够保障和促进改革。我们不应对现存的分歧掩耳盗铃，希图通过行政权力来尽快推进改革，而应当通过立法程序来规范、有序、温和地表达和提炼人民意志。立法过程也不应沦为形式或过分追求全票通过，而要回归到审议、讨论、协商的轨道上来，有效运用立法的表达、表决等程序规则，最终形成科学的改革方案。

第三，立法并不当然排斥改革试点。但是，改革试点的方式和机制都应进行重构，以确保其在法治框架下规范运行。从合法性角度看，改革试点应当由全国人大及其常委会授权进行，同时要由国务院在改革试点地区暂停《房产税暂行条例》相关条款的实施。从民主性角度看，应当由立法机关而非行政机关处于主导地位，强化全国人大的立法监督和地方人大的决策参与，同时要完善民意吸纳和反馈机制。从公平性角度看，应当以税法基本原则约束试点方案，保障试点区域内外及内部纳税人之间的税负公平。

---

① 房产税改革目前采取的行政试点模式，违背了《立法法》禁止转授权的规定，也与上位法《房产税暂行条例》相冲突，同时因为不符合《税收征收管理法》第3条而无法成为有效的征税依据。

五、遗产税开征的难题与思路

（一）开征遗产税的难点和现实可行度

税制改革不仅是一个法律完善和价值的问题，更是一个制度建设和社会实践的问题。尽管遗产税是一剂医治我国收入分配不均、社会矛盾加剧的药方，但良医用药亦需讲究时机，立法者在决定开征遗产税时，不宜仓促行事，而应全面、理性地考虑其执法和守法效果，评估开征的可行性。严格地说，由于我国民众对遗产税的认知和认同程度尚待提高，与遗产税配套的个人信用、财产登记、财产申报、财产评估等制度和相关法律规定需要完善，故当即开征遗产税面临较大难度，主观及客观条件均未完全成熟。

1. 遗产税纳税意识未形成

提高公民依法纳税的自觉性和心理承受能力，防止公民用种种手段分散、转移财产，虚假瞒报，或者产生逆反心理，浪费掉财物，是一项必不可少的工作。① 对于在很大程度上要靠公民自觉申报的遗产税来说，培养纳税主体的纳税意识对遗产税的征管至关重要，也是一个长期、艰巨的过程。否则，遗产税立法纵然完备，也难在守法环节产生实效。

当前，会有来自纳税人的阻力。主要原因包括三个方面，其一，在浓厚的家族继承观和传统的社会财富观下，我国几千年以来流传着财富积累和"子承父业"的思想，很多人积攒了一辈

---

① 刘隆亨：《中国税法概论》，北京大学出版社1996年版，第250页。

子就是为了给下辈留下更多的遗产。所以，人们短时期内在观念上难以接受开征遗产税。其二，遗产税的历史虽然久远，但自新中国成立以来一直未在大陆地区开征，我国居民对它的概念尚不清楚，对其分配公平的功能也知之甚少，有相当部分的人误以为每个人都要缴纳遗产税，对开征遗产税十分不满。其三，我国纳税人的税收负担一直较重，再加上权利义务不对等、纳税人难以监督税收收入的使用、税收法治化程度较低，导致了纳税人对税收存在抵触情绪，纳税人主体意识被严重削弱，税法的受遵从度不高。

2. 财产监控机制尚薄弱

征收遗产税的关键在于能否确实掌握个人财产情况、有效地控管税源，这远超乎遗产税立法的范畴之外，但却是保障遗产税顺利开征的前提。只有有效监控被继承人生前财富的变动，才可能有效征管其死亡之时的遗产，而被继承人生命有多长，此种监控即应有多长，难度可想而知。① 当前，我国在与个人财产监控相关的多个子系统中都存在着缺位和失范，在缺乏周密的财产监控机制的情况下，如果贸然开征遗产税，将大大影响遗产税法的实施效果，致使税务机关的征管将因无从掌握税源而落空。

其一，我国居民收入的隐性化现象较为明显，国家难以获得个人准确的财产信息。一方面，许多中国人依然信奉"财不外露""树大招风"等古训，"私房钱""小金库"等隐匿财产的方法花样繁多，这在很大程度上阻碍了政府对个人财产的监控，使得我国居民的财产状况一直是十分隐蔽的。另一方面，由于特定的社会经济原因，我国的个人收支活动主要实行现金支付

---

① 欧丽华："论遗产税的配套制度建设"，《湖南省政法管理干部学院学报》，2000年第1期。

制度，银行信用体系还没有建立。

其二，我国未能建立完整的个人财产申报和登记制度。个人财产的登记和申报核实是开征遗产税的基础条件，也是国家具体掌握个人存量财富的微观渠道。我国已有的产权登记制度管理混乱，产权"名不副实"问题突出。此外，虽然我国的纳税登记户呈逐年递增趋势，但与经济普查登记户数、工商登记户数等相比还存在一定缺口，纳税人依法、自主、准确地纳税申报的意识不强，国家工作人员的财产申报则在主体范围、客体覆盖范围、申报受理等方面存诸多疏漏。对于房屋、土地、机动车辆、船舶、有价证券等重要财产的产权登记，已有《土地管理法》《城市房地产管理法》等法律的规定，《民法通则》《担保法》等也有涉及，但在严格性、统一性上依然有待加强。

其三，我国的财政公证制度不完善。特别是在有关遗赠公证和遗产分割公证方面，存在着较多的缺漏。

3. 财产评估制度不健全

遗产税的课税对象是被继承人遗留财产的总额，包含现金、股权、房产等，对这类财产的价值进行评估，其准确性直接影响应纳税款的数量。我国的财产评估还处于起步阶段，现行的财产评估法规和制度较为零散，专业评估人员严重短缺，评估机构的评估标准、方法、方式远远落后于开征遗产税的需要，并且主要评估对象是企业的固定资产和工业产权，针对个人财产的评估业务范围仍显狭窄。

4. 相关法律规定不够明晰

遗产税的税基是被继承人拥有的私人财产，故遗产税是以完善的财产所有权和遗产继承法律制度作为背景的。与征收遗产税的制度要求相比，我国现行法律中有关公民个人财产所有权的归属和家庭成员共有财产的继承、分割、转移等的规定还显得过于笼统、抽象和含糊。① 同时，我国《继承法》尚未规定死亡通知制度，也没有明确遗产管理人具体的保管义务和法律责任。可以想见，在相关法律制度较为陈旧和模糊的情况下，遗产税的开征难免会衔接不上、成效不佳，甚至可能寸步难行。

（二）开征遗产税的条件准备及长远规划

短期内不具有开征的可行性并不能推翻在不久的将来开征遗产税的必要性。唯有"未雨绸缪"、早作准备，方可自信且淡然地"闲庭信步"，因此，我们应当从具体制度设计、纳税人意识、配套建设、法律完善等入手，坚定克服种种困难的决心，夯实开征遗产税的基础制度，保障遗产税的可操作性。

1. 优化税收要素设计

实际上，就主张开征遗产税与反对开征遗产税这两派较量的主要论题而言，遗产税是否会产生效率减损、消费减少、资金外流、投资外逃等不利后果，不能凭空、想当然地依据我们的臆想或者第一感觉就"造出"结论，而是必须充分收集近年死亡人数的遗产状况、遗产税税源分布等资料，调查潜在纳税人的意见和行为反应，借助数据分析做出更加理性的判断。而且，开征遗产税即便带来了一些潜在问题，这或许也是可以通过税制要素的巧

---

① 例如，《继承法》第三条规定，遗产包括公民的"收入""房屋、储蓄和生活用品""林木、牲畜和家禽""文物、图书资料"等。这种对遗产的范围界定及类型划分已不能适应我国经济生活发展的要求，也不符合国际通行的分类方法，不便于税务机关认定和评估遗产。再如，《继承法》仅在第十六条第1款、第二十三条第2款和第二十四条提及遗嘱执行人，规定得简单而又含糊，未明确其主体资格和具体的权利义务。

妙设计加以避免或弱化的①，常言道"魔鬼藏在细节里"，税基、免征额、税率、扣除项目等每个要素都决定了课税的深度和广度，只有当我们细化到这个层面时，才能完成我国遗产税的科学设定。

例如，对于遗产税的免征额，国外的遗产税免征额通常为人均 GDP 的 20 倍左右②。但是，这并不能完全适用于我国，我国当前的人均 GDP 约为 6000 美元，若将 12 万美元（约合 72 万人民币）作为我国开征遗产税的免征额，就会导致大量的中等收入群体被课征遗产税，这是很不合理的。考虑到我国特殊的财富分布状况，建议将免征额至少定为 500 万元以上，但对于具体数值为何，还需要更加细致的统计和测算。

2. 培养纳税人意识

遗产税的适用人群可能最多只占我国总人口的 5%，但其能否顺利开征取决于大多数国民的态度。③ 由于很多国民对遗产税缺乏基本的了解，亟须进行广泛的宣传和规范解释，使普通民众正确认识遗产税，了解遗产税缓解贫富分化、减少社会浪费的作用。更重要的是，应当培养富人群体缴纳遗产税的纳税人意识，增强他们的社会责任感、公益观念和自觉纳税意识，从而为我国开征遗产税提供社会思想基础，建立起政府与纳税人之间的互信，减少对遗产税的误解或阻力。

3. 完备配套制度建设

掌握个人真实、可靠的财产所有情况是征收遗产税的关键，

---

① 以开征遗产税对居民房产拥有情况的影响为例，考虑到我国民众的心理，我们可以采取适当提高遗产税的免征额，或者将特定继承人用于自住的一处住房从应纳税金额中扣除的方式，这应该是符合国情的人性化的规定。参见禹奎：《中国遗产税研究：效应分析和政策选择》，经济科学出版社 2009 年版，第 202 页。

② 赵惠敏、李国生："国外遗产税免征额与人均 GDP 的关系及我国遗产税免征额的界定"，《涉外税务》，2005 年第 10 期。

③ 雷根强："我国开征遗产税的难点分析"，《涉外税务》，2000 年第 8 期。

也能有效地降低征收成本。在正式开征遗产税以前，需要健全配套制度，使隐性收入全方位地显性化，继而借助个人财产申报、登记和公证，实现国家对私人收入的密切监控，并通过科学的个人财产评估，保证遗产税的足额征收。

其一，逐步缩小现金支付的范围，限制现金的自由流通，大力推广使用银行各种非现金支付结算工具，如信用卡、汇票、支票、网上支付等，使个人的收支活动均处在税银联网的有效监控之下。

其二，以实名制财产账户为依托，建立个人信用制度。借鉴美国的税务号码制度，我国也可以利用身份证号码作为唯一的个人代码建立个人银行账户，个人代码既是其社会信用号码，也是纳税专用编码。从该账户中可以反映每个公民的全部收入、一定价值以上的支出和个人纳税、医疗、保险、投资等信息。[①]

其三，在实名制的基础上，实行严格的个人收入申报和财产登记制度。我国应尽快制定有关个人收入申报和财产登记、处理的法律规范，明确规定公民在取得、转移较为贵重的财产时，必须办理相应的申报和产权登记手续，否则法律不保护其所有权。

其四，为了准确核实个人财产信息，需要加强相关部门的配合，实现多部门的多重控管，包括银行、保险、证券、房地产、工商、公安、税务、海关、公证等监管机关。而且要推行计算机化，在各部门之间建立一个强大的信息交流网络平台，通过联网得知当事人的详细资产状况。

其五，建立完善的个人财产评估机制，准确核实遗产价值。首先应制定规制评估行业、调整评估行为的规章制度，确立评估

---

① 赵芳春："浅谈我国开征遗产税的相关制度准备"，《税务与经济》，2003年第1期。

机构的设置条件、评估人员从业资格、评估的方法、程序和法律责任等。同时，鉴于我国现阶段设置专门的遗产价值评估机构存在着人力、物力、技术上的种种困难，所以我国评估机构的选择可以借助社会上现有的评估力量，由税务机关委托或指定信誉良好、制度健全的财产评估机构进行评估。

4. 推动修订相关法律

我国由于历史传统和新中国成立后的经济制度等原因，至今仍未形成一套健全、有效的个人财产法律体系，故需要以开征遗产税为契机，明晰私人财产，推动相关法律的修改和制定。

一方面，完善与遗产税相关的财产法律，明确对私人财产产权的归属界定及保护，并保持与遗产税法的衔接和协调。比如，在《婚姻法》中，明确规定夫妻共同财产的范围；在《继承法》中，规定遗产执行人和遗产保管者的权利义务、死亡通知制度等，且在遗产分割时应履行依法缴纳遗产税的义务，如果是实行总遗产税制，则必须在缴纳遗产税后才能根据法定顺序分割遗产。另一方面，应配合开征赠与税。为了防止人们以赠与或类似赠与的方式逃避缴纳遗产税，世界各国在开征遗产税的同时，普遍根据各自具体情况对赠与财产征税，以弥补遗产税的漏洞，我国也应如此。不过，在赠与税的开征方式[①]上，还需更深入地考量。

---

① 在开征赠与税的世界各国立法实践中，存在多种模式，比如单独开征赠与税、对被继承人死亡前若干年内赠与的财产追征遗产税、在对被继承人一生的赠与和遗产合并课税后再免除已缴纳的赠与税等等。

税收征管改革展望

《税收征收管理法》是税法体系中一部重要的法律，对其进行妥适修改，能促进税务行政机关实现由管理到服务的转变，更好保障纳税人权利。对该法的进一步修改，应着力于改革"两个前置"和税务代理制度，建立涉税信息共享制度，并解决好与相关法律的衔接问题。从基本理念到具体制度，都应体现出对纳税人权利的尊重与保障，实现税收征管领域的"良法美治"。

一、税收征收管理的一般经验与整体方案

本书试图对发达国家税收征管法律制度中有益的部分作一阐述，在此基础上，分析其能给我国的制度革新带来的启示，希望以此有助

于税收征管法的修改，实现税收征管环节的"良法美治"。

（一）税收征管法律理念和原则的重申与再造

在探讨具体的税收征管制度之前，修法过程首先需要厘清的是该部法律规范的名称、结构以及立法宗旨、法律原则等前置性问题。

1. 澄清法律名称

在现代治理语境下，具有浓厚的部门立法和管理法色彩的《税收征收管理法》这一名称不再适用，为体现税务机关与纳税人之间平等合作的理念，建议采用其他表述，本次修法拟采《中华人民共和国税收征收法》之案，笔者认为更具可行性。①

2. 篇章结构之规整

篇章结构主要包括两方面内容：一是篇幅，二是章节设置和名称。税收征管法是规范税收征纳程序的基础性法律，尤其是在税收基本法缺位的情况下，该法在一定范围内还扮演着税收领域"基本法律之一"的重要角色。因此，征管法在立法篇幅上适当庞大，势所应当。现行《税收征收管理法》分为总则、税务管理、税款征收、税务检查、法律责任和附则六章，共计九十四条。《征求意见稿》则修改为十一章一百四十一条，分别是总则、税务登记、账簿凭证、涉税信息、纳税申报、申报确认、税款追征、税务检查、法律责任、争议处理和附则。

3. 明晰立法宗旨

有鉴于税收征管法本质上的程序法属性，以及体现税收法定和纳税人权利保护的基本价值，建议将现行《税收征收管理法》

---

① 为了行文方便，特别是因为目前的立法仍然命名为《税收征收管理法》，因此本书前后论述仍以现行立法名称为准，特此说明。

第一条的立法宗旨修改为:"为了规范税收征收和缴纳行为,保障税务机关依法行使职权,维护纳税人合法权益,促进纳税遵从,根据宪法,制定本法。"

4. 强调税收法定原则

落实税收法定原则是党的十八届三中全会的要求,也是现代税法不同于传统税法的基本标志。现行《税收征收管理法》第三条的规定被不少学者视为税收法定在立法层面的一次"破局"。应当强调的是,税收法定应当作为征管法上的一项基本原则,但这不意味着,税收法定的全部内涵都可以或应当体现在征管法中,其终究主要是在程序层面对税收法定进行重申。

5. 贯彻正当程序原则

正当程序是行政程序法上的基本原则,税收征纳程序本质上同样是行政程序的一种具体类型,所以正当程序原则也应当是该法的一项基础性原则,并贯彻在整部税收征管法中,在各项具体制度中都应当有所体现。因此,建议在征管法中各程序项下均设置相应的异议机制,以真正体现正当程序的应有之义。

(二) 发达国家税收征管制度的立法模式与基本理念

在讨论具体制度安排之前,首先要对发达国家税收征管制度的立法模式与基本理念作一考察。

1. 立法模式

从全球范围看,关于税收征管的立法体例,大致可分为三种模式。第一种是综合法典模式,即将所有税收法律、法规编纂成体系庞大、结构复杂的法典,其内容包括适用于所有税收活动中的一些共同性问题的总则规范、税收实体规范和税收程序规范。第二种是"分税立法"的模式,即个别税目单独制定税法,而个别税法中,均规定各该税目的实体事项、稽征管理及救济程序等。第三种是分散模式，也称单独立法模式，即单行法律、法规模式。如我国单独制定《税收征管法》。

各国依据其政治、经济和立法文化等因素以及各国的宏观立法体系，采用不同的立法模式。我国的税收征管立法采用现行单独立法的模式有其合理性，并没有在形式上作大修改的必要。但是，一旦选定某种模式，则在具体制度设计方面，应注意体系的一贯性，实现立法内部的协调。

2. 纳税人权利保护与改进纳税服务

宏观上看，发达国家税收征管立法中最为突出的两大理念便是保护纳税人权利和改进纳税服务。前者从纳税人角度出发，后者则建基于税务机关的立场。历史地考察，国外税务行政经历了由强制向服务的根本性转变，体现在征管制度建设方面，主要做法包括四个方面：一是普遍制定纳税人宪章，明确纳税人的权利与义务。二是严格规定税务机关的相关职责与义务，切实保障纳税人权利，如保障纳税人的知情权。[①] 三是明确涉税行政复议和诉讼的规定，保障纳税人得到及时和有效的救济。四是明确规定税务部门开展纳税服务。

（三）发达国家税收征管的制度性经验

各发达国家经历了税收征管由管理到服务的理念变迁，在理念的指引下，具体制度建设方面也颇多建树。

1. 涉税信息管理与征管信息化建设

学者们普遍认为，纳税信用体系基本程序法律制度应该是在

[①] 任强、杨顺昊："国外纳税服务的经验及启示"，《经济纵横》，2010年第6期。

我国税收征管法中亟待填补空白的制度。① 审视比较法经验，各国开展涉税信息管理的主要做法包括纳税人与第三方均有提供涉税信息的义务，且政府部门之间依法交换信息，或者税务机关不与其他政府部门交流涉税信息。

各国进行税收征管信息化建设主要采取建立统一的税收征管计算机信息系统、确定个人税收身份识别编号和广泛采用信息化手段，开展税收风险分析和税收审计这三种方式。

2. 纳税评定、税务检查与税务稽查

借鉴发达国家的立法经验，纳税评定是税收确定的方式之申报纳税中的一个环节，对防范纳税风险具有重要作用，② 根据纳税评定遵循的程序、采用的方法和法律效果的不同分为简易评定和普通评定两种形式。税收管理部门对纳税人纳税情况进行检查，如果发现纳税人有严重违反税法的行为，会移交到另一个部门进行税收违法犯罪调查，即税务稽查。因此，税务稽查是对涉税违法行为的调查。

3. 税收强制措施

税收征管强制措施是在纳税人未按税务机关确定的应纳税额履行纳税义务的情况下采取的强制其进行税款缴纳的措施，是税收征收程序的组成部分。如德国规定，税务机关应当遵循民事诉讼法有关保全措施的限定条件，审慎实施税收保全措施。

（四）发达国家税收征管法律制度对我国的启示

借鉴发达国家在税收征管法律制度方面的成功经验，特别是

---

① 涂京骞、涂龙力："修改《税收征管法》的指导思想及需要商榷的几个问题"，《涉外税务》，2009年第9期。

② 罗一帆："对深化税收征管改革若干问题的认识"，《湖南税务高等专科学校学报》，2012年第5期。

在更新征管理念、重造征管模式、强化征管手段等方面，我国《税收征管法》修改时应着重注意以下五大问题。

1. 关注纳税人权利保护

客观来说，纳税人权利保护的理念仍未融贯于我国《税收征收管理法》之中，纳税人的实体性、程序性权利，尤其是救济性权利还很薄弱和不周全，税收征纳关系没有妥善处理好。例如，我国税法没有规定"诚实推定权"这一重要的纳税人权利，且对纳税信息保密权都规定得比较原则和笼统，在实际操作性上关注有限。

2. 建立涉税信息共享制度

随着信息技术突飞猛进的发展，信息管税已成为各国税收征管改革的普遍做法和核心内容。借鉴外国经验，建立并完善纳税人识别号、涉税信息共享平台等制度，需要严密的制度设计和大量的实践尝试。

3. 废除纳税前置制度

理论上讲，我国目前采取复议前置与自由选择相结合的混合模式，具有一定的合理性，但从实证角度来分析，我国现行在纳税上采用复议前置的制度设计存在严重缺陷，主要包括限制了纳税人、扣缴义务人、纳税担保人的诉讼救济权利、复议前置本身正当性不足等。

4. 衔接相关法律制度

为维护法制统一、避免实践中的混乱，建议在《税收征收管理法》修改中尽量增强与相关法律如《行政强制法》的衔接，减少两者的冲突。还需要注意税收征管法与可能出台的相关法律规范间的协调，否则，"多头立法"模式下，可能导致法律规范间的冲突。作为税收征管制度的延伸，税收领域若干较为重要的事项，也需要及时通过法律规范加以规制。

5. 重塑公平性的税务代理制度

本次征求意见稿将《税收征收管理法》第八十九条做了修改，旨在从法律层面确认注册税务师的地位，为现有的行政管理文件提供合法性，但也存在诸多不妥之处，[①] 如只提及注册税务师，涉嫌行业垄断和歧视。

《税收征收管理法》修订是一个逐步完善、循序渐进的过程，修法时我们应该秉持"更宽广的视野，更耐心的步骤"。借鉴国外的制度经验，对于我们本国的制度优化，大有裨益。一个开放的视野，有助于我们更好地修改现行税收征管法，而一部能彰显现代精神的税收征管法，则可以在税收法律粗疏、税务行政机关与纳税人关系仍显紧张的当下中国，起到引领时代潮流之功用。

二、税收滞纳金制度改进的立法思路

税法中滞纳金，也被称为税收滞纳金，是税收征管法上一项重要的制度安排。在现行税收征管法上，其被定性为税收强制措施的一种。这里将提出税收滞纳金制度改进的一些立法思路，以期为《税收征收管理法》的修改提供一些助力。

（一）《行政强制法》与《税收征收管理法》的制度衔接

1. 制度衔接的法理基础

《行政强制法》和《税收征收管理法》中都对滞纳金制度做

[①] 熊伟："税收征管法有必要设定'税务代理人'统一执业准则"，《中国税务报》，2013年7月3日。

出相应的规定，对两者进行制度衔接，首先需要进行法理层面的研究。这里需要解决的问题是，当两部法律对同一具体事项的规定不一致时，适用何法之规定？法律冲突时的处理标准可概括为三项原则：上位法优先于下位法；特别法优先于一般法；新法优先于旧法，后法优先于先法。当《行政强制法》与《税收征收管理法》发生冲突，如果依据"新法优先"，则行政强制法得到适用；而如果依据"特别法优先"，则征管法被适用。对于这个问题，学界内部尚有争论，不足以为税务行政实践和税收立法提供明确的指引。不妨从立法建议的角度讨论两部法律的关系，行政强制法制定较晚，其中对滞纳金等强制措施做出了更有利于行政相对人的制度安排，因而与现行征管法的相关规定形成冲突、抑或起到补足的功用。但是，行政强制法在税法中滞纳金问题上毕竟是"一般法"，不具有直接的指向性，所以还是要在征管法修改时注意参酌借鉴。

2. 具体制度分析

《行政强制法》第四十五条规定了滞纳金制度，相比税收征管法新增加了将滞纳金标准告知当事人和加处滞纳金数额不得超出金钱给付义务数额的规定。该规定不仅是对制度本质的准确理解和对制度的正确运用，在实践中也具有相当积极的意义。此外，行政强制法第四十二条还做出滞纳金分期履行和减免滞纳金的制度设计，在税收征管法修改时可以参酌借鉴。

除制度补足以外，行政强制法和税收征管法在滞纳金问题上，还存在若干冲突，包括滞纳金产生条件的规定不一致、加收滞纳金的起止日期不同、对行政机关自由裁量权的规定存在差异、对于滞纳金的法律属性界定不同等。

（二）税法中滞纳金制度的价值归位

税法中滞纳金制度兼顾行政执行罚和损害赔偿的双重性质，同时以损害赔偿作为该制度的主要立基点。现行制度的最大问题在于其将多重价值因素杂糅在一个条文，试图用单一的"税收滞纳金"条款统合、协调前述种种导向并不一致的因素；这就使得作为外观形式的税法中滞纳金制度，存在模糊不清之处，影响税收实践的有效运行。

这种性质界定，其实也表征出税法中滞纳金制度背后蕴藏的价值追求：平衡保护国家财政权与国民财产权。公共财产法的理论证成消弭了横亘在国家与纳税人之间的鸿沟，国家与纳税人在税法上的利益不是对立的，而可以经由制度建构实现良性互动。税法中滞纳金虽然是一个微观制度，但也要体现这种平衡保护、（促进）良性互动的基本价值取向。值得注意的是，行政强制法所设计和确立的行政强制基本原则中，也确立了两个最基本关系的平衡，即保障行政机关依法履行职责与监督行政机关依法履行职责的平衡，保护公民、法人和其他组织的合法权益与保障作为被强制对象的行政相对人权益的平衡。① 这对我们理解税法中滞纳金应然制度设计何以体现公私利益兼顾，大有裨益。

（三）税法中滞纳金的执行机构与制度结构

税法中滞纳金的执行机构当为税务机关，此殆无疑问。本质上，税法中滞纳金的性质兼有行政执行罚和损害赔偿因素，其中以赔偿性因素为主，就此而言，当纳税人、扣缴义务人不缴或少缴税款时，属于不履行税收债务、或不完全履行税收债务的情

---

① 姜明安：《法治思维与新行政法》，北京大学出版社2013年版，第435页。

形,由作为债权人一方的国家来执行税法中滞纳金的加收,于理甚合。除此以外,税务机关和纳税人打交道比较多,围绕税款的征收已经形成一套熟练的运作体系和规则流程,由其执行滞纳金的加收工作,是富有效率的制度安排。

就制度结构而言,笔者认为,税法中滞纳金的制度设计应该处理好三对关系:

第一,税法与行政法的关系,具体表现为税收征管法与行政强制法的关系。在制度设计上,一是行政强制法中新补充的有关滞纳金的规定可以在修法时考虑纳入;二是对两部法律存在冲突之处,在修改税收征管法时,可以考虑对税法中滞纳金作分层处理。

第二,税收征管法体系内处理好滞纳金制度与税收处罚制度的关系,税法中滞纳金不应该被界定为行政处罚之一种,而主要具备补偿和间接强制执行的属性,所以在比率设定上应当和行政处罚区分开,简言之就是不宜设定过高,导致客观上出现"一事二罚"的情形。

第三,处理好税法中滞纳金制度内含的补偿和执行罚属性,复杂的属性使其制度外观也不易把握,无论是设定过高还是过低的加收比率,都可能妨害另一功能的实现;就此而论,采用"二分法"的制度设计或能更好地实现其两方面的预设目标。

(四)《税收征收管理法》中有关税收滞纳金的立法建议

基于前文分析,我们建议对现行"税收滞纳金"制度作两分处理。也就是说,税务机关对于欠缴税款情形,会做出征收税款决定,即以此决定中规定的期限作为区分两种情形的时间节点。如果纳税人、扣缴义务人在此时间点之前补缴税款,则只对其加收类似"利息"的滞纳金;而如果纳税人、扣缴义务人超出此时间节点仍未履行其纳税义务者，则加征比率更高的滞纳金。结合征求意见稿，我们对涉及"税收滞纳金"部分提出如下立法建议：

第一，取消现行《税收征收管理法》第三十二条的规定，进行二分处理。因为该条规定将滞纳金制度的多重属性杂糅在一起，不利于制度功能的实现，而且和现行行政强制法对滞纳金的规定冲突颇多。

第二，新增加一条："纳税人未按照规定期限缴纳税款的，扣缴义务人未按照规定期限解缴税款的，按日加计税收利息。税收利息的利率由国务院结合人民币贷款基准利率和市场借贷利率的合理水平综合确定。纳税人补缴税款时，应当连同税收利息一并缴纳。支付利息最高不超过所欠税款的25%。"本条规定指向的是税务机关做出的征税决定中载明期限届满前的滞纳金计算。

第三，新增加第二条："纳税人逾期不履行税务机关依法作出征收税款决定的，自期限届满之日起，按照税款的万分之五按日加收滞纳金。税收利息不再计征。"沿用现行法上万分之五的比率设计，明确不再计征"税收利息"，起到催促纳税人尽早履行纳税义务的作用。

第四，对于未缴或者少缴税款的罚款制度设计，应注意和滞纳金制度相衔接。尤其是在比率、时间节点的设计和衔接上，要注意制度间静态的分层次性和动态的贯通、衔接。

第五，"税收利息"或"税收滞纳金"等概念的区别不是根本性的，最重要的是需认识到现行制度存在将多种价值因素杂糅在一起的弊端、对现行税法中滞纳金制度进行分层处理的必要性，以及在修改税收征管法时将两者联系起来统一把握，以更好地实现制度之间的相互协调，既维护国家税款利益的实现，又有力地保障纳税人的权益。

总的来说，现行税收征管法所规定的滞纳金，混淆了作为经济补偿的税收利息和作为强制罚的滞纳金。应该还原税收征管法上所规定之滞纳金的税收利息属性，并考虑和行政强制法相衔接。同时，两个制度之间应该有衔接，可考虑以"纳税人逾期不履行税务机关依法作出征收税款决定"作为时间节点，在此之前征税收利息，在此之后征滞纳金。

三、纳税前置制度与复议前置制度的反思

纳税前置，即纳税义务前置，是我国税法上针对纳税争议设置的"双重前置"之一。下面拟结合《税收征收管理法》修改，探讨纳税前置制度的取舍问题。

（一）纳税前置制度的历史演进与现实样态

1. 规范文本梳理

现行纳税前置制度的规范体系主要由《税收征收管理法》第八十八条、《税收征收管理法实施细则》第一百条和国家税务总局《税务行政复议规则》第十四条、第三十三条的相关条文组成。

梳理纳税前置相关法律规范，[①] 不难看出，围绕纳税前置的规范演进，呈现鲜明的"双向运动"特征：一方面，自1986年《税收征收管理暂行条例》确立纳税前置的基本框架以来，对于纳税前置的适用有放宽趋势；另一方面，仍然存在通过广泛界定"纳税争议"的范围，间接地扩展纳税前置适用空间的情形。事

---

① 刘剑文：《理财治国观——财税法的历史担当》，法律出版社2016年第1版，第303页。

实上，现行的纳税前置制度，建立在 1986 年《税收征收管理暂行条例》的框架基础上，而彼时规定纳税前置制度的前提是国家税款利益需要特别保护。一旦这一前提条件变迁，原来具有合理性的制度现今看来已是"不合时宜"。

2.《税收征收管理法修正案（征求意见稿）》的进步与不足

2015 年 1 月，国务院法制办公布了修改后的《税收征收管理法修正案（征求意见稿）》①。制度设计上取消了复议环节的纳税前置，却仍然保留了诉讼之前的纳税前置；虽有进步，但无法根本上改变纳税前置制度的弊端。将征求意见稿的规定同现行规范体系进行比对，② 不难发现，从纳税人获得救济权的角度出发，征求意见稿至少实现了复议前的"无障碍"，但是从"救济"的本意而言，在税务争讼中，由于法院地位相对复议机关地位的超脱性，税务行政诉讼的中立性使其较之于税务行政复议更接近"救济"的本意。由于复议前置的存在，意味着纳税人如欲通过诉讼寻求救济，还是必须先缴纳税款或提供担保，可谓是"潮打空城寂寞回——涛声依旧"。

（二）纳税前置的立场测度与制度范本

如欲对前述纳税前置制度规范进行客观、全面地评价，以求得在此基础上的制度再造，必先考察该制度在价值立场上有无偏误，并且对同为"人类文明成果"的域外立法经验，进行比对分析，以为"证成"或是"证伪"。

---

① 国务院法制办在 2013 年和 2015 年分别公布了两个征求意见稿，2015 年征求意见稿在前者基础上，结合社会各界反馈的意见做了修改。本书所称"征求意见稿"如无特别说明，指的是 2015 年征求意见稿。

② 刘剑文：《理财治国观——财税法的历史担当》，法律出版社 2016 年第 1 版，第 304 页。

1. 立场设定：以纳税人权利保护为中心

在当下全面推进依法治国的大背景下，不应忽视纳税人权利保护法制供给不足的客观现实，尤应重视对纳税人权利的保护，据此来评价我国纳税前置制度可能存在的立场偏误：

第一，前提偏误，将相对人假定为过错方。在纳税行政争议尚处于是非不明之时，就将过错先行归结为纳税人一方，这种"过错推定"是对纳税人基本权的不尊重。法律逻辑结构中彰显出的立场偏差，直接导向的是税务行政领域的制度安排对纳税人权利的忽视。

第二，公民基本权失范，平等保护受到冲击。纳税前置对平等权的冲击集中体现在将一部分无力缴纳税款、滞纳金，又无法提供担保的纳税人挡在了救济的大门之外，从而导致了当事人仅仅因为支付能力的差距而享有不同的救济权利。

第三，作为"正义最后防线"的救济渠道被堵塞。对于相当一部分无力缴纳税款的纳税人而言，良好的法律体系运行所需要具备的司法可及性被纳税前置的规定切断，因而使其获得救济的权利仅仅停留在纸面上。

2. 比较法考察：制度的必要性与可替代性

纵观德国、美国、日本和我国台湾地区的税法，可以得出两点基本结论：一是纳税前置和复议前置是两个不同的制度，并非天生地"如影随形"，许多国家规定有复议前置、但未规定纳税前置，而且多是从纳税人权利、乃至宪法上纳税人基本权的高度来审视纳税前置之存废；二是即便一国税法上不规定纳税前置制度，也不意味着该国纳税人即当然于税务争讼之前不缴纳税款，诱导性规范的存在可能让纳税人"自愿选择"缴纳税款后再提起诉讼。

（三）纳税前置制度再造的路径检讨

笔者认为，从根本上改革现有纳税前置制度是具有现实可行性的，进而提出在目前的征求意见稿基础上"继续改造"的三种思路，并且基于前述理论基础和比较法经验，形成倾向性建议。

1. 现实可行性

在本次修改《税收征管法》时，对纳税前置制度进行较大程度地修改，具有现实可行性。首先，以人为本和纳税人权利保护成为时代主题。十八届三中全会强调推进法治中国建设，要让人民群众感受到公平正义；[①] 同时，提出科学的财税体制是优化资源配置、维护市场统一、促进社会公平、实现国家长治久安的制度保障。[②] 其次，纳税前置制度之所以被"嵌入"我国的《税收征收管理法》中，有其时代背景，主要是基于保障国家税款利益与提高税务争讼效率的考量。然而，此两项理由在现时条件下似已难以成立。最后，域外的制度设计和我国的地方法制实践均可资借鉴。

2. 进一步完善制度的思路

本于"纳税人权利保护"的现代税法基本立场，对征求意见稿中的纳税前置制度设计，还存有小改、中改和大改三种完善思路。

就小改而言，基本保留目前征求意见稿中的制度规定，但是删掉针对"直接涉及税款的行政处罚"的特别规定。就中改而

---

① 《中共中央关于全面深化改革若干重大问题的决定》，人民出版社 2013 年版，第 31—32 页。

② 《中共中央关于全面深化改革若干重大问题的决定》，人民出版社 2013 年版，第 19 页。

言，肯认目前的征求意见稿已经做到的制度进步，但是在兼顾国家税收利益与纳税人权利的原则指引下，对于诉讼前的纳税前置，做出一定程度的柔性处理。就大改而言，体认纳税人权利保护的时代精神，借鉴比较法经验，彻底废除纳税前置制度；同时，通过配套制度、尤其是正向的诱导性规则同反向的阻却性规则的设定，来实现国家税款利益与纳税人权利的兼顾保护。

3. 笔者的倾向性意见

小改和中改的思路现实可行性较大，但是对纳税人权利的保护并不彻底。而且，法律修改启动不易，如果本次修法时保留纳税前置制度，则将在相当长的时间内难有实质改变。因此，我们比较推崇前述大改方案，一则无论是复议还是诉讼，都不应将纳税或提供担保作为前置条件，① 将是否先缴税的选择权交给纳税人；二是要在立法上作相应完善，纳税担保、税收保全、代位权、撤销权、防止出境等制度足以防止纳税人滥用救济权造成国家税款流失。

我国的税收征管立法之所以设置有纳税前置制度，主要是基于传统"国库中心主义"的考虑，直接目标是保障国家税收利益。应将纳税人权利保护作为税收征管制度革新的逻辑起点。寻求权利救济时，或复议或诉讼，当由纳税人自由选择。虽然适当减少强制性色彩，却通过利息"奖励"或"惩罚"规则的巧妙运用，辅之以税收保全、税收强制执行等配套制度的协同作用，更能较好地实现柔性治理的目标追求，国家税款也不致生损失之虞。

---

① 事实上，"大改"方案还强调纳税人有权自由选择复议或诉讼，因此，如果再如征求意见稿般对诉讼要求纳税前置、而对复议不要求，则事实上会损害纳税人的选择权行使。由于本书主要讨论纳税前置问题，所以对复议前置的讨论不做展开。

四、非营利组织涉税监管

非营利组织涉税监管的法律问题既是税法理论研究的空白地带,也是税收征管实务中疑难问题较多的领域。在国家法治建设发展和依法治税的背景下,本研究努力为实现非营利组织涉税监管的法治化提供切实有效的制度依据。

(一)"非营利组织"涵义之界定

我国税法没有概括"非营利组织"的内涵,故这一概念在实践中难以掌握。但是,概念的界定是研究问题与提出建议的逻辑起点,必须对其进行仔细的分析。

1. 非营利组织的一般法律涵义

通过对国内外有关学者对"非营利组织"不同界定的系统梳理,我们认为可以从组织的性质、组织的"结构与运作"定义、法律上的定义等多个角度对这一概念进行界定。至于我国对非营利组织的界定,目前学术界在不少相关概念上没有明确而统一的认识。由于我国对非营利组织的研究尚未成体系,也没有相对统一的认识,法律上对非营利组织的界定也比较分散和混乱。《民办非企业单位登记管理暂行条例》第二条与《关于非营利组织免税资格认定管理有关问题的通知》(财税【2009】123号)均有相关规定。

2. 非营利组织作为税法主体的涵义解释

非营利组织作为税法主体的涵义应该从非营利组织的一般性范畴与特殊性范畴进行分析。从一般性上说,非营利组织作为社会组织的一部分,凭借其社会主体地位参与社会分配与再分配税法作为调节、规范社会分配的重要手段，应当对非营利组织进行必要的规制。但同时，与其他社会主体相比，非营利组织还具有其特殊性，即非政府性、非营利性。有学者认为，非营利组织获得免税地位的前提，是非营利组织的公益性，而非"非营利性"。

3. 非营利组织在税法上的界定方法

由于非营利组织在税法上具有免税的特殊地位，因此税法应当对非营利组织的涵义有所把握。根据税收法定原则，应当在税法之中应该对非营利组织的类型、免税范围、活动等内容进行明确规定。目前，我国在税法上对非营利组织的界定主要采取了列举法。此外，还应逐渐通过其他相关专门法律法规进行更加详细完整的概括和列举，并通过发布立法解释、司法解释、行政解释等方式对新的内容进行说明与界定。

（二）非营利组织涉税要素分析

非营利组织所具有的非营利性、公益性（有时表现为互益性）和利他性的特点从一定程度上明确了非营利组织特殊税收规则法理基础。从上述特点出发，我们将非营利组织涉税要素分析阐述如下：

1. 所得

作为税法主体的非营利组织在所得方面的纳税也要受到《中华人民共和国企业所得税法》及相关配套规定的约束。针对非营利组织所得税的特殊规定在实体法上已有明确的规范，包括非营利组织所得免税的范围。

2. 行为

非营利组织进行日常运转活动所涉及的税收主要包括营业税、增值税等流转税以及印花税、契税等行为税。由于课税对象是行为，对主体的性质关注较少，对非营利组织行为的税收规制相比对所得的税收规制来说，具有一定的隐蔽性。多数规定仅针对非营利行为而非直接赋予非营利组织主体以免税资格。《增值税暂行条例》第十五条、《营业税暂行条例》第八条、《印花税暂行条例》第四条等均有相关规定。

3. 财产

我国现行的法律对非营利组织名下的财产一般给予免税的优惠政策，如《房产税暂行条例》第五条，《中华人民共和国车船税法》第四、第五条。根据我国关于事业单位、社会团体的相关规定，非营利组织禁止进行利润分配，其解散、终止时的剩余财产也不得被转为私人所有，而应当交付给其他公共部门。以此确保了非营利组织的财产从始至终都运转于公共利益的范围内，非营利组织财产的免税政策最终惠及的是公共利益。

4. 接受公益性捐赠

公益性捐赠支出的概念具有一定的模糊性，为防止个别纳税人借以偷逃税款，税法上对捐赠支出的扣除也有严格的规定。现行制度上的控制手段主要是以对受捐赠对象的主体资格限制来达到监控的目的，对经有关政府机关认可的非营利组织的捐赠可以全额或者部分扣除，而直接向受赠人的捐赠一般不可扣除。

（三）我国非营利组织涉税监管中存在问题及其法律分析

现行的税收征管制度在实际运行过程中仍存在一系列的问题，并可能对我国非营利组织发展以及税务管理本身带来许多负面的影响。

1. 我国非营利组织涉税监管中存在的问题及其成因

我国税收征管法中缺乏适用于非营利组织涉税监管的一般性的规则或专门化规则，这导致主管机关难以对其进行有效的管理，从而带来实践中一系列问题。首先，很多非营利组织在成立并取得法律主体的资格（民政部门的登记）之后并没有进行税务登记，因此并不接受税务管理。其次，享受税收优惠的程序性义务落空，可能导致实质条件也难以落实。再次，财务会计制度不统一导致对非营利组织行为可税性认定困难。此外，捐赠税前扣除程序设计存在瑕疵。最后，涉税资料管理有漏洞，具体表现为票证不统一、财政收据、自制收据、税务发票混用。

2. 法律原因分析

从法律的视角入手可以发现，我国的税收征管制度在以下几个方面与上述问题有密切的联系。首先，是主体管理，实体税法上，非营利组织具备了纳税人的实质条件，然而在程序税法中，非营利组织并未获得相应的纳税人法律资格。其次，现行税收征管法在对非营利组织行为的判定和处理上仍然存在逻辑不够清晰、程序不够细致的问题，这带来税务管理中的诸多问题乃至造成税收的流失。再次，享受税收优惠待遇必须经过法定的程序，而基础性的税务登记制度没有落实，对于非营利组织获得税收优惠也没有明确的程序性规定。最后，现行税收征管法以及发票管理制度对涉税票证的规定基本上是针对企业的，没有对非营利组织的涉税票证进行专门的规定，这不利于对其活动进行管理。

（四）非营利组织涉税监管的法律完善

从立法的层面上看，我国当前还不具备制定全面规范非营利组织专门性立法的条件，因此，对于非营利组织的涉税监管问题，只能在伴随其逐步发展的过程中，立足于现有规范的基础上，进行渐进式的税法改革。

1. 法律实施环境的优化与构建

非营利组织涉税监管的微观法律实施环境是以"非营利组

织"概念为核心的一套法律规范体系。具体而言,从专业管理分工的层面上,应该把非营利组织概念的界定由财税部门主导的税收立法逐步转移到民政部门主导的社团管理立法。从立法的层次上来说,至少应该是行政法规级别,时机成熟时可以制定法律。在界定方式上,本着因循立法传统和考虑非营利组织发展状况的原则,可以考虑采用概括式定义并结合不完全列举的方法。

2. 税法主体资格制度

要实现对非营利组织涉税的法治化监管,必须首先满足"非营利组织属于税法主体"这一前提性条件。其次,由于非营利组织要求获得税收优惠待遇,那么它还应该具备税法规定的减免税资格。立法者应当考虑到以上两个方面,才能够为非营利组织税务管理提供全面的制度依据。值得注意的是,上述两方面的要求属于不同的层次。其中,"税法主体"是前提性要求,要通过税务登记制度来解决;减免税资格是在前者基础之上进行的特别处理。

3. 税收优惠待遇获得程序

在取得纳税人主体资格后,需要审查非营利组织及其行为是否符合税收实体法规定的条件,才能决定其是否享受税收优惠待遇。从实体法上看,只有法律或行政授权立法允许减免税时,税务机关才能进行税收债务的免除。从税务管理的角度来看,税务机关只是税收优惠法定程序的执行人。从国际经验来看,非营利组织享受税收优惠主要有两种程序,一是审核制,二是备案制。无论哪种方式,都强调对非营利组织及其活动性质的判断,即非营利组织不能从事谋取利益的活动。

4. 接受捐赠的税前扣除制度

企业、个人或其他组织向非营利组织进行公益性捐赠,如果接受捐赠的非营利组织获得捐赠税前扣除资格,那么纳税人即可将其捐赠支出在税前依法进行扣除。从国家的角度来看，捐赠税前扣除政策是一把双刃剑，它可以用来鼓励捐赠，促进公益事业的发展，但如果监管失范，也可能成为不法企业、组织或个人逃避纳税义务的通道。因此，必须对非营利组织的此类间接涉税行为进行监管。

五、税务行政诉讼的证据效力

税务行政诉讼的证据规则和证据效力的认定应当以行政诉讼的相关规定为基础，同时兼顾税务行政诉讼的自身特点。

（一）行政诉讼的证据效力及其认定

证明效力，指法院依据证据和案件事实的内在联系的紧密程度，而判断其对证明案件事实以及法官形成内心确信的价值。其反映了证据能够证明案件事实的强弱程度问题。[1] 依据《关于行政诉讼证据若干问题的规定》（以下简称《行政诉讼证据规定》），证据是否兼具关联性、合法性和真实性就决定了该项证据能否成为定案的依据。证明效力大小的判断，一般通过比较每个证据与案件事实之间联系的密切程度来确认。此外，在行政诉讼的证据效力的认定过程中，还应当把握补强证据、最佳证据等规则。

---

[1] 刘家兴、潘剑锋：《民事诉讼法学教程》（第三版），北京大学出版 2010 年版，第 149 页。

（二）税务行政诉讼中证据效力的法律属性

税务行政诉讼，是指公民、法人和其他组织认为税务机关及其工作人员的具体行政行为违法，侵犯其合法权益，依法向法院提起行政诉讼，由法院对具体税务行政行为进行审理并作出裁决的司法活动。[①] 与一般的行政争议相比，纳税争议既有其共性的一面，又有与众不同的特性成分。这就导致了税务行政诉讼与一般行政诉讼之间的差异，进而对税务行政诉讼中的证据效力问题产生了影响。

1. 税务行政诉讼中证据效力的相同属性

（1）税务行政诉讼的共性。税务行政诉讼与一般行政诉讼的共性主要表现在：其一，原告（即行政相对人）与被告（即行政机关）相比，均明显处于弱势地位。其二，在审查对象方面，一般行政诉讼对具体行政行为的合法性进行审查，而税务行政诉讼主要审查具体税务行政行为是否侵犯了税务管理相对人的合法权益，两者在本质上是一致的。其三，在案件的审理主体方面，一般行政诉讼和税务行政诉讼均由具有管辖权的法院适用司法程序，作出裁判。

（2）税务行政诉讼中证据效力的共性。学者们一般认为，税务行政诉讼属于行政诉讼的一种，其证据种类与行政诉讼的证据种类是一致的，具体包括书证、物证、视听资料、证人证言、当事人陈述、鉴定结论和勘验笔录、现场笔录[②]。税务行政诉讼在证据效力认定的"三性"标准、证据来源、非法证据排除、举证责任分配等基本问题上，也与一般行政诉讼的规定相近。除

[①] 陈少英：《税法学教程》，北京大学出版社2005年版，第592页。
[②] 石佑启、丁丽红：《税务行政诉讼》，武汉大学出版社2002年版，第97页。

此之外，税务行政诉讼的举证、调取证据、质证和认证等各个环节都应该加强对原告的保护力度，使原告在诉讼中可以与被告处于实质上的平等地位。

2. 税务行政诉讼中证据效力的特别属性

（1）税务行政诉讼的特性。具体来说，与一般行政诉讼相比较，税务行政诉讼具有以下特殊性：其一，税务行政诉讼有更大的复杂性和更强的专业技术性，故对法官的素质要求高。其二，税务行政案件中采用税务复议前置制度。其三，税务行政诉讼应贯彻税收法定主义和纳税人权利保护的理念。

（2）税务行政诉讼中证据效力的特性。基于税务行政诉讼的特殊属性，税务行政诉讼证据效力的认定也有异于一般行政诉讼的过程。其一，由于税务案件通常情况下涉案标的较大、案情较为复杂、涉及的证据资料数量繁多且专业，故质证规则在证据效力的判定中显得尤为重要。其二，在税务行政诉讼的证据收集、审查和效力认定的过程中，原告（即纳税人）须承担较重的协力义务和举证责任[①]。其三，纳税人权利的保护应当在税务行政诉讼的证据效力认定中得到体现。纳税人不仅享有平等权，在证据效力的认定上理应获得法院一视同仁的对待和规则适用，还享有申辩和辩论权、诚实推定权等一系列具体权利。

（三）税务行政诉讼证据的"三性"与效力

通过对税务行政诉讼与一般行政诉讼在证据效力问题上的共性与区别分析，在此基础上，我们有必要进一步探讨税务行政诉讼中证据的"三性"与效力问题。

[①] 黄士洲：《税务诉讼的举证责任》，北京大学出版社2004年版，第21—22页。

1. 对税务行政诉讼中证据"三性"的理解

税务行政诉讼中证据的关联性,是指税务行政诉讼中所收集和制作的证据与税务违法案件待证事实之间具有一定的客观联系,并对证明案件事实具有实质性意义。证据的关联性主要体现在证据形式上的关联性和证据内容上的关联性。

税务行政诉讼中证据的合法性,是指证据必须符合法律、法规、司法解释和规章的要求。证据的合法性主要有三个方面的体现:其一,证据取得的主体合法,即在税务行政诉讼中,体现为应由具体的税务机关收集、提交。其二,证据取得的手段合法,即证据的收集和取得证据的方法必须符合法定程序的要求。其三,证据的形式合法,即作为证明案件事实的证明材料在形式上应当符合相关法律的要求,否则不具有证据效力。

税务行政诉讼中证据的真实性,是指税务行政执法中收集的证据要能客观地反映涉税案件事实的真相。证据的真实性体现在两个方面:其一,证据内容的真实性,即证据所证明的内容应以客观事实为基础。其二,证据形式上的真实性,即证据必须以一定的有形载体展示在人们面前,比如《行政诉讼证据规定》中认可的几种证据形式等。

对于这"三性"在审查的先后顺序,笔者认为出于提高诉讼效率、节省司法资源的考虑,原则上应该遵循关联性、合法性、真实性的顺序。

2. 税务行政诉讼中证据"三性"的审查内容

关于行政诉讼证据"三性"的审查标准问题,《行政诉讼证据规定》第五十五、第五十六条分别对证据的合法性及真实性的审查标准予以明确。同时,因考虑到各个行政部门证据关联性审查标准较为复杂,所以尚未对证据的关联性的审查内容进行具体规定。

对税务行政诉讼中证据关联性的审查，要根据涉税案件的具体情况着重审查三个方面：一是证据要证明的内容与案件事实是否有关；二是证据所证明的问题对案件事实认定是否具有实质意义；三是证据对要证明的事实是否具有证明力。

对税务行政诉讼中证据合法性的审查，应结合涉税案件的具体情况主要审查四个方面的内容：一是证据取得的主体合法；二是证据的形式合法；三是证据取得的程序合法；四是证据取得的手段合法。

对税务行政诉讼中证据真实性的审查应结合涉税案件的具体情况，主要审查五个方面：一是证据形成的原因，二是发现证据时的客观环境，三是证据是否为原件、原物，以及复印件与原件原物是否相符，四是提供证据的人或证人与案件当事人是否具有利害关系，五是影响证据真实性的其他因素。《行政诉讼证据规定》第五十六条确认了证据真实性原则，同时又在第五十七条第（六）至（八）项中具体列举了不真实证据的排除规则。

3. 税务行政诉讼中证据效力认定的其他问题

从《行政诉讼证据规定》第六十三条关于证据效力强弱的规定中可见，考虑到税务行政诉讼的特殊性，在认定证据效力时，司法机关尤其应该关注以下问题：第一，对于国家机关以及其他职能部门依职权制作的公文文书所确定的内容，在被依法宣布撤销之前，可作为税务执法机关的执法依据，并应在税务诉讼中被认定为具有较强的证据效力。第二，在税务行政诉讼证据收集过程中，要充分运用好"公证"这一法律赋予的有效手段。第三，新修订的《民事诉讼法》对行政诉讼证据制度也有启示和参照作用。

综上所述，税务行政诉讼作为行政诉讼的一种特殊类型，其证据效力问题与一般行政诉讼确有相同之处，但又有诸多差异。

在税务行政诉讼的证据效力认定方面,司法人员应当依据《行政诉讼法》《行政诉讼证据规定》《税收征收管理法》及《税收征收管理法实施细则》等法律规范,将关联性、合法性与真实性这三项基本标准运用于证据审查和认定的过程中,并结合税务领域的特殊问题进行特殊处理,实现税务司法活动的灵活、有效、公平和科学,进而实现维护国家税权和保护纳税人权利的有机统一。

第二部分

人文情怀篇

担学者师长责,追法治财税梦
——访北京大学法学院刘剑文教授

采访人:杨城(北京大学法学院硕士研究生),秦钰洁(北京大学法学院硕士研究生)

阳春三月,在未名湖畔、博雅塔下的北大法学院陈明楼内,一场访谈在其乐融融的氛围中拉开序幕。刚刚忙完的刘剑文教授精神饱满地接受了我们的采访,他在采访中讲述了自己多年来教书育人的经历,谈及财税法的改革与发展更是滔滔不绝。作为刘剑文教授的学生,我们通过本次访谈,深刻认识到老师兢兢业业培育桃李的辛苦,感受到老师借学术圆强国之梦的情怀,更为老师怀法治追求、以民生为本的胸襟所折服。仅以下文记录本次访谈的内容和感受。

一、学高为师,德高为范

访谈之初,我们请刘教授简单介绍一下自己的经历。

当被称为财税法学的权威时,刘教授谦和地说:"我只是在财税法领域做得时间比较长的一个老兵吧。"鲜为人知的是,他的"起点"却不是法学。1979年,刘剑文被安徽财贸学院(今安徽财经大学)计划统计专业录取,大学二年级开始自学法律,本科阶段的专业经济学背景为日后财税法的研究打下了牢固基础。他在1983年成功考取中国政法大学经济法专业研究生。

1986年,硕士研究生毕业的刘剑文到武汉大学从事财政法教学。当时,企业公司法、合同法在武大才是热门课程,这些课程的老师均是资历较长的学者。而财政法学,这门不为人熟知、刚刚兴起的学科，成为进校新人刘剑文的主讲课程。有趣的是，这一安排，最终成就了刘剑文教授与财税法学的缘分。然而，当时国内财政法研究整体处于落后趋势，刘剑文也处于一个不占优势的学术起点上。在之前的某次采访中，刘剑文教授曾说："对我个人而言，直到今天研究财税法，也只能说是自学成才吧。因为一直没有受过系统训练，即便在走上讲台之前，也只有研究生阶段两堂财政法课的基础。"① 正是在这样的背景下，刘剑文教授培养了开阔的研究视野，打下了宽广扎实的治学基础，带领财税法学领域的一众学者，开启了新的研究之路。

在武汉大学从教期间，刘剑文教授不仅攻读下国际经济法专业博士学位，也广泛涉猎经济法、财政法、知识产权法、合同法、民法、刑法等领域。他曾这样描述自己的治学轨迹："于上世纪八九十年代在法学领域畅游，构筑起宽广的知识面，并于知识产权法、财政法、经济法领域深入研究，及至后来到北京大学逐渐将精力集中于财税法这一看似孤立的领域法学研究，近年来，又以此为支点辐射向其他领域，从宪法、行政法、民法、经济法、诉讼法、国际法等多角度来'回看'财税法、全面深入研究财税法，从而完成了从面到点、再从点到面的治学之路的'进化'和转变。"②

在武大之后，北大成为刘剑文教授新的研究阵地。治学环境虽然发生改变，但是他对财税法学的钻研精神、对学科建设的投

---

① 阮静："大气磅礴做学问——访北京大学财经法研究中心主任、法学院教授、博士生导师，中国财税法学研究会会长刘剑文"，《财政监督》，2014年第11期，第18页。

② 阮静："大气磅礴做学问——访北京大学财经法研究中心主任、法学院教授、博士生导师，中国财税法学研究会会长刘剑文"，《财政监督》，2014年第11期，第19页。

入与贡献是不变的。作为北大财税法学科带头人,刘剑文教授带领教学科研团队,将该学科建设成为北京大学法学院的优势品牌。1999年,他在全国率先招收财税法学方向的博士研究生。2004年和2008年,又相继推动设立全国第一个法律硕士研究生的财税法方向和第一个财税法学硕士点。他主持国家社会科学基金重大项目、重点项目等36项国家级和部级研究课题。由他提出并发展的税收债权债务关系论、纳税人权利保护论、公共财产法理论、理财治国观等重要理论,已经为全国财税法理论和实务界普遍接受,乃至法学界的逐步认同。这位执着于财税法研究的"老兵"曾这样说道:"做学问、做人就好像登山,一个人站在山顶俯视四周,因为眼前的景色清晰开阔,你的感觉就必然是豪迈而有气魄的。如果只站在山腰甚至山脚下看,不仅看得很累,而且人的境界会变得不知不觉狭隘起来。"正是刘剑文教授所具有的开阔视野与宽广心胸,才造就了他在财税法学研究中的大格局与新视野!

在国际上,财税法是一门历史悠久、地位显赫的法学二级学科,而我国的财税法研究则起步于20世纪80年代后期,且在相当长的一段时间内其地位相对边缘化。20余年后的今天,财税法渐成显学且逐步成为影响民生之法。这当中凝结了一代财税法学人的心血,更离不开刘剑文教授的努力和推动。而刘剑文教授作为公认的财税法教学研究队伍中的领军人物,坚定地认为财税法学是一门朝阳学科,不遗余力地推定财税法教育,培植新秀。"学高为师,德高为范",陶行知先生的这句话,恰恰也是刘剑文教授学问品行的真实映照。

从采访中不难看出,无论在武汉大学还是北京大学,刘剑文教授始终不忘教书育人的职责,不遗余力地推定财税法教育。目前,刘剑文教授在北大法学院给本科生讲授《财政税收法》《经济法学》两门课。其中,长期担任北大基干课《经济法学》主持人,《财政税收法》被评为北大精品课程。他还给财税法专业、经济法专业的法学硕士研究生分别讲授《财税法专题》《财政法研究》《税法专题研究》《财税法成案研究》四门课程。其中,《财税法专题研究》(北京大学出版社)一书被教育部学位管理与研究生司推荐为全国研究生用书,《税法专题研究》被北大批准为研究生课程立项建设计划(2005年)。此外,刘教授给法律硕士研究生讲授《财税法学》《国际税法》两门课程,给全院博士研究生讲授《法学前沿》和经济法专业博士研究生讲授《经济法专题》两门课程。刘教授教育出许多优秀的学生,包括博士后1名、博士研究生24名、法学硕士研究生46名和法律硕士研究生45名。除了教学工作,2004年刘教授受教育部高等教育司的委托,举办"全国高等学校财税法骨干教师培训班",招收46名学员。而且,他在2004—2010年还负责北大法律硕士财税法方向的教学指导工作,在2005—2010年期间举办了五届"全国财税法研究生暑期精品课程班"。刘剑文教授在教育方面的贡献并不止于此。

2015年12月24日,中共中央、国务院发布了《深化国税、地税征管体制改革方案》,其中第31项任务要求,"将税法作为国家普法教育的重要内容。把税法教育纳入国民教育体系,加强青少年的税法宣传教育,增强全社会的税法意识。"实际上,刘剑文教授在此之前,便开始关注加强财税法教育。早在2004年4月,曾在北大召开了第一次全国性财税法教学会议。他希望通过研讨会的形式,唤起学界对财税法教学的重视,并使它早日进入法学教学的核心课程。此后的多次会议中,刘剑文教授都提到财税法教育的问题。

刘教授主张加大财税法教育的力度和规模,提升财税法教育品质,加强财税法学科建设。他提出,未来教育最核心的问题是将财税法纳入到大学的课程中,不仅如此,而且要作为一门必修课。税法不能作为必修课，就会影响将其纳入国民教育体系的执行问题。随着国家治理现代化的迫切需要，财税法的教育显得越来越重要。另外，他强调，在纳入教育体系的过程中，不仅要谈"税"，还应该谈"财"，因为"税"只讲收入，但也要讲支出，这样才能更有利于税法的宣传，要把财政收入和财政支出结合在一起，严格意义上来讲，应该提升到财税法的教育层面，而不仅仅是税法的教育。

刘剑文教授曾说，他喜欢与学生交往，"因为他们观念新、思维活跃，而我作为老师的观点和视野毕竟是有局限性的、相对陈旧的，通过向学生和周围的人学习，我真的学会了不少东西，他们提出的我一时回答不了的问题，我也会带到研究和工作中、带到和其他专家的谈话中寻找解决，最终无论是老师还是学生都有收获"。刘教授采取的正是"教学相长"的模式，倡导老师与学生在学术上的平等，实现教学之间的互动。这或许解释了为什么刘剑文教授深受学生欢迎，曾被学生评选为"十佳教师"。

（桃李满天下　刘剑文教授与其部分弟子合影）

对于北大法学院学生，他曾提出了这样的期待与忠告："首先，我认为每个北大法学院的学生对自己的前程都应该有一个定位，只有在准确定位自己的情况下，人才能走得不盲目。20世纪90年代以前，法律院校的学生毕业后大多数集中在公检法领域；但现在的形势不同了，公检法机关的人员日趋饱和，而律师界也逐渐呈现人员烦冗的趋势，所以我们首先应该慎重思考的是，自己未来的出路在哪里？在我个人看来，北大法学院毕业生中的很多人，其前程大多都会是在市场，在企业、在中介机构等。而在目前市场经济竞争机制日完善的形势下，企业会给法律人才以更多的岗位和更大的作用空间，相信我们会在有活力的企业中展现自己更大的价值。"

"所以，这也要求我们的学生要时刻保持忧患意识，有居安思危的心态，不要在'北大法学院'这样的光芒下迷失了自己，我们现在需要做的，就是对自己的知识结构有一个定位，看看社会需要什么知识，我还欠缺哪些知识，有针对性地补充自己的知识漏洞，同时更新自己的知识结构，在打好基础的同时向专业化和尖端化方向走，这是我们未来能够在众多竞争者中胜人一筹的关键所在。"

"最后，北大法学院学生要着重培养自己对人生态度和价值观念的选择与锤炼能力，在竞争社会中造就自己个性与共性、英雄主义和集体主义精神的完美结合，同时注意领袖气魄和团队精神的协调发展，这样才会扮演好自己的社会角色，不辜负社会对你们的期待。"[①]

在采访中，刘剑文教授说，财税法学科的发展离不开财税法

---

① 刘剑文：《追寻财税法的真谛——刘剑文教授访谈录》，法律出版社2009年版，第249-250页。

学人对中国法治和中国法学发展的重要贡献。他强调自己对于团队建设的重视，在他看来，财税法学的繁荣发展是他毕生追求的事业，"事业要出成绩就必须培养人"。当全国范围内财税法学专业人才培养建设点又有新突破时，他会积极地肯定、大力地宣传。当财税法学新秀又有个人研究成果推出时，他会不遗余力地推介。当国际学术前沿有新思想新动态，他会及时引进、号召同仁交流学习。当自己的学生带领的团队也为财税法研究做出越来越多、越来越有成效的贡献，他会由衷地赞叹后进可畏，并给予自己最大的支持。当有好学的年轻人在其微博中请教留言，他会积极地回复，并常常送上鼓励。

作为财税法研究的推动者、见证者，刘剑文教授正带领着财税法学领域的精英，攀向治学的更高峰。

二、学术强国，赤子之心

在访谈中，刘剑文教授提到了"站在中国看世界、站在世界看中国"的"两看"国际战略，他不经意间提到的某个活动或项目更是体现了其为财税法学界对外交流所付出的努力。他所引领中国财税法学界研习域外财税法学的研究成果，借鉴域外法治的先进经验，更对外展示了中国法治建设的成就和学科的进步，为实现中国的学术强国之梦提供助力。

（一）站在中国看世界、站在世界看中国

财税法学是一门新型的交叉性应用法学学科。财税法学研究应当理论联系实际，以科学发展观为指导，服务于国家发展战略，推进依法治国战略的实施。通过长期的实践和探索，刘剑文教授引领财税法学研究会，逐步形成了学科发展的"两看"国际战略，即"站在中国看世界、站在世界看中国"。

"站在中国看世界"，是倡导中国学者应当以大胸怀和包容心学习域外先进经验;"站在世界看中国",是要求中国学者以大格局和民族自信心客观看待中国财税法学科发展的现状与成就。只有"站在中国看世界",才能迅速缩小中国财税法学研究与发达国家间的差距;只有"站在世界看中国",才能准确定位中国财税法学在国际上的话语权,提升中国财税法学的国际学术地位;只有将中国财税法学放在世界的大格局中去看,才能站得高、看得远,让我们看到的不仅是树木,而且是森林和无限的资源。

只有通过高层次的学术交流与合作,才能取长补短,形成竞争和激励机制,不断提升学术研究水平。在这种观念的指导下,刘剑文教授一直都在致力于推动财税法学的国际化,争取本学科在国际上有更多的参与权和话语权。从2003年开始,刘剑文教授就选择以海峡两岸财税法学界的学术交流与合作为突破口,坚持在中国大陆和台湾地区分别举办海峡两岸财税法学术研讨会,这是海峡两岸财税法学者高水平的学术交流与合作平台。2005年,刘剑文教授在北京大学举办了首届中美税法高级论坛,揭开中美税法学界学术交流与合作的序幕。同时,在刘教授的组织和主持下,中德、中奥、中荷、中日等交流平台相继建立。2009年10月,刘剑文教授率团参加了在德国慕尼黑召开的第二届"中德税法高级论坛",并促成了德国马普知识产权法、竞争法与税法研究所与北京大学财经法研究中心达成合作协议。

(二)搭建中国人主导的国际平台

刘剑文教授很早就认识到,要追求中国学者在国际财税法界的地位和影响力,充分展示中国财税法治建设的成就和财税法学研究的理论成果,努力实现财税法领域的学术强国梦,需要宽广的国际视野,并搭建由中国人主导的对外交流与合作的平台。因此,他以中国学者特有的创新精神、超强的想象力和民族自信心和自豪感，大胆地进行以下尝试。

在刘剑文教授的精心组织之下，中国财税法学界先后与美国、日本、荷兰、奥地利、德国、韩国等国组建了系列税法国际高端论坛，包括"中美税法高级论坛""中德税法高级论坛""中奥税法高级论坛""日中税法高级论坛""中日韩税法论坛"等，成为了探讨中国财税法治建设和国际学术交流的重要平台。中国财税法学者与国外顶尖学者一起探讨中国与发达国家之间共同的财税法律话题，在确定论坛的研讨主题、组织安排会务议程等方面，发挥了主导性作用。

（2008年10月17日到18日，应密歇根大学法学院邀请，中国法学会财税法学研究会会长刘剑文教授率团访问美国，参加为期两天的第四届"中美税法高级论坛"。）

(2009年1月12日北京大学财经法中心在北大英杰交流中心成功主办首届"中德税法高级论坛",以上为中德与会部分嘉宾合影。)

除成立协会、举办论坛之外,刘剑文教授还高度重视与国外学术研究机构之间建立长期稳定的合作关系,通过合作协议的签订,建立起广泛的可持续的双边或多边合作关系。例如,2006年8月,刘剑文教授与欧洲税法教授协会学术委员会主席、奥地利维也纳经济大学 Michael Lang 教授达成意向,建立中奥财税法学界的定期交流平台,如中奥税法高级论坛、联合申报课题、两国学者的互访以及研究生的互相交流等形式。2007年11月,刘剑文教授访问了荷兰,与欧洲税法教授协会主席、莱顿大学的 Kees van Raad 教授就中国与荷兰两国及北京大学与莱顿大学两校的税法交流与合作进行了深入的探讨,双方同意结合各自的优势资源共同努力申请欧盟的 ASIALINK 项目,共同组织一个欧亚之间的国际税法促进项目,以此加强欧亚相关教研机构的学术合作,推进欧亚间更加和谐的经贸发展。2009年10月,刘剑文教授与德国马普知识产权法、竞争法和税法研究所所长Wolfgang Schön教授在慕尼黑就中德财税法学界的交流与合作进行了洽谈。双方并就图书资料交换、继续举办税法论坛、学术合作研究、税务执业经验分享,以及中国青年学者到马普知识产权法、竞争法与税法研究所定期交流访问等问题达成了意向性协议。

2005年5月,刘剑文教授还联合美国、德国、法国、英国、日本、荷兰、韩国、印度、俄罗斯、哥伦比亚等国20余位著名税法专家在荷兰成立了世界税法协会(International Tax Law Research Association,简称ITLA),为中国财税法学者组织搭建起了第一个稳定的社团形式的国际学术交流平台。该协会现有近100名顶尖财税法学者作为理事,秘书处设在北京大学。这是一个真正由中国人主导的法学领域的国际平台,在财税法对外学术交流与合作方面起到了较好的示范作用。

2007年3月21日至22日,"日中租税法研究会"成立大会暨首届学术研讨会在日本东京大学举行。日本税法学泰斗、日本东京大学教授金子宏担任"日中租税法研究会"日方主席,刘剑文教授担任"日中租税法研究会"的中方主席。日方委员云集了一大批日本著名的税法学家,如日本租税法理论研究会会长、日本大学北野弘久教授,日本租税法学研究会会长、一桥大学水野忠恒教授,以及中央大学、早稻田大学、神户大学、横滨国立大学、名古屋大学的专家、学者。日中租税法研究会成为中日两国财税法学者交流和合作的重要平台。

(三)提升中国财税法的影响力

在"两看"国际发展战略的指导下,中国财税法对外学术交流与合作的最终目标是发展中国财税法,提升中国财税法的国际影响力,为实现这一目标,必须强化与财税法国际大师间的对话和合作。在刘剑文教授所组织和参与的系列国际交流平台中,囊括了一大批的国际顶尖财税法学者。他利用各种有效渠道,邀请这些大师们来中国大陆进行学术交流,此为"请进来"。另一方面,刘剑文教授率领中国大陆的财税法学者,前往美国、德国、奥地利、日本以及中国台湾地区参加财税法的高级论坛,与国外或地区的大师进行对话交流,此为"走出去"。

例如,美国著名中国法律专家、税法专家 Jerome A. Cohen 教授,纽约大学税法项目负责人、著名税法专家 H. David Rosenbloom 教授,著名国际税法专家、密歇根大学法学院 Reuven S. Avi-Yonah 教授,康奈尔大学前校长 Jeff Lehman 教授,美国联邦税务法院大法官 David Laro、James Halpern,美国联邦税务局前局长 Sheldon S. Cohen,美国联邦税务局法律总监 Donald L. Korb,美国财政部国际税务顾问 John Harrington,欧洲税法教授协会主席、荷兰莱顿大学国际税法研究中心主任 Kees van Raad 教授,欧洲税法教授协会学术委员会主席、奥地利维也纳经济大学国际税法中心主任 Michael Lang 教授,奥地利财政部法律顾问 Helmut Loukotal 教授,日本税法学界泰斗、东京大学金子宏教授,日本著名税法学家、日本大学北野弘久教授,韩国租税法研究会副会长、梨花女子大学玉武锡教授,韩国租税法研究会副会长安庆峰教授,或者是他们来参加中国大陆举办的国际性学术会议、暑期学校和学术讲坛,或者是中国财税法学者到他们国家所在的大学等研究机构进行直接的交流,大大提升了中国财税法学的国际影响力。

三、法治财税,利民为本

谈及这些年财税法方向的理论创新和实践,刘剑文教授总是提到"法治财税"这个词。立足于学术创新,助推财税法治,是刘剑文教授身为财税法学界领头人的使命。一直以来，他为政府建言献策，为民众发声呐喊，以学者的身份搭建起政府与民众之间沟通的桥梁，真正身体力行地实现了理论与实践的良性互动。

（一）理论创新助推法治财税

党的十八届三中全会通过的《中共中央关于全面深化改革若干重大问题的决定》中提出，"财政是国家治理的基础和重要支柱"，这充分说明财税体制在理财、治国、安邦中发挥着基石性和制度性作用。党的十八届四中全会审议通过的《中共中央关于全面推进依法治国若干重大问题的决定》，明确提出"建设中国特色社会主义法治体系，建设社会主义法治国家"的总目标，强调"科学立法、严格执法、公正司法、全面守法"的全过程、全覆盖，体现了从静态的、形式的和立法上的"法制"到动态的、实质的和全面的"法治"的飞跃。

财税法治在法治国家、法治政府、法治社会全局中居于决定性地位。刘剑文教授也一直强调，财税法治是法治中国建设的突破口和反腐倡廉治本的关键，并时刻呼吁财政法定原则、税收法定原则。为助推财税法治大发展，刘剑文教授主编了《财税法治》《财税法学前沿问题研究之法治财税与国家治理现代化》《财税法学前沿问题研究之依法治国与财税法定原则》等丛书，带领众多财税法学者共同研究财税法治的原理与制度推进。他还提出了公共财产法、纳税人权利保护、收入分配正义等理论学说，将权力制衡、维护人权、公平平等、民主参与、财政自治等理念融贯思维之中，从而为财税法治的上下求索行"破局"和"立势"之功。

 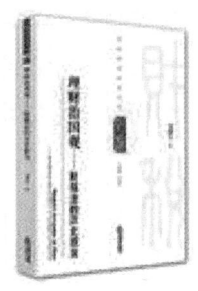 

(刘剑文教授独著和合著的部分著作)

刘剑文教授将财税法的性质界定为"公共财产法",将政府与纳税人视为共存于同一片时空之下的两类主体。政府依法享有公共财产权,正是纳税人的公共空间得以扩展、并享受高质量的公共生活的必然吁求,而公有财产与私人财产间的分界线应该如何厘清,则为财税法的核心命题,亦为纳税人广泛商谈和自愿同意下的产物。当财税法回归到"公共财产法"这一法律范畴,便有利于矫正政府与纳税人之间财产关系的对抗性,缓和征纳双方的紧张和对峙格局,进而形成一种良性互动、重视协商和合作的现代财税法律文化。

刘教授还提出,私人财产权的私法与税法的双重保护是私人财产神圣不可侵犯的宪法地位的应有之义。之所以强调财税法治,正是因为无论从权力与权利关系的抽象层面,还是从私人财产权保护的具体层面,实现私人财产课税法治化,是真正发挥税收对纳税人的扶持效用的前提条件和最优途径。财税法治体现了纳税人利益与国家利益的和谐统一,既有利于国家的稳定、社会的和谐,又保障了个人的生存与发展。此外,他认为,分配正义的主要内涵应该倾向于平等和公平的价值组合,这是财税法治与创新的目标之一。

关于财税法治的整体化路径,刘剑文教授提出,财税法治是一个系统化进程,形式法定与实质公平均为重中之重。也就是说,财税法治不仅要在制度层面建立法律规则,更要在理念层面厘清其推进国民权利保障和社会公平正义目标实现的积极意义。一方面,税收法定是税收法治的形式要素和程序性保障。税收法定原则,是现代法治主义在课税、征税上的具体体现,是税法中最为重要的基本原则。税收法定原则要求,如果没有相应法律作前提,国家不能征税,公民也没有纳税的义务。税收法定的本旨在于规范国家机关权力的运用,同时保障纳税人的权益,贯穿于税收立法、执法乃至可能出现的税收纠纷解决的各个环节。另一方面,税收公平是税收法治的品格要素和内质性保障。公平正义构成了人对法律最单纯也最复杂的信任基础,是国家的基本职能及其对国民的基本义务。税收公平原则,通常指纳税人的地位必须平等,税收负担在纳税人之间进行公平分配。相对于税收法定原则的形式层面的要求,税收公平则更注重实质,即税收立法、税收执法过程中如何真正体现"公平"价值。

刘剑文教授在访谈中指出,在当前形势下,我国的财税法治建设首先力图做到的是形式层面的税收法定,即税收立法、税收执法和税收纠纷解决等各个过程都有法可依,在此基础上,我们才具备了追求实质正义和宪政层面保护纳税人权利的条件。当然,在实现第一层次法治化要求的过程中,应该在制定每一个法律文本时,注意考察立法内容是否实质性地体现了公平、正义,是否真正有利于保护人权,养成一种从宪政、人权角度思考问题的习惯。

(二)建言献策聚焦社情民意

"法学是一门实践性的科学,它在终极意义上是服务于特定社会和解决特殊问题的。"在本次访谈中,刘剑文教授一直强调法学在实践层面的功用,而他自己本身不仅追求理论研究上的突破与创新，亦常常为政府建言献策，为民众发声呐喊。

2005年，刘剑文作为听证陈述人中唯一的法学教授，参加了全国人大常委会针对"个人所得税工薪所得减除费用标准"的修订问题举行的新中国历史上首次立法听证会；2006年10月31日，他在第十届全国人大常委会第二十三次法制专题讲座上，为吴邦国委员长等中央领导和全国人大常委会委员作了题为《我国的税收法律制度》的法制讲座；2012年，他应时任国家税务总局局长肖捷之邀，为总局领导作法制讲座。自2009年以来，他还为省市级财税机关讲授税法讲座100余次。

（2006年10月31日，在十届全国人大常委会委员长吴邦国主持的第二十三次法制专题讲座上，刘剑文教授作题为《我国的税收法律制度》的讲座。）

而且，他曾担任全国人大财经委委托立法项目《中华人民共和国税收基本法（税法通则）》起草组组长、全国人大常委会预算工委委托立法项目《中华人民共和国财政转移支付法》起草组组长、全国人大《中华人民共和国企业国有资产法》起草小组顾问。在近年来的《车船税法》立法、《预算法》修订、《税收征收管理法》修订、《资产评估法》立法等重要财税立法活动中，他多次组织全国性的专题研讨会，广泛集中学者的智慧，向国家提出专业的立法或修订建议，其中多份专家建议案都被中国法学会以《立法建议》的形式呈送全国人大、财政部、国家税务总局等国家机关，有的还被呈送至中共中央办公厅、国务院办公厅，成为党和国家立法决策的重要参考。

　　刘剑文教授说，在过去，整个社会对于财税法的认识并不准确，对财税法学科的发展是有所亏欠的。而财税法学科发展的滞后也给我国法治实践带来了诸多问题，让国家发展付出了一定代价。因此，在未来的改革发展进程中，我们不仅要"补财税法课"，还要更好地"上财税法课"。"补课"是为了弥补国家失去的过去，完成财税法建设早就应完成的任务；"上课"则是为了国家的现在和未来，结合形势走向推进财税法治的创新和发展。这不仅仅针对财税法学界和实务工作者的理念转变，更需要面向社会大众进行宣传教育，还财税法以本来面目。在"公共财产"的理念下，人们才能摆脱"皇粮国税""纳税和自己无关"等旧观念，走出"税收焦虑""税痛"的对抗氛围，真正认识到税收是政府提供公共服务的"文明的对价"，进而体会到作为纳税人的尊严与幸福感。

　　刘剑文教授一直以来所坚持的，正是为政府建言献策，为民众发声呐喊，唤醒纳税人意识，推动民众从"私民"成长为"公民"，进而筑牢市场经济、法治社会的精神基础，通过财税法的"好声音"来唤醒法治中国的"正能量"。他不断借力媒体等公共舆论平台从专业角度解读财税热点，为解决现实问题建言。刘剑文教授多次接受媒体访谈，真正立足于民生需求，负担起学者"启发民众,将法治的阳光播撒向社会"的责任,将学术理想与社会责任高度统一。

(2007年3月9日,刘剑文教授应中国网邀请,在"中国网·中国访谈"节目现场解读《企业所得税法(草案)》)

他一直关注着社情民意,以学者的独立品格扮演着政府与民众沟通的桥梁。正如刘剑文教授所言:"学者要影响社会,仅有良心、良知和对法律的信仰是不够的,还需要有理性和大智慧。"一方面,他始终着眼于中国发展的现有问题与实际需要,提出的学术观点既具有超前性,能够反映法治建设的一般规律,又具备现实基础,能够为执政者和民众所接纳;另一方面,针对现实中的财税热点问题,他能够将深邃的学术思想融于通俗易懂的话语之中,既为政府当好智库,又为民众发声呐喊,通过智慧来推动财税法治理想的实现。

作为财税法学界的领军人物,刘剑文教授一直不忘学者使命,将理论与实践融会贯通,在探索法治财税的过程中,为法治中国梦的实现贡献力量!

附录　刘剑文论著作一览表

一、著作简表（1988 年 – 2017 年 3 月）

作者	年份	出版社	书名
刘剑文，张里安（主编）	1993	中国政法大学出版社	《现代中国知识产权法》
杨荣浩，刘剑文		武汉大学出版社	《知识产权法案例》
刘剑文（主编）	1994	武汉出版社	《新编中国税法原理与实务》
刘剑文（主编）		法律出版社	《财税法教程》
刘剑文		武汉大学出版社	《所得税法导论》
陈小君，刘剑文（主编）	1995	武汉测绘科技大学出版社	《合同法学》
刘剑文（撰稿人）		武汉大学出版社	《国际贸易法的理论与实践》
刘剑文，崔正军（主编）		武汉大学出版社	《竞争法要论》
刘剑文（副主编）	1997	武汉大学出版社	《知识产权法学》（第二版）
刘剑文	1999	北京大学出版社	《所得税法——税法丛书》
刘剑文（主编）	2000	法律出版社	《财政税收法（教学参考书）》（司法部"九五"规划高校教材）

续表

作者	年份	出版社	书名
刘剑文	2000	中国政法大学出版社	《国际所得税法研究（中青年学者文库）》
刘剑文（总编）		法律出版社	《私有财产法律保护——21世纪法律保护丛书》
刘剑文（总编）	2001	西苑出版社	《非公有制企业法律保护——21世纪法律保护丛书》
刘剑文（主编）		法律出版社	《财政税收法》
刘剑文（主编）	2002	法律出版社	《财税法教程》（第二版）（司法部高等法学通用教材）
刘剑文		人民出版社	《经济法学习指导》
刘剑文		人民出版社	《经济法》
刘剑文（主编）		法律出版社	《财税法论丛》（第1卷）
刘剑文（主编）	2003	人民出版社	《TRIPS视野下的中国知识产权制度研究》
刘剑文		人民出版社	《税法学》
吴汉东，刘剑文，曹新明（合著）		北京大学出版社	《知识产权法》
刘剑文（撰稿人）		经济科学出版社	《从保税区到自由贸易区》
刘剑文（主编）		法律出版社	《财税法论丛》（第2卷）
刘剑文（总编）		武汉大学出版社	《税收征管法——当代中国依法治税丛书》
刘剑文	2004	高等教育出版社	《财税法学》（普通高等教育"十五"国家级规划教材）
刘剑文（主编）		法律出版社	《财政税收法》（第三版）
刘剑文（主编）		人民法院出版社	《财政税收法》
刘剑文（主编）		法律出版社	《财税法论丛》（第3卷）

附 录

续表

作者	年份	出版社	书名
刘剑文（主编）	2004	北京大学出版社	《WTO体制下的中国税收法治》
刘剑文（主编）		法律出版社	《财税法论丛》（第4卷）
刘剑文（主编）		北京大学出版社	《国际税法学》（第二版）
刘剑文（主编）		法律出版社	《财税法论丛》（第5卷）
刘剑文，熊伟		北京大学出版社	《税法基础理论》
刘剑文（主编）		北京大学出版社	《出口退税制度研究》
刘剑文（主编）		高等教育出版社	《财税法学研究述评》
刘剑文（主编）		高等教育出版社	《财税法学案例与法理研究》
刘剑文（总编）	2004至今	北京大学出版社	《税法学研究文库》系列著作28本
刘剑文（主编）	2005	法律出版社	《润物无声：财税法治与财税法教学》
刘剑文（主编）		北京大学出版社	《高等教育体制改革中的法律问题研究》
刘剑文（主编）		法律出版社	《财税法论丛》（第6卷）
刘剑文（主编）		法律出版社	《财税法论丛》（第7卷）
刘剑文		北京大学出版社	《知识产权法》（第二版）（全国高等教育自学考试指定教材）
刘剑文，李建人		人民出版社	《经济法》
刘剑文（撰稿人）	2006	法律出版社	《经济法》（全国法律硕士统编教材）
刘剑文		人民法院出版社	《财税法》
刘剑文（主编）		中国税务出版社	《中国税收立法问题研究》
刘剑文（主编）		北京大学出版社	《WTO体制下的中国税收法治》
刘剑文（总编）		经济管理出版社	《纳税主体法理研究——当代中国依法治税丛书》

续表

作者	年份	出版社	书名
刘剑文（主编）	2006	法律出版社	《财税法论丛》（第8卷）
刘剑文（主编）		北京大学出版社	《民主视野下的财政法治》（第一版）
刘剑文（副主编）	2007	北京大学出版社	《北京大学法学百科全书——经济法学》
刘剑文（撰稿人）		武汉大学出版社	《香港法概论》（第三版）
刘剑文		北京大学出版社	《财税法专题研究》（第二版）
刘剑文（主持人兼作者）		法律出版社	《WTO体制下中国税收政策合法化问题研究》
刘剑文（主编）		中国法制出版社	《新企业所得税法十八讲》
刘剑文（主编）		法律出版社	《中华人民共和国企业所得税法条文精解与适用》
刘剑文（主编）		法律出版社	《财税法论丛》（第9卷）
盛杰民，刘剑文	2008	北京大学出版社	《经济法学原理与实务》（第二版）（全国高等教育自学考试指定教材）
刘剑文	2009	法律出版社	《走向财税法治：信念与追求》
刘剑文		法律出版社	《追求财税法的真谛：刘剑文教授访谈录》
刘剑文，熊伟		法律出版社	《财政税收法》（第五版）
刘剑文（主编）		法律出版社	《财税法论丛》（第10卷）
刘剑文		法律出版社	《重塑半壁财产法——财税法的新思维》
刘剑文（主编）		北京大学出版社	《财政法学——21世纪法学系列教材》（第一版）
刘剑文（总编）		人民出版社	《中央与地方财政分权法律问题研究》（第一版）

续表

作者	年份	出版社	书名
刘剑文（总编）	2009–2010	台湾元照出版社	《月旦财经法杂志》第15至22卷
刘剑文（主编）		北京大学出版社	《税法学——21世纪法学系列教材》（第四版）
葛克昌，刘剑文（共同主编）	2010	台湾元照出版社	《两岸避税防杜法制之研析》
刘剑文（主编）		法律出版社	《财税法论丛》（第11卷）
刘剑文		北京大学出版社	《企业所得税法——税法学研究文库》（第一版）
刘剑文（主编）	2010–2011	台湾元照出版社	《月旦财经法杂志》第21至24卷
刘剑文（参与编辑）	2011	法律出版社	《全国六五普法教程》
刘剑文（总编）	2011–2012	台湾元照出版社	《月旦财经法杂志》第25至28卷
刘剑文（主编）		法律出版社	《财税法论丛》（第12卷）
刘剑文		北京大学出版社	《财税法成案研究——21世纪法学系列教材》（第一版）
刘剑文	2012	法律出版社	《经济发展、社会公平与财税法治》
刘剑文		高等教育出版社	《财税法学》（第二版）（普通高等教育"十五"国家级规划教材）
刘剑文（主编）	2012–2013	台湾元照出版社	《月旦财经法杂志》第29至31卷

续表

作者	年份	出版社	书名
刘剑文	2013	北京大学出版社	《财税法——原理、案例与材料》
刘剑文（主编）		北京大学出版社	《国际税法学——21世纪法学系列教材北京高等教育精品教材》（第三版）
刘剑文（主编）		法律出版社	《财税法论丛》（第13卷）
刘剑文		台湾元照出版社	《税捐证据法制研究》
刘剑文（主编）	2013－2014	台湾元照出版社	《月旦财经法杂志》两卷
刘剑文（主编）	2014	法律出版社	《地方财税法治的改革与发展》
刘剑文（主编）		法律出版社	《法治视野下的预算法修改》
刘剑文（主编）		法律出版社	《财税法论丛》（第14卷）
刘剑文（主编）		法律出版社	《财政税收法》（第六版）
刘剑文，王桦宇		台湾元照出版社	《两岸税法比较研究》
刘剑文	2015	北京大学出版社	《财税法——原理、案例与材料》（第二版）
刘剑文		法律出版社	《依宪治国、收入分配与财税法治》
刘剑文		北京大学出版社	《财税法专题研究》（第三版）
刘剑文（主编）		法律出版社	《财税法论丛》（第15卷）
刘剑文（主编）		法律出版社	《财税法论丛》（第16卷）
刘剑文（主编）		法律出版社	《财税法学研究述评（2005－2014年）》（第一版）
刘剑文		社会科学文献出版社	《财税法治》
刘剑文		法律出版社	《理财治国观——财税法的历史担当》
刘剑文		北京大学出版社	《财税法总论》
刘剑文（主编）		法律出版社	《依法治国与财税法定主义》
刘剑文（主编）	2017	法律出版社	《财政税收法》（第七版）

二、论文简表（1988年——2017年5月）

作者	年份	期数/卷数/日期	期刊名	文章名
刘剑文	1988	4	法学评论	《利用税收优惠鼓励外商投资》
凌相权，刘剑文	1989	3	法学评论	《析企业法关于法律责任的规定》
凌相权，刘剑文	1990	5	政法论坛	《略论专利侵权赔偿责任》
刘剑文，李群星	1993	2	法学评论	《论新阶段的税收改革与税收立法》
刘剑文	1995	2	法商研究	《略论我国个人所得税法的国际接轨》
刘剑文		2	法学评论	《再论我国知识产权保护与国际接轨》
刘剑文		8月10日	法制日报	《我国税法体系之重构》
刘剑文	1996	3	法学评论	《西方税法的基本原则及其对我国的借鉴作用》
刘剑文，傅绪桥		1	法商研究	《我国版权转让贸易立法的现状与完善》
刘剑文		3	武汉大学学报（哲社版）	《所得税法中特殊费用及其对我国的借鉴作用》
刘剑文		5	法学杂志	《我国个人所得税法现状的思考》
刘剑文		4	外国法学研究	《国际税法上居民问题》
刘剑文		2	法学与实践	《我国所得税法的现状与走向》
刘剑文		4	学习与实践	《知识产权的国际保护》
刘剑文		6月15日	光明日报	《完善个人所得税法的建议浅析》
刘剑文，张传兵		4	河北法学	《中国名牌商品知识产权法律保护》
刘剑文，涂卫东		1	现代法学	《中国税收立法新展望》

续表

作者	年份	期数/卷数/日期	期刊名	文章名
刘剑文,熊伟	1997	5	税务研究	《也谈税收基本法的制定》
刘剑文,涂卫东		2	社会科学研究	《略论房地产抵押的法律权力》
刘剑文,张传兵		2	法学评论	《浅析世界贸易组织·知识产权协议对中国知识产权立法的影响》
刘剑文	1998	4	武汉大学学报（哲社版）	《试论我国分税制立法问题》
刘剑文		2	中外法学	《国际借贷中的消极担保、浮动担保及其在我国之法律效力》
刘剑文,熊伟		2	中国法学	《国民待遇与外资税收优惠政策之改革》
刘剑文		9	法学杂志	《国际税法的两项基本原则》
刘剑文,李刚		5	法商研究	《试论我国农业税制现状与完善》
刘剑文,李刚		6	税务研究	《试论我国税收立法体制之完善》
刘剑文,许多奇	1999	7	经济活页文选	《纳税人权利与公民的纳税意识》
刘剑文,李刚		4	法学研究	《税收法律关系新论》
刘剑文		4	武汉大学学报（哲社版）	《国际税法特征探析》
刘剑文,邓联繁		7月12日理论版	光明日报	《对我国税费改革的法律分析》

续表

作者	年份	期数/卷数/日期	期刊名	文章名
刘剑文,李刚	1999	2	中外法学	《二十世纪末期的中国税法学》
刘剑文,张红		10	税务研究	《我国行政复议制度建设的重大进展》
刘剑文	2000	1	《经济法论丛》,法律出版社	《中国税收立法问题研究》
刘剑文		6	税务研究	《加入WTO对我国税法的影响》
刘剑文,邓联繁		3	河北法学	《乱收费:根源在体制》
刘剑文,丁一		2	法学杂志	《税收立法体制的完善》
刘剑文		10	税务研究	《"税收征管法"修改的几个问题》
刘剑文,杨君佐		4	法制与社会发展	《论宏观调控的经济法问题》
刘剑文,熊伟	2001	2	中外法学	《WTO与外资税收优惠法律制度的改革》
刘剑文,熊伟		5	法学	《中国税法学研究的现状与反思》
刘剑文,熊伟		6	法学家	《预算审批制度改革与中国预算法的完善》
刘剑文,熊伟		4	行政法学	《中国预算法的发展与完善刍议》
刘剑文,熊伟		2	《经济法论丛》,法律出版社	《WTO体制下中国的高科技产业发展的税法对策》

续表

作者	年份	期数/卷数/日期	期刊名	文章名
刘剑文,魏建国	2001	9	税务研究	《新税收征收管理法在我国税法学上的意义》
宋丽,刘剑文		3	涉外税务	《加入WTO与完善我国涉外税法的理论分析》
刘剑文,沈理平		7	税务研究	《立法法与税收立法的两个问题》
刘剑文,杨君佐		5	国际贸易问题	《国际贸易规则的公平适用》
刘剑文,丁一		8月10日	中国税务报	《纳税人权利意识的优化》
刘剑文,熊伟	2002	3	中国法学	《WTO体制下中国税法发展的趋势》
刘剑文		12	（台）月旦法学	《加入WTO后中国大陆税法改革研究》
刘剑文		12	纳税人	《税收征管法实施中的若干问题》
刘剑文,魏建国		4	法学论坛	《完善我国税收管辖制度的思考》
刘剑文,熊伟		1	《财税法论丛》,法律出版社	《二十年来中国税法学的回顾与前瞻》
刘剑文		1	《财税法论丛》,法律出版社	《国际双重征税问题》
刘剑文		3	岳麓法学评论	《入世后转变经济法教育观念》
刘剑文（主编）			北京大学法学院编《知识经济与法律变革》,法律出版社	《知识经济与法律变革》

续表

作者	年份	期数/卷数/日期	期刊名	文章名
刘剑文	2003		CHINA LEGAL SCIENCE JOURNAL AGENCY	"WTO and the Trend of Development of China's Tax Law"
刘剑文,熊晓青		6	涉外税务	《预先定价税制产生的动因解析》
刘剑文,丁一		8	涉外税务	《避税的法理分析（上）》
刘剑文,丁一		9	涉外税务	《避税的法理分析（下）》
刘剑文		3	法学杂志	《税收法治：构建法治社会的突破口》
刘剑文		3	经济法制论坛	《财政法发展的方向与趋势》
刘剑文,魏建国		6	华东政法学院学报	《也论经济法和行政法的关系》
刘剑文,王青		1	比较法研究	《关于版权客体分类方法与类型比较研究》
刘剑文	2004	5	法学家	《中国所得税法变革的基本思路》
刘剑文		1	税务研究	《我国应重视税收债法的研究》
刘剑文		2	《经济法论坛》	《略论经济法学的基本范畴》
刘剑文		7	中国税务	《用高科技手段保卫增值税》
刘剑文,宋丽		5	税务研究	《论行政许可法在税收征管中的适用》
刘剑文		1	法学杂志	《我国税收立宪的建议》
刘剑文		1	中国税务	《税收筹划：实现低税负的专业活动》

续表

作者	年份	期数/卷数/日期	期刊名	文章名
刘剑文	2004		《润物无声——财税法治与财税法教学》，法律出版社	《决定性的经济改革与主动的法学演进》
刘剑文		6	法学家	《构建民营企业的平等税收法治环境》
刘剑文	2005	1	（台）月旦财经法杂志	《中国财税法学的发展趋势与展望》
刘剑文		9	法学杂志	《财政转移支付立法探讨》
刘剑文		3	中国法律	《企业发展与企业得税法改革》
刘剑文	2006	4	中国税务	《非法未必不征税》
刘剑文，汤洁茵		2	涉外税务	《日本〈国税通则法〉的主要内容及其对我国的借鉴意义》
刘剑文	2007	2	法学杂志	《统一企业所得税法的必要性、改革趋势及其影响》
刘剑文		8	涉外税务	《新企业所得税法：八大制度创新》
刘剑文		2	安徽大学法律评论	《中国税务稽查的法律定位与改革探析》
刘剑文，翟继光		9	税务研究	《国外促进科技社团发展的税收政策评析与借鉴》
刘剑文，郭维真		6	暨南学报	《论我国国有资产的统一所有及其实现》
刘剑文		5	法学杂志	《统一企业所得税法的若干问题》
刘剑文		2	河南政法干部管理学院学报	《21世纪财税法人的历史使命》

续表

作者	年份	期数/卷数/日期	期刊名	文章名
刘剑文	2007	3	河南省政法管理干部学院学报	《宪政下的公共财政与预算》
刘剑文		2	中国法学教育研究	《为了我们的使命》
刘剑文,汤洁茵		20	中国金融	《〈企业所得税法〉与金融市场的发展》
刘剑文		2	中国税务	《纳税申报与纳税人权利保护——个人所得税自行纳税申报办法（试行）解读》
刘剑文,王相坤		2	山东警察学院学报	《税权的法权特质对税收法治形成的影响》
刘剑文		3	政治与法律	《试论和谐社会构建进程中财税立法的若干策略——基于对〈企业所得税法〉立法经验的总结》
刘剑文,郭维真		2	财贸研究	《论我国财政转型与国有资本经营预算制度的建立》
刘剑文,汤洁茵		4	河北法学	《试析〈德国税法通则〉对我国当前立法的借鉴意义》
刘剑文	2008	4	税务研究	《宪政与中国财政民主》
刘剑文		12	河北法学	《私人财产权的双重保障——兼论税法与私法的承接与调整》
曹明星,刘剑文		5	社会科学	《公共财政的现代化路径之法律分析》
刘剑文		3	涉外税务	《关注民生的重要改革——工资、薪金所得减除费用标准提高的意义与影响》

续表

作者	年份	期数/卷数/日期	期刊名	文章名
刘剑文	2008	9	中国税务	《建立规范、公平的企业所得税管理制度》
刘剑文		10月8日	证券时报	《理性看待个人所得税工薪所得费用扣除标准》
刘剑文		11月26日	法制日报	《燃油税立法应坚持民主性原则》
刘剑文		7	中国政法大学学报	《税收执法内控机刍论》
汤洁茵,刘剑文		3	税务研究	《医疗机构课税制度改革问题》
刘剑文		1	涉外税务	《对个税工资薪金所得费用扣除标准的反思与展望——以人权保障为视角》
刘剑文,汤洁茵		1	涉外税务	《新医药卫生体制改革中医疗税收制度的立法改进》
刘剑文		9	中国税务	《增强税收风险意识,提高税收征管质效》
刘剑文		6	民主与科学	《中国财政民主的缺失及其构建》
刘剑文		1月21日	中国税务报	《中国很需要强调财政民主》
刘剑文		9月25日	中国税务报	《新中国成立60年：建立起较完善的财税法律体系》
刘剑文		17	(台)月旦财经法杂志	《中国大陆税收征管法实施效果评价与改革趋势》
郭维真,刘剑文	2010	10	税务研究	《论中国房产保有环节课税制度改革——基于纳税人权利保护的视角》
刘剑文		5	涉外税务	《纳税人权利保护：机遇与挑战》

续表

作者	年份	期数/卷数/日期	期刊名	文章名
刘剑文	2010	7	中国税务	《促进公平正义，实现税收法治》
刘剑文		10	中国税务	《论增值税专用发票死刑之废除》
刘剑文		3月3日	中国税务报	《未来30年应是纳税人权利彰显的30年》
刘剑文		4月9日	中国税务报	《地方税收立法迈出的可喜一步》
刘剑文	2011	3	检察风云	《个人所得税法的若干问题》
刘剑文		5	中国法学	《收入分配改革与财税法治创新》
刘剑文		4	政法论坛	《掠夺之手抑或扶持之手——论私人财产课税法治化》
刘剑文		9	河北法学	《论中国法学院治理机制与法学人才培养模式的创新》
刘剑文，王文婷		3	重庆大学学报	《公共财政理念下的预算范围调控之法律进路》
刘剑文		4	河北法学	《以报国情怀铸造对外学术交流的"中国印"——财税法学研究会国际战略发展纪实》
刘剑文		2月28日	法制日报	《车船税立法启动财税"法律化"进程》
刘剑文		3	检察风云	《个税法改革趋向预见》
刘剑文，王文婷		2	税收经济研究	《实质课税原则与商业创新模式》
刘剑文		1月11日 理论版	人民日报	《从法治入手建立防治机制》
刘剑文		1月6日 理论版	法制日报	《税收管理：发票难以承受的职能之重》

续表

作者	年份	期数/卷数/日期	期刊名	文章名
刘剑文	2011	12月10日理论版	法制日报	《公共性，是实行财政监督的基础》
刘剑文		11	法学	《预算的实质是要控制政府的行为》
刘剑文		1	政法论丛	《公共财政与财税法律制度的构建》
刘剑文		1	现代法学	《中德税收协定的现状与发展趋势》
刘剑文，侯卓		1	中国法律	《公共财政视野下的预算法修改》
刘剑文，侯卓		3	江淮论坛	《税收立法民意吸纳机制的重构——一个可能的分析进路》
刘剑文，侯卓		4	中国青年政治学院学报	《论预算的拘束力与执行力——超收预算收入与突击支出的审思》
刘剑文，侯卓	2012	4	税务研究	《论行政强制法在税收征管中的适用》
刘剑文		9	涉外税务	《纳税人权利保护的的实现机制——基于改进纳税服务的视角》
刘剑文		10	法学	《地方政府发债权的现实可能性》
刘剑文，张莹		31	财经	《完善税收授权立法，提高税收立法层次》
刘剑文		1月18日	中国税务报	《税制改革应坚持税收法定主义》
刘剑文		2月22日	中国税务报	《我国为什么要坚持税收法定主义》
刘剑文		11月2日	法制日报	《税收法治成为构建法治社会的突破口（口述实录）》
刘剑文	2013	1	中国法律	《新阶段人大预算监督制度改革》
刘剑文，王桦宇		2	涉外税务	《中国反避税法律制度的演进、法理审思及完善——以〈税收征管法〉修改为中心》

续表

作者	年份	期数/卷数/日期	期刊名	文章名
刘剑文	2013	3	现代法学	《我国财税法治建设的破局之路——困境与路径之审思》
刘剑文		5	暨南学报（哲学社会科学版）	《作为综合性法律学科的财税法学——一门新兴法律学科的进化与变迁》
刘剑文		5	清华法学	《财税法治的破局与立势——一种以关系平衡为核心的治国之路》
刘剑文		7	检察风云	《调整财税法促收入分配改革》
刘剑文		8	社会科学论坛	《预算公开的中国式探索：目标、意义与实现路径》
刘剑文，侯卓		9	法学杂志	《美国"财政悬崖"的法学透视及对中国的启示——一种财税法的分析视角》
刘剑文		10	税务研究	《论税务诉讼的证据效力》
刘剑文		12	中共中央党校学报	《收入分配正义的财税法路径》
刘剑文，陈立诚		12	社会观察	《财税体制改革：新使命、新思维、新路径》
刘剑文		2月6日	中国税务报	《善用法治思维促进税收公平正义》
刘剑文，耿颖		2月26日	东方早报	《财税体制改革中的〈预算法〉修订》
刘剑文		3月18日	华夏时报	《税收立法权回归人大路径之析》
刘剑文，耿颖		3月20日	中国税务报	《改革进程中法治民主思维的善用与坚守》
刘剑文，耿颖		5月15日	中国税务报	《预算法应该是一部强化预算监督的法律》

续表

作者	年份	期数/卷数/日期	期刊名	文章名
刘剑文	2013	6月7日	中国税务报	《未来五年我国税收立法五大看点》
刘剑文,耿颖		7月3日	中国税务报	《建议取消税收征管法中的复议前置条款》
刘剑文		10月12日	光明日报	《以法治思维破局》
刘剑文,陈立诚		10月23日	中国税务报	《中央与地方财税改革应走法治化道路》
刘剑文,侯卓		10月28日	中国税务报	《"营改增"扩围须处理好三大关系》
刘剑文,陈立诚		11月6日	中国税务报	《税制改革应更加注重分配正义》
刘剑文,侯卓		11月18日	中国税务报	《新时期财税改革的四维取向》
刘剑文,耿颖		11月20日	中国税务报	《应以法律形式合理确定地方的税收立法权和收益权》
刘剑文		12月3日	经济参考报	《如何准确理解税收法定原则》
刘剑文,耿颖	2014	1	江淮论坛	《论反腐败进路中的公共财产公开》
刘剑文		1	行政法学研究	《税收征管制度的一般经验与中国问题——兼论〈税收征收管理法〉的修改》
刘剑文,耿颖		1	河南财经政法大学学报	《新形势下人大财政监督职能之建构》
刘剑文,侯卓		2	法学	《财税法在国家治理现代化中的担当》

续表

作者	年份	期数/卷数/日期	期刊名	文章名
刘剑文,陈立诚	2014	2	法学杂志	《论房产税改革路径的法治化建构》
刘剑文		2	法学评论	《地方财源制度建设的财税法审思》
刘剑文		2	法学研究	《房产税改革正当性的五维建构》
刘剑文,耿颖		2	东北亚法研究（韩）	《中国开征遗产税的近思与远景》
刘剑文,侯卓		2	政法论丛	《现代财政制度的法学审思税法》
刘剑文,耿颖		2	中国大学教学	《财税法学科的综合化与多元创新之路——从北京大学财税法学专业的演进展开》
刘剑文		3	法学论坛	《法治财税视野下的上海自贸区改革之展开》
刘剑文		3	中国高校社会科学	《论国家治理的财税法基石》
刘剑文		3	江汉论坛	《治国全景中财经法治的展开——近五年我国财经立法的成就、经验与展望》
刘剑文		4	法学家	《论财政法定原则——一种权力法治化的现代探索》
刘剑文		4	法学论坛	《经济转型视野下财税法之定位与型塑》
刘剑文		5	清华法学	《论财税体制改革的正当性——公共财产法语境下的治理逻辑》
刘剑文		5	清华法学	《专题絮语：纳税人看得见的法治》

续表

作者	年份	期数/卷数/日期	期刊名	文章名
刘剑文		5	科技与法律	《域外财税法学发展及其对中国的启示》
刘剑文,王桦宇		8	中国社会科学	《公共财产权的概念及其法治逻辑》
刘剑文,陈立诚		7	检察风云	《税收法定原则的生命在于落实》
刘剑文,侯卓		11	税务研究	《预算公开的制度性突破与实现路径——基于新〈预算法〉的分析》
刘剑文,陈立诚		18	中国财政	《预算法修改：从"治民之法"到"治官之法"》
刘剑文,马琳		3月5日	中国税务报	《清理税收优惠政策的法律路径》
刘剑文	2014	6月6日	经济参考报	《减轻税负让市场主体轻装上阵》
刘剑文		7月16日	法制日报	《财税法治是通行法治中国的优选路径》
刘剑文,耿颖		8月13日	中国税务报	《正向激励与反向约束：让纳税人守信守法》
刘剑文,陈立诚		8月26日	经济参考报	《房产税改革要走法治化立法路径》
刘剑文		9月16日	经济参考报	《法治也是生产力》
刘剑文		10月20日	人民日报	《财税法治——为"新常态"奠基》
刘剑文,陈立诚		10月29日	中国税务报	《全面迈向依法治税新常态》
刘剑文,耿颖		11月11日	经济参考报	《财税法治体系：理财治国之重器》
刘剑文		12月17日	中国税务报	《打击是手段 教育才是目的》
刘剑文		12月22日	中国税务报	《税收立法要为新常态护航》

续表

作者	年份	期数/卷数/日期	期刊名	文章名
陈立诚,刘剑文		1	政治学研究	《财税制度反腐：一种源头治理的新进路》
刘剑文		1	财经法学	《公共财产法：财税法的本质属性及其法治逻辑》
刘剑文,侯卓		1	中国财政	《预算公开：内涵、功能与保障》
刘剑文		2	法商研究	《由管到治：新〈预算法〉的理念跃迁与制度革新》
刘剑文,陈立诚		2	中共中央党校学报	《迈向税收治理现代化——〈税收征收管理法修订草案（征求意见稿）〉之评议》
刘剑文,陈立诚	2015	3	江淮论坛	《国家变迁的财税法观察——以税收观念演进为线索》
刘剑文		3	现代法学	《理财治国视阈下财税改革的法治路径》
刘剑文		3	政法论坛	《落实税收法定原则的现实路径》
刘剑文		3	武汉大学学报（哲学社会科学版）	《预算治理中的人大、政府与公民》
刘剑文,陈立诚		3	当代法学	《财税法总论论纲》
刘剑文		4	中国法学	《财税法功能的定位及其当代变迁》
刘剑文		4	法学杂志	《预算法治的三维建构：观念、原则和机制——兼论新〈预算法〉的突破》

续表

作者	年份	期数/卷数/日期	期刊名	文章名
刘剑文		4	社会科学辑刊	《落实税收法定原则是对深化改革的历史担当》
刘剑文		5	广东社会科学	《论房地产税法的功能定位》
刘剑文,耿颖		5	国家行政学院学报	《税收授权立法权的合法行使:反思与建构》
刘剑文		6	法学	《〈税收征收管理法〉修改的几个基本问题》
刘剑文,侯卓		6	江汉论坛	《纳税前置制度的反思与超越》
刘剑文		8	中国投资	《"堵""疏"并用推动税收征管良性发展》
刘剑文,魏建国,翟继光	2015	9	人民论坛	《全球化视野下的自贸区与法治建设》
刘剑文,胡瑞琪		16	中国财政	《财政转移支付制度的法治逻辑》
刘剑文,陈立诚		1月14日	中国税务报	《新预算法助推税收法治》
刘剑文		1月28日	中国社会科学报	《财税法治呼唤制定财政基本法》
刘剑文		1月28日	中国税务报	《法治应该是税收的一个新常态》
刘剑文		2月10日	中国财经报	《基本财政制度设计应以立法形式确立》
刘剑文		3月5日	中国财经报	《用敬畏之心筑起预算法治的城墙》
刘剑文,耿颖		3月11日	经济参考报	《税收法定原则的完整内涵及现实意义》

续表

作者	年份	期数/卷数/日期	期刊名	文章名
刘剑文,侯卓	2015	3月30日	光明日报	《税收法定原则，如何落实？》
刘剑文		3月30日	中国税务报	《税收治理领域的深刻革命》
刘剑文		4月10日	经济参考报	《依法治税需理清税收权力结构》
刘剑文,耿颖		5月6日	中国税务报	《税率法定：真实的治理体验》
刘剑文		7月15日	经济参考报	《优化征管制度解决税收流失》
刘剑文		8月18日	中国税务报	《法治税收为税制改革保驾护航》
刘剑文		9月15日	中国财经报	《财税法功能的定位及变迁》
刘剑文,耿颖	2016	1	郑州大学学报（哲学社会科学版）	《税收法定原则的核心价值与定位探究》
刘剑文		5	政法论丛	《论领域法学——一种立足新兴交叉领域的法学研究范式》
刘剑文		5	北京大学学报（哲学社会科学版）	《地方税立法的纵向授权机制设计》
刘剑文		7	法学杂志	《财税改革的政策演进及其内含之财税法理论——基于党的十八大以来中央重要政策文件的分析》
佘倩影,刘剑文		6	辽宁大学学报（哲学社会科学版）	《税收法定主义：从文本到实践的挑战与路径》
刘剑文		1月8日	中国税务报	《协同创新 构建税收共治格局》
刘剑文		7月19日	人民日报（理论版）	《将税收法定原则落到实处》
刘剑文		11月23日	中国税务报	《增值税将迎来法治化时代》

续表

作者	年份	期数/卷数/日期	期刊名	文章名
刘剑文,侯卓	2017	2	中国社会科学	《事权划分法治化的中国路径》
刘剑文		3	政法论丛	《供给侧改革下法学本科核心课程的结构调整》
杨诚,刘剑文		4	中国经济报告	《应大幅降低企业所得税》
刘剑文,耿颖		7	人民论坛	《用法律给地方债加上"安全锁"》
刘剑文,耿颖		13	人民论坛	《开征环保税:"绿色税制"建设的重要一步》
刘剑文		3	中国税务	《落实大企业税收"管服"改革 繁荣新时期财税法治建设》
刘剑文		1月4日	中国社会科学报	《超越边缘和交叉:领域法学的功能定位》

后 记

时光变换，学术长青。中国财税法学是20世纪80年代逐渐发展起来的新兴、交叉学科。经过众多财税法学人的艰辛探索和不懈努力，财税法学的研究、教学及社会影响，取得了令人瞩目的成绩。

本书由北京大学法学院研究生杨城、秦钰洁负责整理、编辑。全书共分为两个部分，章节内容由编者根据刘剑文教授的论著、采访等进行整编，做了文字上的修饰和适当增删。其中，杨城同学负责文章主体内容的编写整理工作，秦钰洁同学负附录部分的工作。编者在脚注中会补充说明文章中的相关内容，或展现法律法规最新修改变动情况。在此，我十分感谢杨城、秦钰洁同学付出的辛劳！感谢中央财经大学蔡昌教授和中国财经出版传媒集团中国财政经济出版社会计分社樊清玉社长的倡议和策划！感谢为本书的出版提供大力支持的中国财政经济出版社及编辑。

刘剑文

2017年11月